GW01606453

En Carne Viva

En Carne Viva

Un libro para aprender a gestionar las emociones

Corina María Valdano

Primera edición: febrero 2019

Letrame Editorial.
www.Letrame.com
info@Letrame.com

Ilustración de portada: Natalia Pitetti

Diseño de edición: Letrame Editorial.

ISBN: 978-84-17818-52-4

DEPÓSITO LEGAL: AL 256-2019

Este libro colabora con: Save the Children

IMPRESO EN ESPAÑA – UNIÓN EUROPEA

Agradecimientos

A mi hijo Joaquín, mi gran maestro, quien me recuerda cada día el desafiante oficio de ser mamá. Gracias por recordarme que el trabajo con uno mismo nunca acaba, por mostrarme mis incongruencias para seguir trabajándolas y tratar de ser cada día mejor.

A Charly, mi amor, mi compañero de ruta que siempre me alienta a desplegarme, me anima a superarme y me calma cuando la ansiedad me abruma.

A mis padres y mis hermanos a quienes tanto amo, quienes siempre me acompañaron y nunca soltaron mi mano.

A mi abuela Negra, que me enseñó lo intenso que puede ser un vínculo de amor y que desde donde esté estará sonriendo.

A las amigas de los momentos difíciles y a las amigas de los momentos felices, que siempre estuvieron y están allí.

A Virginia, quien generosamente me nutrió de su sabiduría y se convirtió en un ser muy especial en mi vida.

A Nati, a quien acompañé en su proceso de resiliencia y como fruto de su trabajo interior dio a luz a la tan sentida tapa de este libro.

A Ana, quien confió en mi libro desde el comienzo y me empoderó cuando dudé de publicarlo.

A la impermanencia de la vida, que me recuerda la importancia de estar presente y de aprovechar cada instante para evolucionar mi consciencia.

PRÓLOGOS

Prólogo de Virginia Gawel

Es hermoso presentar un libro que es, en sí, una herramienta para conocerse. Pero más hermoso es si (como en este caso me sucede) uno puede tener pruebas fehacientes de que su autor ha trabajado con esas mismas herramientas para volverse diestro en transformar su propia vida. Así lo ha hecho y lo sigue haciendo la querida Corina Valdano, una artesana que tiene por primera materia prima su interioridad. Por ello considero tejidas con hebras de sinceridad pura estas palabras que aparecen entre sus páginas: "Creo que no es posible explicar el mundo emocional si uno no ha tratado con sus propias emociones, si uno no se ha sentido en carne viva, vulnerable y conmovido por sus propios estados emocionales".

En carne viva, no hay otro modo de conocer de verdad. En un terapeuta, la universidad, todo posgrado, todo libro, todo artículo, conferencia, especialista pueden enseñar muchísimo, sin duda. Pero hay dos fuentes de aprendizaje preferenciales que le traerán, reveladas, las verdades más hondas.

La primera fuente será todo aquello que sus pacientes le enseñen. La postura privilegiada que da el ser terapeuta respecto del acompañar a vivir permite que la experiencia de ese otro nos ofrezca algo así como múltiples encarnaciones en una: sus avances se vuelven los nuestros y nuestro propio Inconsciente se en-

ciende con sabidurías no aprendidas para estimular el próximo avance en el otro, generando una relación sinérgica en la que ambos —terapeuta y paciente— expanden su identidad, se iluminan recíprocamente (un terapeuta que no aprende de sus pacientes está constreñido solamente a un ramillete de teorías). Corina nos trae con su libro también lo que alguno de sus pacientes le ha enseñado y eso se multiplica si nosotros, como lectores, a su vez lo hacemos, con la práctica, carne viva.

La otra fuente importante es lo que la propia vida vaya sacando de nosotros, sobre todo cuando nos toca experimentar situaciones para las que nuestros condicionamientos más mecánicos no nos alcanzan: allí sale lo impensado, el recurso nacido de la hondura, el miedo que no conocíamos pero cuya visión nos permite superarlo, las capacidades que imaginábamos que no nos habían sido dadas pero que, simplemente, en verdad no ejercíamos por estar refugiados solamente en "lo conocido".

Respecto de esta segunda fuente de conocimiento Corina es valiente: traza con sus lápices internos rutas que no han sido las aprendidas y va diseñando, de esa forma, un destino muy distinto del que quizás asume quien no atraviesa el umbral de sus condicionamientos. Ella nos alienta a hacerlo. Y en este momento en que escribo este prólogo tengo aun más certeza de ello, ya que el siguiente libro que Corina está preparando incluye una experiencia increíble: la de lanzarse a recorrer el mundo con su pequeño hijo Joaquín y con su esposo; llevan muchos países andados, anidados, aprendidos, soltados para pasar al siguiente. Un singular peregrinaje que lanzó a esta familia peregrina a ir mucho más allá de lo que cualquiera de nosotros puede haber supuesto como "yo". De esta manera, el "yo soy así" puede convertirse en "¡yo soy un proceso y puedo expandir mi identidad para ser de muchas otras maneras… y me genero oportunidades para que así sea!".

Este libro, por último, tiene la cualidad de invitar a peregrinar dentro y fuera de nosotros para recibir agua fresca de nuestra propia fuente, y beber el agua nueva que la vida y los otros nos estén ofreciendo.

Virginia Gawel
Directora del Centro Transpersonal de Buenos Aires
(integración de Psicologías de Oriente y Occidente).

Prólogo de Ana Maidana

La psicóloga Corina Valdano nos presenta su obra sobre la gestión de las emociones. Este es un libro dinámico, es por eso que recomiendo que leamos con un lápiz en la mano, para ir completando las actividades que propone y subrayando, por qué no, las frases que nos hagan sentido. Es un libro espléndido para el autodescubrimiento, nos invita a la relectura y la reflexión profunda. Es un libro para resaltar, escribir, subrayar, anotar. Es un libro de trabajo.

Solo puede lograr este libro alguien que ha trabajado duro sobre sí mismo.

Cuando iba finalizando la lectura, empezó a trabajar dentro mío una magia, un impulso. Digo magia porque le habla al Ser Superior que habita dentro de nosotros. No puede pasar desapercibido el poder transformador que contiene, de ninguna manera. Da tanta información y pone en evidencia tanto del interior (nuestro y de ella misma), que de manera inevitable la transformación ocurre. Puedo decir, fundamentando esto que digo en mi experiencia conociendo a la autora, que tiene el poder de la transformación. Ese paso de Corina Valdano por nuestra lectura, por cierto, algo cambia y transforma. Dicho esto, me arriesgo a afirmar que aquí vas a encontrar ese mensaje en la botella. Vas a notar la transformación de la que hablo, cuando llegues al final.

Hay algo que ella hace, algo que logra extraer de las personas, tal vez sin quererlo. Motiva el encuentro del poder personal con la motivación del trabajo sobre sí. El método de Corina para trabajar sobre nosotros mismos aliviana cargas. Desenreda nudos. Limpia manchas. Aclara oscuridades. De manera pragmática, nos aporta lo que necesitábamos para pasar al siguiente nivel en nuestro camino de autodescubrimiento; su voz contenedora nos acompaña en el proceso.

Ella ilumina ese camino, une la dosis de espiritualidad necesaria con el pragmatismo que se requiere para lograr el cambio.

¿Ya tienes tu lápiz? Aquí vamos.

Ana Maidana
Escritora y Coach Literario

INTRODUCCIÓN

Un diálogo abierto con nuestro mundo emocional propicia un mejor trato hacia uno mismo y los demás. En este recorrido que emprenderemos juntos, mi propósito será acompañarte a incorporar hábitos saludables y entrenar la inteligencia emocional IE, no solo como psicóloga provista de herramientas académicas, sino también desde mi propia experiencia a partir de mi historia de resiliencia y superación.

Ejercitar la inteligencia emocional requiere voluntad y amorosidad. Con este último término me refiero a ser compasivos y desarrollar una adecuada tolerancia con nuestros procesos de crecimiento. El desarrollo de la IE no es lineal, es un aprendizaje cíclico, progresivo, con subidas y bajadas; el carácter dinámico de la emoción así lo exige. El desafío consiste en no desanimarnos cuando volvemos a caer más de una vez en la *ceguera emocional*, cautivos de nuestras reacciones más viscerales. Si estás leyendo este libro es porque te ocupas de superarte, porque no te justificas diciendo: "Yo soy así". Este hecho merece que te sientas orgulloso de ti mismo, pues a esta vida venimos para irnos mejor de lo que llegamos. Hacernos responsables y dejar de buscar culpables es volvernos adultos emocionales.

De esta manera, honrar la vida que vivimos y otorgarle un sentido será, pues, crecer con cada experiencia, desplegar nuestros talentos y ser cada día más conscientes de nosotros mismos.

Somos marionetas de nuestra limitada personalidad cuando respondemos en el presente desde las emociones del pasado, ligadas a nuestras experiencias más intensas. Como terapeuta, he visto cientos de veces a personas que reaccionan en su presente desde experiencias emocionales pasadas muy fuertes que no han logrado superar. Viene a mi mente Zoe, una joven que vivió una intensa frustración amorosa por infidelidad en el pasado. Años después de aquella desilusión, más de una vez reaccionaba ante su nueva pareja con actitudes de control y desconfianza, al estar fijada en su experiencia pasada. Permanecer anclada a aquella vivencia emocional la llevaba a reaccionar desde el dolor, lo que malograba su vínculo actual.

Trascender nuestra historia es ampliar nuestro abanico de respuestas reconociendo el infinito campo de posibilidades de acción que se abre ante cada toma de conciencia; esto es, darnos cuenta de que una determinada reacción en el presente está ligada a la memoria emocional de una experiencia pasada. Liberarnos de ese impulso automático nos permite contar con más posibilidades de respuestas. Somos seres libres de decisión cuando respondemos desde el presente en lugar de seguir reaccionando desde los condicionamientos del pasado. Ello solo será posible si logramos gestionar nuestra vida emocional con lucidez y autodominio, evitando caer en el tan esclavizante victimismo.

La autoobservación es el pilar fundamental en el trabajo sobre sí. Siguiendo el ejemplo de Zoe, la creencia de que "Todos los hombres son infieles" era la causa de su reacción emocional. Tomar conciencia de nuestra marea emocional nos ayudará a investigar las creencias que originan nuestras reacciones y que nos limitan si las sostenemos como rígidas verdades incuestionables.

Recalculando

Nuestras emociones pueden orientarnos o hacernos perder el rumbo. Volvernos inteligentes en el manejo de las emociones hace que estas jueguen a nuestro favor, es decir, que se conviertan en un recurso para la toma de decisiones.

Ser torpes e inmaduros emocionales nos complica la existencia; nos somete al automatismo de la repetición inconsciente. Es probable que recuerdes momentos importantes en tu vida y quieras volver el tiempo atrás, por ejemplo:

Una acción que no harías.
Una palabra que no dirías.
Un silencio que no callarías.
Una decisión que tomarías.
Un paso que no diste.
Un salto al vacío que te costó mucho dolor.

En todos estos casos, fueron tus emociones las que te impulsaron o te bloquearon al momento de pasar a la acción. ¿Y si en lugar de seguir deseando volver el tiempo atrás te dispones a trabajar hoy en tu regulación emocional para gestionar tu vida con más conciencia? Tu presente es consecuencia inmediata de tus emociones y decisiones pasadas. Del mismo modo, tu futuro dependerá en gran parte de cómo gestiones hoy las emociones que sientes a cada instante, pues estas son la energía que yace tras las decisiones que tomas momento a momento, día tras día, y así, toda tu vida.

El trabajo sobre uno mismo, el aprender a autogestionarnos, es un esfuerzo necesario que tenemos que hacer para simplificar nuestra vida. Algunos dirán que es muy difícil cambiar patrones de personalidad muy arraigados de personalidad; yo los invito a que se pregunten... ¿No es más difícil seguir siendo iguales y lidiar toda la vida con eso que decimos que nos cuesta?

Una persona a quien le cuesta abandonar una relación tóxica podrá decir: "Me es muy difícil separarme..." ¿Acaso no es más difícil pensar en pasar toda la vida en una relación así? Una persona inconstante podrá decir: "Me es muy difícil terminar la facultad..." ¿Acaso no es más difícil cargar toda la vida con la frustración de lo que quedó a la mitad?

Detrás de lo que nos parece difícil siempre hay una gran recompensa. Todo proceso de cambio auténtico supone un cambio de hábitos emocionales, de pensamientos y de comportamientos que nos demanda esfuerzo y, a veces, sudor y lágrimas. En una cultura frenética que nos promete encontrar felicidad exprés donde no la hay, tenemos que tener bien en claro que lo único instantáneo es el café y que lo más gustoso de nosotros se amasa con el tiempo y se cocina a fuego lento.

Lo que nos dice la ciencia acerca de la importancia de las emociones

Es mucho lo que la ciencia ha avanzado en el estudio de las emociones. Los progresos tecnológicos de hoy permiten medir lo que antes era imposible.

Los últimos estudios neurocientíficos aseguran que lo que llamamos coeficiente intelectual (CI) predice solo el 20 % del éxito en la vida; el 80 % restante está determinado por el coeficiente emocional (CE). ¿Y qué significa esto? Que la inteligencia emocional tiene más peso al momento de conseguir lo que nos proponemos. La buena noticia es que, a diferencia del CI, la IE es una capacidad variable. No está determinada genéticamente, podemos desarrollarla en el transcurso de nuestra vida. Para ello, es necesario saber de qué se trata y conocer técnicas y herramientas precisas para activarla y acrecentarla.

En este libro nos centraremos en esta maravillosa tarea de aprender a ser personas emocionalmente inteligentes, no solo para relacionarnos con los demás, sino también para establecer un vínculo amoroso con nosotros mismos. ¡En Occidente nos

cuesta tanto darnos un buen trato! El aprecio que nos tenemos es demasiado *condicional;* nos lo damos y quitamos en función de los resultados. Por su parte, la ciencia y las psicologías de Oriente nos dan herramientas increíbles para aprender a autogestionarnos. De cada uno de nosotros dependerá integrarlas a la vida cotidiana y volvernos diestros en el manejo de ellas.

En los primeros capítulos aprenderemos qué son las emociones y qué funciones cumplen; en qué parte de nuestro cerebro se activan y cómo; para qué se activan y ante qué; qué conexiones establecen entre sí y con el mundo; cómo tomar conciencia de ellas, y cómo diferenciarlas y gestionarlas. Asimismo, nos centraremos en profundidad en el papel importante que cumplen nuestras emociones para ayudarnos a evolucionar. Aquí la IE y la inteligencia espiritual se dan la mano y nos ayudan a subir un escalón en nuestro camino de evolución. El *Despertar* del que nos hablan las tradiciones de sabiduría oriental es aprender a vivir la vida con *plena conciencia de sí.* Identificar y gestionar nuestras emociones nos permite serenar nuestra mente lo suficiente para volverla cada vez más lúcida y eficiente.

Involucrarnos para transformarnos

Entender desde el intelecto no es lo mismo que comprender desde la conexión con la emoción. Para que toda información se transforme en conocimiento es necesario vivenciarla y ejercitarla. Por ello, te invito a realizar cada actividad sugerida en este libro tomando tu vida cotidiana como un laboratorio personal. También puedes abrir un cuaderno de registro que te ayude a ir monitoreando tus estados emocionales y anotando aquello que te sea útil investigar sobre ti y tus vínculos con los demás. Una buena motivación es ir tomando nota de tus avances en este trabajo de volverte un experto emocional, por ejemplo, si logras manejar cierta situación, decir ciertas palabras de otro modo, conversar sobre algo que te costaba, controlar un impulso difícil, sostener un hábito o actuar con coherencia. También te invito a registrar

aquellas habilidades que aún no logras dominar pero quieres mejorar. De seguro hallarás la ocasión de fortalecerlas en la medida en que avances en la lectura y te vuelvas diestro en el ejercicio de observarte en acción.

Zoe y Ariel son dos personas maravillosas a las que tuve el placer de acompañar en terapia. Ellos nos regalan sus historias para ayudarnos a comprender los vericuetos de la mente y cómo lograron aprender a gobernar sus emociones y volverse mucho más conscientes. *En carne viva* yo también me sumaré para contarles mi propia historia de resiliencia. No hay manera de acompañar y comprender la emocionalidad de otro ser humano si uno mismo no se ha visto superado por la ira, inmerso en la tristeza y preso de la desesperación. Mi propio trabajo interior es mi mayor capital para lograr empatizar con los demás.

Como terapeuta, lejos de ocultarme, me muestro para poder ayudar a todas aquellas personas que se sienten naufragar en su marea emocional o necesitan soltar el lastre que no los deja avanzar. Nada es fruto del azar en mi existencia; detrás de mi profesión, mi historia de superación me anima a afirmar que es posible volverse alquimista de uno mismo y resurgir de sus cenizas.

¿Comenzamos? ¡Adelante!

Capítulo 1

¿QUÉ ES LA EMOCIÓN?

La palabra *emoción* viene del latín, "*e/movere*", que se forma a partir de dos palabras:

"*movere*": mover, trasladar, impresionar.

"*e-/ex*": retirar, desalojar, hacer mover.

Por lo tanto, una emoción es algo que *nos saca de nuestro estado habitual*. Es una energía en movimiento que nos sacude. Cuando una intensa emoción acontece es como un volcán en erupción, nos sentimos desbordados.

Recuerdo una experiencia personal: estando embarazada por tercera vez, luego de dos pérdidas de embarazo consecutivas, me sentía plena, feliz por la noticia de ser mamá. Sin embargo, una madrugada advertí que las cosas no estaban bien. Recuerdo mi palidez, mi nudo en la garganta, una angustia que nunca olvidaré y la desesperación de no saber qué hacer. Fue un claro ejemplo de salirme de un estado anterior de paz y satisfacción para pasar, en cuestión de segundos, a la desesperación y la decepción. Todas las emociones que me invadieron en ese instante las sentí en mi cuerpo: sudoración, opresión en el pecho, taquicardia, sensación de ahogo. No podía pensar. Mi única reacción fue llorar y sentir que todo se derribaba; estaba siendo devorada por una sensación emocional donde no podía ver ninguna opción. Mis

pensamientos alimentaban mis emociones de malestar al decirme: “No podré ser mamá”, “Esto será muy difícil”. Recuerdo esa madrugada de profunda angustia como si fuera hoy. Mi mente racional estaba totalmente anulada, solo lloraba y miraba el reloj rogando que amanezca rápido para llamar a mi doctor. Al escribirlo ahora, todavía puedo sentir mi cuerpo movilizado. Es increíble como el inconsciente guarda memoria y cómo, para él, el tiempo no existe; si la emoción se revive en el presente, el evento ya no es pasado.

El estímulo que genera un estado emocional suele ser psicosocial. En mi caso, al advertir la posible pérdida de mi bebé, la reacción fue absolutamente corporal, el corazón, literalmente, se me salía del cuerpo. Es por eso que es muy difícil disimular cuando nos sentimos desbordados a nivel emocional, pues el cuerpo nunca miente, no podemos impedir sentir lo que sentimos.

Esta experiencia personal tuvo un final feliz porque lo que viví con dramatismo aquella madrugada, que parecía no tener fin, fue solo una amenaza. Hoy mi hijo está conmigo, mi bello Joaquín.... Pero no fue fácil transcurrir los primeros meses de embarazo después de aquel profundo temor y de dos pérdidas concretas de embarazos anteriores. Mi inconsciente quedó sensibilizado y, ante cualquier interpretación de amenaza, las emociones asociadas a esa intensa experiencia retornaban, estaban al acecho. Mi sistema de alarma veía peligros donde otros veían circunstancias.

Por supuesto, esa emoción de miedo no fue en vano; ninguna emoción en su justa medida tiene el propósito de jodernos la vida. Toda emoción tiene una función. En mi modo de ser y conducirme en la vida, tan hiperactiva y exigente conmigo misma, esa emoción no solo me sirvió sino que nos preservó a mi bebé y a mí de esa parte mía tan instintiva.

El miedo me permitió adaptarme de la mejor manera a la situación de embarazo. Me animo a afirmar que fue la primera vez que estuve tan atenta a cada señal de mi cuerpo. Me llevaba a

dormir la siesta cuando estaba cansada, postergaba lo urgente para cuidar lo importante, aprendí a decir que no en mi trabajo, seguí las indicaciones médicas al pie de la letra. Sin el miedo, creo que no hubiese sido una paciente tan aplicada. Fue una gran lección de vida aprender a moderar mi acelerado ritmo. Mi hijo ya me enseñaba desde la panza, como un gran maestro, y lo sigue haciendo hasta hoy, a cada momento. En este caso, la emoción de miedo sumada a una característica muy marcada de mi personalidad, como es la responsabilidad, fueron aplicadas para cuidar una vida que estaba en mis manos preservar. Como verán, cuando decodificamos una emoción, comprendemos su mensaje, sin duda es muy importante tener una comunicación directa con ella y orientar los rasgos de nuestra personalidad en la dirección que esta nos muestra, siempre y cuando esa emoción no sea un engaño o producto de una exageración, como explicaré más adelante.

En mi experiencia, el miedo justificado se transformó en precaución y me ayudó a tomar los recaudos que debía tomar. Si solo hubiese quedado como un miedo exagerado, quizás me hubiese paralizado y hubiese hecho del embarazo un evento traumático. La emoción de miedo, sin embargo, me invadió durante largo tiempo. ¿Por qué sucede esto, aun cuando la amenaza real y concreta pasó hace tiempo?

La respuesta la tiene nuestro laboratorio químico: el cerebro. Al reconocer la amenaza, este comando central libera sustancias químicas que se corresponden con una emoción, en este caso, el miedo. De este modo, aprendemos a asociar determinadas circunstancias con determinadas emociones. Estas asociaciones quedan reforzadas neurológicamente por las sustancias que libera el cerebro. Es por eso que, a veces, nos resulta tan difícil sentir algo diferente ante las mismas circunstancias. Si algo nos despertó un fuerte temor, nuestro inconsciente guarda esa memoria y, ante la repetición de esa circunstancia u otra similar, volvemos a experimentar la misma emoción. En mi caso, me resultaba difícil sentir tranquilidad ante la situación de embarazo, aun cuando todo estaba realmente bien y el médico así lo confirmaba.

Ahora bien, la pregunta será: ¿Está mal sentir temor? La respuesta es NO. Las emociones no son *ni buenas, ni malas*. Las emociones pueden ser *funcionales* o *disfuncionales*. Para mí, el temor fue funcional, porque me llevó a ser cauta y tomar las precauciones necesarias para llevar adelante mi embarazo. Si hubiese desoído esa emoción, es probable que mi trajín acelerado de vida no hubiese favorecido en nada la situación y me hubiese obligado a hacer reposo los primeros meses.

Todas las emociones son necesarias y nos dan información. No está mal sentir miedo, enojo, tristeza, aversión; lo que puede estar equivocado o resultar exagerado es la asociación con el estímulo que desencadena una determinada emoción. Veamos en este ejemplo como una asociación entre un estímulo y una emoción puede jugarnos una mala pasada.

Ariel es un joven muy capaz, disciplinado y responsable con sus estudios. Llegó a mí porque presentaba pánico ante la situación de examen; lo asustaba al extremo de huir al ver un profesor. Fue necesario interrogar las creencias causantes de esa emoción: ideas como "No soy capaz" y "Rendir mal es fracasar" podrían ser la fuerza inconsciente que originaba esta reacción emocional que lo llevaba a Ariel a escapar de la facultad como si la amenaza fuera, realmente, una cuestión de vida o muerte. En el inconsciente de Ariel operaba una rígida asociación A (examen) → B (miedo). Sus emociones bloqueaban el avance hacia su objetivo académico. Haber escuchado el mensaje de su emoción, sumado a la gran motivación de concluir sus estudios, hizo que se ocupara del tema y pidiera ayuda, pues la situación lo superaba. Este es un caso de emoción *disfuncional* o exagerada en su expresión en relación al estímulo que la genera.

El trabajo terapéutico que llevamos a cabo en aquel momento le permitió a Ariel tomar conciencia de sus exigencias y aspectos más profundos de crianza que hacían que sus emociones salten como alarmas cada vez que se sentía evaluado por una autoridad. Para el inconsciente, lo mismo da: se trata de roles. Y tanto su

papá en el pasado como el profesor en el presente representaban esta función de supervisión a la que Ariel le temía y con la que evitaba confrontar.

Cuando mediante un intenso trabajo interior de autoobservación y orientación, tomamos conciencia de por qué y para qué sentimos lo que sentimos, logramos destrabar nuestros bloqueos emocionales. Y entonces, dejamos de reaccionar como resortes desde la inconsciencia de nuestros instintos más básicos y podemos avanzar hacia la reflexión para conquistar muy de a poco la capacidad de decisión que queda vedada cuando la emoción bloquea toda posibilidad de razón.

Ya a esta altura comprenderán que las emociones, sin lugar a dudas, se sienten en el cuerpo. Estas alarmas somáticas nos permiten adaptarnos a una situación y desencadenan reacciones de acción automáticas. Liberan sustancias químicas que refuerzan neurológicamente una experiencia, generando una asociación entre determinado estímulo y determinada respuesta. Además, y esto me parece fundamental, si sabemos escucharlas, nos informan acerca de cómo interpretamos y vivimos determinadas circunstancias, pues derivan de nuestros pensamientos y creencias más profundas que, la mayoría de las veces, permanecen en nuestro inconsciente.

¿Qué funciones cumplen nuestras emociones?

Existen seis categorías básicas de emociones que todos poseemos y que compartimos con los animales. Cada una de ellas tiene una finalidad adaptativa y todas son necesarias para sobrevivir. No dependen de la raza ni de la edad, tampoco de la cultura o el contexto social.

Miedo: es la anticipación de una amenaza o peligro. Nos produce ansiedad, incertidumbre e inseguridad. Su finalidad adaptativa es protegernos.

Sorpresa: se manifiesta como sobresalto, asombro y desconcierto. Su finalidad adaptativa es orientarnos ante una situación nueva.

Aversión: sensación de disgusto y asco. Su finalidad adaptativa es alejarnos de aquello que reconocemos como algo no bueno para nosotros.

Ira: sentida como rabia, enojo, resentimiento, furia o irritabilidad. Su finalidad adaptativa es destruir lo que nos causa daño. Sin llegar a esos extremos, en nuestra vida cotidiana puede ayudarnos a enojarnos y poner límites ante situaciones desagradables, injustas o abusivas.

Alegría: expresada como diversión, gratificación y contento. Da una sensación de bienestar. Su finalidad adaptativa es reproducir aquello que es bueno para nosotros y nos hace bien.

Tristeza: sentida como pena, soledad y pesimismo. Nos sumerge en una actitud reflexiva. Su función adaptativa es generar una nueva reintegración personal. Esta emoción también

La tristeza tiene mala prensa y a veces queremos evadirla o quitárnosla de encima cuanto antes. También sucede que los demás no nos dan permiso para sentirnos tristes: "¡Arriba, tenés que estar bien!", "¡Vamos por ahí a olvidar las penas!". Ahora bien, si olvidamos esas penas, ¿adónde van a parar?

La tristeza tiene que ser escuchada y atendida porque nos dice que tenemos que hacer alguna modificación en nuestra vida. Si la evadimos, se puede convertir en depresión por desatender una emoción que intentó que su mensaje sea escuchado. Como ya dijimos, la función adaptativa de esta emoción es generar una nueva reintegración personal. Nos lleva a un estado de repliegue interno, de introversión, necesario para ver dentro de nosotros y reconocer lo que nos pasa. Este registro emocional a tiempo nos permite ir haciendo los ajustes que necesitamos para sentirnos en armonía y no distanciarnos demasiado de lo que en verdad anhelamos. Las emociones vienen y van; solo se quedan cuando las resistimos o nos negamos a escuchar el mensaje que nos traen.

En lo personal, cuando una emoción de tristeza me invade, me siento con ella a tomar un café o, preferiblemente, unos mates. Esto es algo que todos deberíamos hacer. La recibo, le abro las puertas, me hago amiga de mi tristeza y escucho lo que tiene para decirme. Me ha dicho tantas cosas en el transcurso de mi vida que ya es una fiel confidente. Aunque a veces no me guste lo que me dice, sé que está de mi lado y no busca hacerme daño. Me ha susurrado al oído que un amor tremendamente querido ya no era un amor elegido, que necesitaba más tiempo para mí y debía perderle el miedo a la soledad, que precisaba hacer cambios que me negaba a implementar y tantas otras cosas de las que en un principio renegué, pero luego acepté. Es en esos momentos de aceptación cuando la tristeza dice adiós porque ya cumplió su función. Soy una agradecida de mi tristeza en su justa medida, pues me ayuda a no obviar ni dejar de mirar lo que precisa ser admitido y atendido. Creo que mi vida hubiese sido muy distinta si le hubiese cerrado la puerta en la cara a la tristeza desesperada que golpeaba mi puerta. Muchas de mis decisiones más trascendentes fueron tomadas después de abrazar la tristeza, reconocerla, llorar con ella y, solo entonces, decirle adiós.

Como un cartero que pasa por casa a dejar una carta, las emociones vienen a traer un mensaje, pero luego hay que saber dejarlas ir. Esto es muy importante de advertir. Hay personas que a su tristeza no solo la invitan a tomar un café, sino que también le arman una cama en el centro de su casa, la alimentan a diario y le dan asilo de por vida. Aquí, más que aceptación, se produce una encarnación de la emoción. Cuando la tristeza se instala en nuestra vida, sobreviene la depresión. Así, toda exageración deja de ser saludable: no se trata ni de cerrarle la puerta en la cara ni de que se instale y nunca más se vaya. Las emociones hacen bien su trabajo cuando, después de dejar su mensaje, nos motivan a la acción, es decir, hacemos algo con esa información.

Todas las emociones que describí arriba —miedo, sorpresa, aversión, ira, alegría y tristeza— forman parte de un sistema automatizado que nos permite reaccionar al mundo de inmediato,

cuando no hay tiempo de pensar tanto. Nacemos dotados de este bagaje emocional; es nuestra valija de herramientas para poder adaptarnos y sobrevivir. Estas emociones no están sujetas al aprendizaje, pero se van complejizando y asociando a diferentes experiencias que transitamos en el transcurso de nuestro desarrollo. Así, por ejemplo, Ariel nació con la capacidad de sentir miedo ante una amenaza, pero aprendió, por su crianza, a ligar ese temor con la situación de examen. Si, de pequeño, le mostrábamos a Ariel un examen, este no habría sido más que un papel para hacer garabatos. Por lo tanto, no son las emociones las que se aprenden, sino las conexiones que vamos haciendo entre determinadas emociones y determinados objetos, personas o situaciones.

Todos los seres humanos, sin excepción, sentimos todas las emociones. Hay emociones más sencillas, como el miedo, la rabia, la felicidad o la desdicha, y emociones más complejas y sociales, como la compasión, el desprecio, la envidia, la admiración o el orgullo. La particularidad de una persona con IE no está dada por lo que siente, sino por cómo se relaciona con aquello que siente. La valija de herramientas es la misma para todos; el manejo de las herramientas dependerá exclusivamente de la destreza de cada uno y la disposición que tengamos para entrenar nuestra IE. Nuestros vínculos con los demás, la convivencia feliz y en paz con nosotros mismos, la calidad de vida general que tengamos están en estrecha relación con el modo en que nos relacionamos con nuestras preciadas y respetadas emociones.

Ahora, te propongo una actividad. Aplicar en tu cotidianeidad pequeños cambios que guarden coherencia con lo que vas leyendo es el modo más adecuado de entrenarte para ser cada día una mejor versión de la persona que eres. No digo que sea fácil ni pretendo que tu vida cambie. No hay fórmulas mágicas, el trabajo personal requiere tiempo, sudor y perseverancia. Sin duda, el primer paso en esa dirección es comenzar a mirar dentro de ti y tomar conciencia de tus asuntos más íntimos. Eso ya es un gran avance. Así que, ¡adelante!

Investigar en lo cotidiano
ACTIVIDAD N° 1

Como primera aproximación a este tema, te invito a que trates de identificar lo siguiente:

¿Cuál de las seis emociones básicas antes mencionadas experimentas con más frecuencia? ¿Puedes reconocerla? ¿Ante qué situaciones surge?

La emoción que sientes más cotidianamente es una de las emociones primarias que forman parte de tu temperamento de base. Todas las demás emociones que experimentes en el transcurso de tu vida derivan de las seis emociones primarias como combinaciones más complejas de ellas. A modo de orientación, puedes utilizar este cuadro para realizar la actividad sugerida:

Emoción	**En qué porcentaje** (escala del 0 al 10)	**Ante que situaciones la experimento**
Miedo		
Ira		
Aversión		
Sorpresa		
Alegría		
Tristeza		

Una vez identificada esa emoción, trata de viajar en el tiempo y recordar cuál fue la primera vez que sentiste esa emoción intensamente en tu cuerpo: ¿Fue ante una experiencia? ¿Ante una persona? ¿En una situación traumática? Por ejemplo, Ariel siente miedo hoy ante sus exámenes pero logró recordar que la primera vez que sintió esa sensación fue ante una desaprobación muy severa de su papá, cuando era apenas un niño y estaba mostrándole su primer dibujo de un auto.

Emoción que más me identifica	Primera vez que la sentí	Asociaciones posteriores
Miedo	Cuando le mostré a mi papá uno de mis primeros dibujos y lo desaprobó porque no estaba prolijo y le faltaban algunas partes.	Profesores (examen) - Amigos con carácter fuerte - Mi jefe – Mi suegro - Una entrevista laboral

Ahora es tu turno…

Emoción que más me identifica	Primera vez que la sentí	Asociaciones posteriores

Estos test son autoindagatorios; no tienen puntuación ni otorgan ningún resultado que vaya a ser evaluado. Su finalidad, como la de la totalidad del libro, es la toma de conciencia y el autoconocimiento, propósitos fundamentales para toda persona que pretende superarse.

Capítulo 2

¿DÓNDE SE ORIGINAN NUESTRAS EMOCIONES?

Cerebro triuno: conocer nuestro cerebro para comprendernos mejor

Hoy en día, la ciencia nos permite entender e incluso ver lo que tiempo atrás era impensado. Creo que es fundamental conocer cómo funciona nuestra mente para poder comprender las emociones que muchas veces no sabemos, ni siquiera, de dónde vienen. Cuando pregunto a mis pacientes si conocen lo que es la *amígdala*, señalan su faringe. ¿Cómo es posible que nadie nos enseñe que hay otra amígdala, sin "s", que comanda todo nuestro mundo emocional y que tiene la última palabra en nuestras decisiones?

En la escuela aprendemos mucho sobre historia, letras, matemáticas, pero poco sobre nosotros mismos. No digo que esos contenidos no sean válidos, pero sin duda resultan insuficientes en el contexto en el que vivimos. Más adelante me explayaré acerca de la importancia de acompañar a los niños en el desarrollo de su IE, pero enfatizo y defiendo la impostergable apuesta a la IE en las escuelas si realmente queremos una sociedad menos violenta. Los niños llegan al psicólogo porque no saben cómo encauzar sus emociones ante tantos estímulos. Los padres consul-

tan al psicólogo casi desesperados porque poner límites es más difícil que darle al blanco del problema. La violencia de género es noticia día a día, y miles de mujeres mueren porque no saben protegerse de la ira ni enojarse lo suficiente para decir basta a una situación que se pasó de la raya. Una pelea callejera termina con muertos porque los impulsos más primitivos no pueden ser contenidos.

¿Cómo podemos erradicar la violencia si no sabemos ni siquiera dónde y por qué se genera? Claro está que la sociedad somos cada uno de nosotros y que, siendo analfabetos emocionales, buscamos sobrevivir en un paisaje salvaje de todos contra todos.

Es gracioso escucharnos decir "la gente está cada vez más violenta", dejándonos fuera y al margen de toda responsabilidad ¿Acaso no formamos parte de ese colectivo humano y colaboramos, de una u otra forma, con la violencia de la que tanto nos quejamos? "La gente" somos tú y yo en interacción, no es una entidad ajena que observamos desde fuera. Me gustaría que te preguntes: ¿Cuánta bocina tocas de más? ¿Cuántas veces juzgas y criticas a los demás? ¿Sonríes más de lo que te quejas? ¿Te ofreces con generosidad o miras para el costado cuando alguien necesita una mano? Violencia no es solo disparar; esa es la manifestación de una emoción que llega a su punto cúlmine producto de la acumulación de múltiples violencias silenciosas que se suman unas a otras.

¿Cómo es posible aprender a serenarnos si ignoramos la existencia de recursos internos y prácticas concretas que nos permiten atenuar nuestra ansiedad? Si cada vez que nos sentimos ansiosos, corremos a la farmacia en busca de la píldora mágica, no solo nos intoxicamos de a poco, sino que también nos perdemos la oportunidad de convertirnos en nuestros propios químicos internos. El cuerpo es un gran laboratorio que podemos aprender a gestionar si lo conocemos desde adentro en lugar de bombardearlo con recursos externos de efecto residual.

La esperanza de un cambio profundo en IE para lograr una sociedad no violenta es, sin duda, educar a los niños a través de la inspiración de los adultos de hoy. No debemos esperar a que nuestros hijos crezcan y logren lo que nosotros siendo adultos no hemos conseguido. Tenemos que ser espejos en donde quieran mirarse, enseñar con el ejemplo a partir de evolucionar nuestra emocionalidad. El cambio no debe ser depositado en un futuro lejano. Pensar que los niños de hoy son la promesa del mañana es delegarles la responsabilidad de iniciar un cambio que puede comenzar a cualquier edad. Los niños deberían aprender desde muy pequeños que tienen un cerebro y cómo funciona. Y si nosotros, los adultos, no lo sabemos, hemos de aprenderlo junto a ellos.

El bullying es falta de empatía, base de la IE. El fracaso escolar es baja tolerancia a la frustración y falta de motivación, claves en la IE. La hipercinesia es la incapacidad para identificar las verdaderas emociones y buscar un canal de expresión más saludable. Podría seguir la lista hasta el infinito, pero prefiero aprovechar este capítulo para dar a conocer el cerebro y su funcionamiento. Ojalá dentro de un tiempo todas las escuelas, y no solo unas pocas privilegiadas, incorporen a su currículo la inteligencia emocional como materia prioritaria.

Tres cerebros en uno

Trataré de explicar de manera simple un mecanismo muy complejo llamado *cerebro*. La estructura del cerebro humano se organiza en distintas capas evolutivas que se superponen unas con otras y dan como resultado un único cerebro compuesto de tres instancias en permanente comunicación. Muchas de nuestras contradicciones, bloqueos, conflictos e impulsos son consecuencia de la falta de acuerdo entre estas partes que buscan, cada una a su modo, adaptarse a un entorno en cambio constante.

El neurocientífico Paul MacLean llamó cerebro triuno a estas tres capas cerebrales que forman un único cerebro:

- Instintiva
- Emocional
- Racional

No podemos pensar estas capas de modo separado, ya que interactúan permanentemente, se influyen unas con otras y, la mayoría de las veces, entran en contradicción. Sin embargo, a los fines didácticos, hablamos de un cerebro visceral o instintivo, un cerebro emocional o límbico y un cerebro racional o neocórtex.

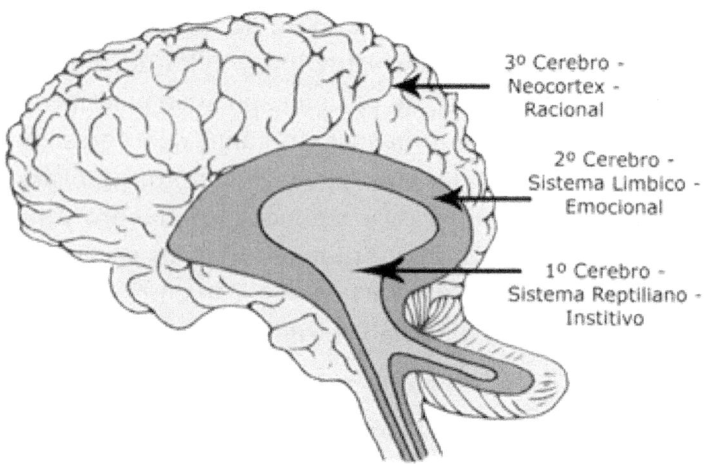

Estos *tres cerebros* aparecieron en forma evolutiva, del más simple al más complejo. Su orden de evolución es el siguiente:

- En primer lugar, se originó el *cerebro reptiliano o visceral* (exclusivo en los reptiles).
- En segundo lugar, el *cerebro límbico* o *emocional* (comienza a desarrollarse en los mamíferos primitivos).
- En tercer lugar, el *neocórtex* (aparece en mamíferos más evolucionados o superiores).

Estos tres cerebros conforman una unidad integrada, pero cada uno de ellos tiene una lógica propia correspondiente a su escala evolutiva. La lógica del cerebro reptiliano es, ante todo, *sobrevivir*, la lógica del cerebro límbico es *sentir*, y la lógica del cerebro neocórtex es *razonar*. Como podrán notar, la complejidad incrementa en la medida en que la evolución avanza. Este avance incluye a las instancias evolutivas anteriores; la instancia emergente se suma a la anterior y la engloba. Así, podríamos decir que el ser humano contiene dentro de sí una instancia reptiliana y mamífera, propias de las especies que le antecedieron. Si a veces nos cuesta dialogar entre personas, imagínense el vocerío interior entre estas tres instancias que buscan hacer oír sus voces, cada una hablando su idioma y con su propia lógica.

Ante cada situación de examen, el cerebro de Ariel vociferaba lo siguiente:

"Tengo que presentarme a rendir, no puedo dejar pasar una fecha más. Me retrasaré demasiado". (Cerebro neocórtex)

"Siento mucho miedo, esta situación ya la pasé anteriormente y no quiero volver a sentir esa angustia". (Cerebro límbico)

"Me voy de aquí cuanto antes, ¿dónde está la salida?" (Cerebro instintivo)

Es muy difícil convivir con estas tres voces tan contradictorias. Si no logramos mediar entre ellas ante cada toma de decisión, se genera en nosotros un profundo debate interno. En este caso, es comprensible que Ariel sienta agotamiento mental y bloquee su acción fruto de no poder resolver ese conflicto interior.

Estos tres cerebros son la evidencia de que guardamos las memorias y aprendizajes de nuestros ancestros, así como sus miedos y estrategias de supervivencia.

La historia y la evolución están contenidas en cada uno de nosotros y se expresan en nuestros comportamientos. Nuestro inconsciente no desecha nada de lo que le ha servido alguna vez

para que lleguemos vivos hasta aquí. En más de una oportunidad, nuestro cerebro visceral nos salvó de ser devorados por algún depredador. Este recurso se mantiene hasta hoy.

Veamos cada una de estas instancias con más detalle, desde la más arcaica hasta la más reciente.

Cerebro reptiliano - visceral

Es la instancia más antigua de nuestro cerebro. Responde al instinto de supervivencia. Esta parte del cerebro está formada por los ganglios basales, el tallo cerebral y el sistema reticular.

Es la instancia cerebral más resistente al cambio. Hace más de 500 millones de años que existe y sus programaciones son muy poderosas; de ahí, que nos cueste tanto desprogramar algunos comportamientos que se originan en esta zona. Este cerebro opera a través de un sistema binario de lucha–huida, sin ningún proceso sentimental. Solo busca conservarse con vida. Este modo de actuar de nuestros antecesores es el responsable de que estemos aquí como seres vivos. Se encarga de autorregular nuestro organismo y de actuar cuando éste lo demande.

Tenemos hambre→ buscamos alimento

Estamos en peligro → buscamos protegernos

La territorialidad, el apareamiento, la necesidad de cobijo y de protección, la alimentación, el sexo y la temperatura corporal son resueltas por esta instancia cerebral.

¡Importante! Cuando se enciende, esta área del cerebro es tan poderosa que puede bloquear las otras dos instancias más evolucionadas. Con el propósito de supervivencia, puede cometer las mayores atrocidades. Experto en detectar amenazas y posibles enemigos.

Otra cualidad es que funciona en tiempo *presente*. No entiende de pasado ni de futuro y, por lo tanto, no aprende ni anticipa, solo responde a impulsos. Se caracteriza por la *acción* mecánica y

programada. Aquí se establecen los hábitos, los rituales, los condicionamientos, las imitaciones, las adicciones, las inhibiciones y los ritmos. Mediante respuestas elementales poco complicadas emocional o intelectualmente, nos permite adaptarnos al entorno *aquí y ahora*, sin tener en cuenta las experiencias previas ni las estrategias a largo plazo. Es un cerebro cortoplacista, que busca la satisfacción inmediata y rechaza lo displacentero. La mente inconsciente se sustenta en este cerebro. Aquí se graba, instala y desarrolla el trauma psicológico. Es en este primer cerebro donde las adicciones son muy poderosas, ya sea hacia sustancias, hacia personas o hacia una forma de actuar. También tienen lugar aquí las fobias y los miedos.

Este cerebro está regido por la emoción del *miedo*.

Cerebro mamífero – emocional

Este es el cerebro que más nos convoca en el tema que estamos tratando debido a que, con la adquisición de esta capa cerebral, emergen las emociones. Es la **fábrica de las emociones**. Aquí se originan y es recién a partir de la capa posterior (neocórtex **o 3° cerebro) que podemos aprender a gestionarlas.**

El cerebro emocional cuenta con un sistema límbico que incorpora la función sentimental a la puramente instintiva del cerebro primitivo reptiliano. El sistema límbico opera desde la estructura conocida como amígdala.

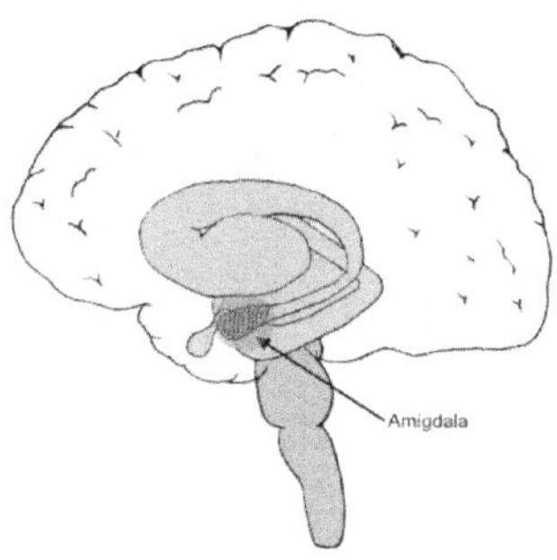

Con esta instancia evolutiva, adquirimos la capacidad de sentir, desear y, por lo tanto, establecer vínculos de fidelidad con otros seres. Este cerebro está integrado por seis estructuras: el tálamo (placer, dolor), la amígdala (nutrición, oralidad, protección, hostilidad), el hipotálamo (cuidado de los otros, característica de los mamíferos), los bulbos olfatorios, la región septal (sexualidad) y el hipocampo (memoria de largo plazo).

Podemos definir esta instancia como *sede del universo emocional*. Sin embargo, para comprender cómo funcionamos, es necesario conocer las tres capas cerebrales: la instintiva, la emocional y la racional, ya que influyen unas a otras de modo permanente. El cerebro límbico o emocional es el encargado de procesar las emociones y los estados de ánimo. Además, regula las motivaciones básicas, aquellas independientes del aprendizaje social y cultural: hambre, sueño, sed, sexo, procreación y pulsión maternal. Incorpora el tiempo *pasado* y, con ello, la posibilidad de recordar y aprender de las experiencias anteriores.

El aprendizaje, la memoria y las emociones se procesan en la misma área cerebral ("se cocinan en el mismo horno"). Es por eso que tendemos a aprender con más facilidad aquello que nos moviliza y a recordar lo que más nos impacta a nivel emocional.

Es muy probable que recuerdes qué estabas haciendo el día en que nació tu hijo, conociste a tu pareja o te recibiste, ¿verdad? En esta instancia, la relación con otros pasa a establecerse a través de un vínculo. Enterrar a nuestros muertos, por ejemplo, es considerar el pasado y la trascendencia del tiempo meramente presente. Con el desarrollo de esta área del cerebro, comenzamos a reconocer la importancia de un otro significativo y establecemos vínculos de afecto.

Esta adquisición representa una evolución sustancial, pero con ella aparecen alteraciones derivadas de un uso disfuncional de las posibilidades de recordar y emocionarse: poner demasiado

peso sobre el pasado puede originar depresiones, como le sucedió a Ariel. El recuerdo de su experiencia pasada ante la desaprobación de su padre hoy le imposibilita rendir exámenes y avanzar en su proyecto presente. Este es un claro ejemplo de un uso disfuncional de la capacidad de sentir y recordar.

De la función de este cerebro dependen los *sentimientos* y *deseos*. Así como a la instancia anterior le preocupa ante todo sobrevivir, a esta instancia le interesa *recibir aceptación, cuidado, escucha, consideración, aprobación, y dar y recibir afecto*. Es la *sede de la empatía*. Controla y regula la vida emotiva. El neocórtex, por su parte, permite procesar las emociones que se originan en este cerebro. El sistema límbico no puede funcionar solo; cuando esto sucede, se originan emociones violentas, conductas impulsivas o comportamientos emocionales excesivos.

A diferencia de los reptiles, los animales mamíferos y, en particular, el mamífero humano necesitan del afecto, la atención y el cuidado materno para sobrevivir. El alimento como tal ya no nos es suficiente; necesitamos el nutriente afectivo para permanecer con vida. A los fines adaptativos, la evolución responde con la adquisición de este cerebro emocional que da lugar al vínculo afectivo. Si la hembra siente afecto por su cría, no la abandonará apenas nace, como lo hacían los reptiles. De esta forma, las crías están protegidas y no corren riesgo de extinción.

Aquellas personas que tienen una alteración en el funcionamiento del cerebro límbico, pueden experimentar uno de estos dos extremos:

- *Sentir en exceso*; dejarse afectar demasiado por los demás y por el entorno.
- *Insensibilidad*; mostrarse imperturbables ante los demás e indiferentes a su entorno.

Este cerebro, le otorga a la acción la carga emocional necesaria para llevarla a cabo; de él depende la *motiv/ación* ('motivo para la acción'). Por consiguiente, se logran metas menos inmediatas que en el cerebro anterior, pero más evolucionadas.

Las enfermedades derivan de las alteraciones en esta área son la agresividad, la depresión o las alteraciones del estado de ánimo, las alteraciones de la memoria, entre otras.

Como hemos visto, el cerebro anterior se regía por el *miedo*. Este, en cambio, se rige por los *sentimientos*. Aquí se origina el sufrimiento, entendido como la intensificación del dolor (inevitable) que puede aliviarse con la sana regulación emocional.

Cerebro neocórtex - racional

Este cerebro se empieza a desarrollar en los mamíferos modernos, los primates y algunos cetáceos. Con la adquisición de la corteza cerebral (neo/córtex, 'nueva corteza') se desarrolla el pensamiento y los procesos de entendimiento de mayor complejidad. Existe una relación directa entre el desarrollo de la corteza cerebral y el desarrollo de la estructura social: a mayor despliegue de la corteza cerebral en las especies de primates, mayor desarrollo social con organizaciones más complejas y pautas de convivencia.

Los seres humanos poseemos un cerebro mucho más complejo que los primates, con capacidad de análisis y procesos intelectuales superiores. Esto nos permite adquirir conocimientos cada vez más abstractos, desarrollar tecnología y comprender las leyes que rigen una sociedad y el universo en su totalidad. Nos permite analizar y sintetizar información, nos otorga pensamiento crítico y creativo, y nos facilita la resolución de problemas. Le confiere al ser humano la posibilidad de desarrollar la voluntad y conciencia de sus actos.

Al tiempo presente y pasado de los cerebros anteriores se suma ahora el *futuro*, y, con esto, la capacidad de planificar y anticipar eventos. En esta etapa evolutiva se elaboran los calendarios como una manera de organizar el tiempo.

Las enfermedades derivadas de la alteración de sus funciones son los trastornos de ansiedad, el estrés y la psicosis (locura).

Está regido por el *razonamiento.* Las patologías de la época asociadas al estrés y la ansiedad se generan a partir de la posibilidad de anticipar o imaginar situaciones futuras.

Cerebro reptiliano	Presente	Impulsividad
Cerebro emocional	Pasado - Presente	Emoción
Cerebro racional	Pasado – Presente – Futuro	Anticipación

La estructura y la organización de nuestro cerebro nos permiten ver los rastros de la evolución de los seres vivos, desde el reptil hasta el ser humano. Nuestro cerebro incluye a todos nuestros antepasados. Nuestras conductas menos racionales y más impulsivas nos recuerdan a las criaturas primitivas y poderosas que habitan en nosotros.

Esta perspectiva nos invita a tener una mirada más compasiva y amable hacia nosotros, comprendiendo que muchos de los comportamientos que nos afectan, nos limitan o nos avergüenzan tienen una razón de ser en la historia y, desde este impulso de supervivencia, se expresan y se resisten a ser cambiados.

Nada malo hay en nosotros, solo partes menos evolucionadas que otras. El trabajo sobre nosotros mismos nos permite volver conscientes los comportamientos inconscientes y ganar autodominio. Se trata de aprender a domesticar con ternura y determinación la parte salvaje y animal que habita en cada uno de nosotros y que, de manera incansable, se esfuerza por sobrevivir.

Todos nosotros contamos con estas tres instancias evolutivas para adaptarnos e interactuar con el entorno. No obstante, cada persona a lo largo de su vida, de acuerdo con sus experiencias y su temperamento innato, podrá utilizar y desarrollar una instancia más que la otra. Como consecuencia, una de ellas se vuelve predominante y las demás, secundarias. En grado moderado, esto no trae inconvenientes. Sin embargo, cuando el predominio de

una instancia es exagerado respecto de las demás, nuestro comportamiento puede tornarse inadecuado o disfuncional.

Zoe es una joven que transitó una frustración amorosa en el pasado y, en el presente, tiene dificultades para relacionarse con parejas de manera saludable. Pues bien, ella es un claro ejemplo de predominancia del cerebro emocional. Ella solo se orienta en función de *lo que siente.* Si *siente* desconfianza, no duda en salir en mitad de la noche, exponiéndose a peligros, con tal de seguir a su novio y controlar lo que hace. Si *siente* ganas de llamarlo y no logra ubicarlo, puede batir récord de llamadas en cuestión de minutos. Cuando *siente* celos, no puede pensar con claridad y es capaz de hacer cualquier barbaridad. De *sentirse* amada, pasa a *sentirse* despreciada. Claro está que esta mujer es absolutamente *emocional.* Su vida está subordinada a las emociones que imperan en ella, momento a momento. Esta exageración hace que su comportamiento resulte perturbador, para ella misma y para su entorno.

La salud emocional exige un equilibrio dinámico entre los distintos estratos cerebrales. Por el contrario, la exageración de uno de ellos torna disfuncional cualquier comportamiento. Sin llegar a tales extremos, la predominancia de uno de los estratos da como resultado tres tipos de temperamentos:

- *Personas viscerales e impulsivas (con predominio del cerebro reptiliano)*
- *Personas emocionales y sentimentales (con predominio del cerebro emocional)*
- *Personas mentales y racionales (con predominio del cerebro neocórtex)*

Investigar en lo cotidiano
ACTIVIDAD N° 2

Luego de leer y comprender cómo funcionan estas tres instancias cerebrales, te sugiero como actividad de este capítulo que te preguntes a tú misma/o:

¿Cuál de estos tres cerebros tiene más impacto y fuerza en mi vida cotidiana?

____

____

¿Con cuál tengo una comunicación más directa?

____

____

¿Cómo tomo decisiones? ¿Me oriento más por la emoción, la razón o mi visceralidad?

____

____

En situaciones de estrés, ¿suelo comportarme de manera más impulsiva, emotiva o racional?

____

____

¿Cómo me relaciono con los demás? ¿Tiendo a ser más afectivo, impulsivo o racional?

____

____

Ante la misma emoción, tres personas pueden actuar de manera muy diferente, según la vía de acceso que tengan a uno u otro cerebro. Veamos un ejemplo.

Situación: Enojo hacia un compañero que habló mal de mí ante otros.

Una persona puede actuar impulsivamente, mostrar su enojo de inmediato y responder a la agresión → *Cerebro reptiliano*

Otra persona puede ofenderse y largarse a llorar → *Cerebro emocional*

La última persona puede evaluar racionalmente la situación y esperar el momento "oportuno" para devolver la agresión, de manera encubierta → *Cerebro neocórtex*

Todas estas instancias son necesarias para conducirnos en la vida. Ninguna es mejor que otra, son diferentes y se complementan entre sí. Si existe una *predominancia* exagerada o, por el contrario, un *bloqueo* de alguna de ellas, el trabajo será tomar conciencia (*darnos cuenta*) y comenzar, poco a poco, a realizar una labor *desde la voluntad* para equilibrar el funcionamiento de nuestro cerebro y evitar los desbalances que nos llevan a inclinar la balanza siempre en una misma dirección, limitando nuestra capacidad de elección.

A continuación, obsérvate en acción y luego ordena, según tu caso, la preponderancia de cada uno de los tres cerebros.

En 1° lugar predomina en mí el cerebro:

En 2° lugar, el cerebro:

El 3° lugar lo ocupa el cerebro:

Respecto del cerebro visceral/instintivo:
Soy una persona que necesita trabajar en el control de sus impulsos. (*predominancia*)
Necesito conectar con mi parte más visceral para pasar a la acción sin tanta demora o postergación. (*bloqueo*)

Respecto del cerebro límbico/emocional:
Necesito moderar mi extrema emocionalidad e hipersensibilidad. *(predominancia)*
Debería preguntarme más acerca de lo que siento y lograr identificar mis emociones para poder expresarlas. *(bloqueo)*

Respecto del cerebro racional/neocórtex:
Debería relativizar la importancia que le doy a la lógica y a la razón. *(predominancia)*
Necesitaría reflexionar, pensar y evaluar las consecuencias al momento de decidir y pasar a la acción. *(bloqueo)*

¿En qué grupo de personas me encuentro? ¿Qué necesito aprender? ¿Qué preciso moderar? ¿Y qué fortalecer?

____

____

Capítulo 3

CEREBRO EMOCIONAL

La fábrica de emociones

Habiendo conocido en el capítulo anterior las tres instancias del cerebro, situémonos ahora específicamente en el *cerebro emocional*. La protagonista de este cerebro es la *amígdala*, el órgano más importante involucrado en la dinámica emocional.

¿Cuál es su función?

Asignar significado emocional a los estímulos externos (ambientales) e internos (pensamientos y creencias). Así, ante cada cosa que vemos, oímos, percibimos y también ante cada pensamiento, la amígdala otorga de inmediato un significado que genera una o más emociones.

Estímulo (externo o interno) → Amígdala → Significado → Emoción

Recuerdo una situación en que Zoe vio a su pareja actual conversando amistosamente con una compañera de trabajo. Ante "semejante escena" (según su apreciación), su amígdala se encendió súbitamente e interpretó la situación como una amenaza. La compañera en cuestión de pronto se convirtió en una depredadora acechando a su presa (su novio). Como consecuencia, Zoe sintió unos celos inmanejables y mucho enojo. Describía su

cuerpo como en ebullición (sudoración, taquicardia, respiración entrecortada).

Zoe es una mujer de temperamento exageradamente emocional. ¿Cuál fue su primera reacción? Entrar a escena, interrumpir la conversación y marcar territorio como si fuera una leona en plena selva amazónica. Cuando me contaba la situación durante la terapia, reconocía desde la razón el arrebato de su comportamiento, pero al mismo tiempo, al relatar la escena, su cuerpo, sede de la manifestación emocional, le recordaba el malestar que había experimentado: su irritación, su tono de voz, su gesticulación y su respiración evidenciaban que la razón no se ponía de acuerdo con su emoción.

Sucede a veces que el impacto del estímulo que nos sacude hace que tomemos conciencia de inmediato de las emociones que experimentamos; como Zoe, que no dudó ni un segundo de los celos que sentía. En otros casos, sin embargo, nos cuesta más identificar nuestras emociones. Esto ocurre porque el estímulo que las ocasiona es difuso o hay varios estímulos superpuestos.

Ariel llegó un día a la sesión con una sensación de tristeza y un nudo en su pecho al que no le encontraba explicación. Por su temperamento racional, le cuesta registrar las emociones y las sensaciones que experimenta. Ahondando un poco más, recordó que ese día iniciaba el mes en el que él se había prometido estar recibido. Además, cuando fue a almorzar en su recreo laboral, se encontró con una amiga de su exnovia, a quien todavía no olvidó; esto también lo movilizó. Luego me comentó, como al pasar, que su primo de su misma edad lo invitó a la inauguración de su nuevo estudio la semana siguiente, y él no pudo evitar compararse y sentirse en desventaja respecto de su avance laboral.

Como vemos, un estado emocional puede ser resultado de una combinación de estímulos y las correspondientes asignaciones de significado emocional que realiza la amígdala, sin que seamos conscientes de ello. Uno solo de los hechos que relata Ariel en su día no hubiese sido suficiente para desencadenar su angustia,

pero la sumatoria de los tres eventos produjeron una especie de *masa crítica* que originó la angustia para la cual no hallaba una explicación o causa. ¿Qué se entiende en psicología por *masa crítica*? Este término hace referencia a una cantidad de eventos necesarios que, sumados, dan lugar a un determinado fenómeno emocional. Es lo que el saber popular llamaría "La gota que colmó el vaso".

El circuito de la emoción

Cuando un estímulo es percibido, pasa primero por el tálamo y de allí va directo a la amígdala. Esta se encarga de otorgarle un significado emocional para provocar una respuesta de inmediato. Si voy caminando por un callejón y percibo dos personas en una actitud sospechosa, envío esa información a la amígdala a través del tálamo, la amígdala la identifica como *amenaza* y provoca la correspondiente respuesta de *miedo* (emoción) que me impulsa a actuar para resguardarme o huir.

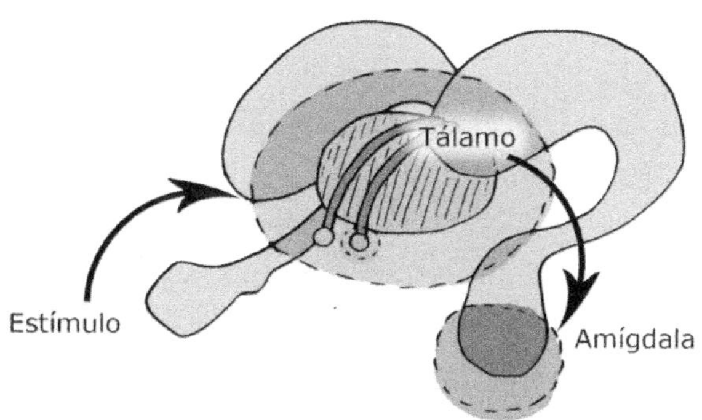

Percepción de Estímulo → *Tálamo* → Amígdala → *Emoción* →
Respuesta: rápida pero más primitiva

Este circuito es la vía de respuesta más directa que garantiza reacciones inmediatas con el propósito de no demorar la respuesta. Claro que si nuestra supervivencia está en juego, no hay tiempo que perder.

Volviendo sobre lo anterior, cabe preguntarse, ¿por qué la evolución ha dado a las emociones un rol tan preponderante? La respuesta es concreta y precisa: nuestras emociones nos orientan cuando se trata de afrontar momentos lo suficientemente difíciles e impostergables como para dejarlos en mano del intelecto. Imagina si, ante un peligro inminente, comenzáramos a analizar qué alternativa es más conveniente. En el tiempo que tardamos en decidirnos, ya nos comió el león.

La vía rápida muchas veces nos salva la vida, está ligada al estímulo de supervivencia (cerebro reptiliano o 1° cerebro).

Ahora bien, demos un paso más. Si prestamos atención, esta información resultará esclarecedora para comprender nuestros comportamientos y el de los demás. Existe una segunda vía de respuesta, alternativa a la vía corta ya mencionada. La información llega a través de los estímulos, pasa al tálamo pero, en este caso, el tálamo envía esa información a la *corteza cerebral,* la parte más evolucionada del cerebro. Esta se encarga de analizarla, buscar asociaciones, asignarle un significado racional al estímulo y, posteriormente, la envía a la amígdala y también al hipocampo. Una vez concluido el proceso de análisis que realiza la corteza cerebral, la amígdala le asigna el significado emocional . Es por eso que, a través de esta vía, damos una respuesta más elaborada pero más lenta que por la vía anterior.

La música, por ejemplo, tiene el poder de movilizar emociones. Cuando escucho una canción que me recuerda el pasado, la corteza procesa esa información y hace las asociaciones pertinentes, con personas, lugares o momentos especiales de mi vida que esa canción me recuerda. Luego, la información llega a la amígdala, que le asigna la emoción correspondiente. Si, por

ejemplo, las asociaciones despiertan la emoción de tristeza, al cabo de unos segundos acabaré llorando.

En el siguiente gráfico están representadas ambas vías:

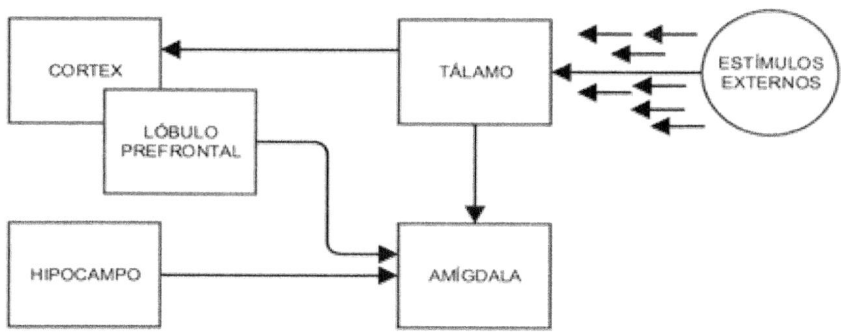

Las dos vías nos permiten reconocer la importancia de las emociones. ¿Pero por qué? Porque la amígdala es el último receptor de la información que ingresa tanto desde la vía corta como desde la vía larga. Es decir, la amígdala tiene siempre la última palabra.

¿Alguna vía es mejor que la otra? No. Ambas son importantes por igual; el éxito de una u otra depende del contexto. Por ejemplo, si tengo que salvar mi vida, será necesaria la vía corta, que me permite actuar con inmediatez. En cambio, para pensar una estrategia, será adecuada la vía larga. Esta permite tratar con información más compleja, pero será necesario disponer de más tiempo para elaborar la respuesta adecuada.

Resulta importante considerar que, cuando la vía corta entra en juego, inhibe a la vía larga y con ello la posibilidad de analizar y razonar la respuesta. Al encenderse la amígdala, la respuesta emocional bloquea la capacidad de pensar. Esta particularidad es lo que conocemos con el nombre de *rapto por la amígdala* o *secuestro emocional.* Bajo estas circunstancias se incluyen, por ejemplo, los casos de homicidio por estado de emoción violenta. El estado de emoción violenta opera como circunstancia de

atenuación de la pena, no como causal de inimputabilidad; se contempla que la persona que cometió el homicidio tenía, en ese momento puntual, inhibida su capacidad de pensar y, por lo tanto, no podía medir las consecuencias de sus actos.

En casos como estos, las neuronas *raptadas* por la amígdala no están disponibles para ser utilizadas por la corteza cerebral, parte que permite razonar, evaluar y pensar antes de actuar. Cuanto más intenso el sentimiento, más ineficaz se vuelve la mente racional. Es por ello que hacer reflexionar a una persona emocionalmente perturbada es una misión imposible.

Para el novio de Zoe, calmarla en los momentos en que la ciegan los sentimientos de desconfianza es una misión imposible. Ella reconoce que cuando está raptada por sus emociones no puede medir sus palabras ni dirigir sus acciones, como la noche en que se expuso al peligro de salir sola en una zona peligrosa para seguir la pista de una supuesta infidelidad. En esos momentos, no puede pensar. Tampoco pudo prever salir con sus llaves, por lo que dejó su casa abierta, y hasta caminó por la calle con pantuflas sin darse cuenta. Pasado ese episodio, en el que se recuerda fuera de sí, me relata en sesión lo acontecido, indignada, compungida y hasta consigue reírse de sí misma. Esa es la misma mujer que al otro día dirige quince personas en su trabajo, toma importantes decisiones financieras e intenta cerrar negocios donde la estrategia y la racionalidad resultan fundamentales.

Cuando utilizamos la frase "actué en caliente", estamos en lo cierto. En ese estado, la amígdala se enciende y enrojece tal como se observa en el gráfico que sigue. Luego, cuando "pensamos en frío", muchas veces queremos volver el tiempo atrás, nos arrepentimos o nos reprochamos nuestro modo de actuar.

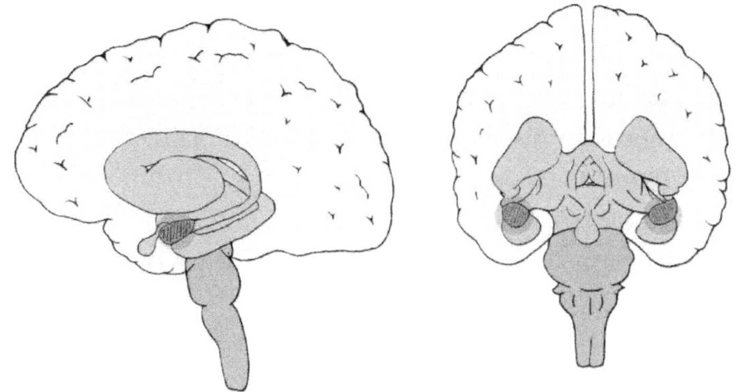

Cuando la amígdala entra en juego, se desencadenan mecanismos y reacciones en nuestro cuerpo: estado de alerta, aumento de la presión sanguínea, aceleración de la frecuencia cardíaca, sudoración, liberación de adrenalina, noradrenalina y cortisol, y puesta en acción (comportamiento).

Hay una tendencia a identificar las respuestas de la vía corta como reacciones emocionales y las respuestas de la vía larga como racionales. Sin embargo, esta asociación es arbitraria ya que las emociones intervienen en ambas circunstancias. La amígdala está ahí, en forma continua, filtrando y asignando un significado emocional a todo lo que percibimos, aunque sus manifestaciones no siempre son visibles. Esto dependerá de la intensidad del estímulo. Absolutamente todas las percepciones llevan aparejado un contenido emocional. Por lo tanto, no existen las decisiones puramente racionales, al contrario de lo que solemos creer. La amígdala siempre interviene y, como hemos dicho, tiene la última palabra. Desde la razón, lo que hacemos es justificar una decisión emocional que ya hemos tomado, buscar argumentos y explicaciones para sostenerla.

Ariel muchas veces encuentra razones y argumentos válidos para postergar sus mesas de examen. Pero el trasfondo que lo lleva a dilatar su acción es conocidamente emocional, al igual que cuando encuentra justificación para no dejar pasar una fecha de examen puntual, que cree que es fundamental. Que decida rendir en esa ocasión es también una respuesta emocional; con sus fundamentos logra motivarse y no desmoralizarse ante la situación de examen. Con seguridad, si en ese momento el temor fuera mayor que la motivación, encontraría un manojo de buenos motivos para retrasar y subestimar lo que en un momento evalúa como prioridad.

¿Cómo asigna la amígdala los significados emocionales?

Para atribuir un significado emocional a un estímulo, la amígdala tendrá en cuenta dos tipos de emociones: las innatas y las adquiridas.

Las emociones innatas son las reacciones heredadas por genética. Responden a nuestro instinto de supervivencia. No varían con el transcurso del tiempo, pues no están condicionadas por el aprendizaje ni la experiencia. El miedo, la ira, el asco, la alegría, la sorpresa y la tristeza no necesitan ser aprendidas. Nadie nos enseña a tenerle miedo a un oso, ni a sentir asco ante una comida en estado de putrefacción. La amígdala ya sabe cómo reaccionar ante determinados estímulos.

Las emociones adquiridas, en cambio, son aquellas que incorporamos según vamos viviendo. Se originan a partir de las asociaciones de las emociones innatas con las experiencias que transitamos. Por ejemplo, el miedo de Ariel a rendir es adquirido. Esa asociación la aprendió en la infancia. Ariel creció en un ambiente muy exigente y crítico de su desempeño. Bajo esas circunstancias, es posible que el resultado sea el que finalmente aconteció: la amígdala de Ariel asoció *examen* a sentimientos de frustración y temor. Cada vez que ese estímulo se presenta en su vida, su amígdala reacciona con una emoción primitiva de temor, a partir de la asociación aprendida.

La buena noticia es que las emociones adquiridas sí pueden modificarse, pues se generan y renuevan durante toda la vida.

Continuamente estamos asignando y reasignando significados emocionales a todo lo que nos pasa. La parte frontal del cerebro, el neocórtex, es el que posibilita flexibilizar, cambiar y rectificar asociaciones emocionales que hemos aprendido. Así, puede que algo que antes nos daba miedo con el tiempo ya no nos genere esa emoción. Trabajando sobre nuestro mundo emocional podemos lograr desactivar determinadas conexiones que nos generan malestar o nos impiden avanzar en el logro de nuestros objetivos.

En el caso de Ariel, el miedo a ser evaluado no se limitaba a la situación de examen; se extendía al área laboral. Le generaba ansiedad una entrevista laboral y animarse a dar el paso de cambiar de trabajo. Indagando en sus recuerdos y experiencias, pudimos abordar y trabajar una creencia que ligaba la emoción de angustia con el cambio de trabajo: cuando era un niño, su padre abandonó su trabajo para iniciarse en un emprendimiento familiar que no resultó. Fue una situación familiar muy dolorosa y una etapa con muchas carencias. Comenta que aún recuerda la expresión de preocupación y pesar de su padre.

Sin embargo, con el paso del tiempo y las experiencias vividas, una misma situación puede asociarse a emociones de satisfacción. Así le sucedió a Ariel que, evidenciando un crecimiento profesional, consiguió asumir el riesgo de un cambio laboral.

Por supuesto, un cambio de asignación emocional no viene dado. Debe ser autogenerado a partir del compromiso de *hacer algo* con lo que uno siente, en lugar de quedar sometido de manera pasiva a las asociaciones arbitrarias o correspondientes a otras épocas de la vida. Resalto el *hacer* porque las asociaciones emocionales correspondientes a determinadas conexiones neuronales en nuestro cerebro solo se modifican con la experiencia, no con la intención ni el pensamiento. Como dice el filósofo,

> *Lo importante no es lo que han hecho de nosotros, sino lo que <u>hacemos</u> con lo que han hecho de nosotros.*
> *Jean Paul Sartre.*

Para Ariel, fue imprescindible animarse al cambio y darse la oportunidad de establecer nuevas asociaciones emocionales y ampliar sus conexiones neuronales. El cambio implica *acción*. Tomar conciencia de lo que nos ocurre y ser solo observadores pasivos de nuestras experiencias pasadas no tiene el poder de modificarnos. Es imprescindible desafiar nuestras asociaciones emocionales y creencias arraigadas a partir de experiencias actuales que nos permitan renovar y ampliar nuestras interconexiones neuronales.

Cambio laboral = miedo, carencia → Intervención *activa* (salir de la zona de confort) → Cambio laboral = satisfacción, oportunidad de crecimiento → Nueva conexión neuronal

Tomar conciencia de mis sensaciones corporales

Las emociones se sienten en el cuerpo. Cuando experimentamos una emoción, la amígdala se activa y genera un remolino de sensaciones. A veces esto es claramente reconocible y otras resulta menos perceptible, en especial cuando las sensaciones corporales no son tan agudas como las que generaría, por ejemplo, un estado de furia intensa o profunda angustia.

Registrar las sensaciones de nuestro cuerpo nos brinda información precisa acerca de los estados emocionales que experimentamos momento a momento.

El cuerpo NO miente.

Es posible que en ciertos lugares o en presencia de determinadas personas sintamos tensión o nervios. Puede que, racionalmente, no tengamos motivos para sentirnos así, pero nuestro cerebro emocional identifica en ese contexto alguna amenaza y activa todas sus alarmas. Esto no quiere decir que los factores en escena sean una amenaza para mí hoy, pero el inconsciente, que graba todo y nunca olvida, puede haber hecho asociaciones,

ecuaciones y simbolizaciones que conducen a interpretar esa situación o persona como una intimidación. Desde un aroma, un color, un gesto, hasta una palabra pronunciada o un comportamiento pueden evocar un recuerdo traumático del pasado y activar nuestras alertas emocionales, generando un torbellino de manifestaciones físicas en cuestión de segundos. Estas manifestaciones podrían ser sudoración, palpitaciones, enrojecimiento, opresión en el pecho y deseos irrefrenables de huir.

Las emociones en mi vida

A mi mamá, que fue la heroína que me salvó la vida cuando ya no podía más...

A mi mama, que después de llorar al terminar de leer mi libro me dio alas para expresarme en libertad...

A mi mamá, que me enseñó lo emocionalmente difícil que es ser mamá y hoy, siéndolo, la comprendo más que nunca...

A mi mamá, inmensa, enérgica, vulnerable, humana, imperfecta, real y, a la vez, mágica y extraordinaria...

A mi mamá, que siempre está y nunca ha dejado de estar, a su manera, la más sincera...

A mi mamá, que lloró conmigo de tristeza y ahora me abraza con felicidad...

A mi mamá, a quien sentí tan lejos y ahora siento tan cerca...

A mi mamá, la persona que más admiro por sus audacias en silencio y sus tremendas agallas...

A mi mamá y a mí, que nos dimos la oportunidad de mirarnos a los ojos, dejar el orgullo de lado y sanar las heridas del pasado...

Zoe y Ariel son dos pacientes muy queridos y a quienes conozco en profundidad. Pero hay otra persona a quien conozco más que a nadie y desde adentro: yo misma. Creo que no es posible explicar el mundo emocional si uno no ha tratado con sus propias emociones, si uno no se ha sentido *en carne viva*, vulnerable y conmovido por sus propios estados emocionales.

Toca el turno de hablar de mí. Mi alma busca expresarse y mi razón teme la exposición. En esta encrucijada, priorizaré la emoción y el deseo de ayudar a los demás a partir de mis experiencias de vida y mi duro proceso de autoconocimiento y transformación que me condujo a ser la persona que soy, con mis virtudes y defectos, y, sobre todo, a amar terriblemente mi vocación. Esta es la historia de mi paciente más difícil; esta es mi propia historia...

Cuando era niña, apenas una niña, un depredador irrumpió en mi vida. Se ganó la confianza de toda mi familia, era un león disfrazado de señor. Tenía las llaves de mi casa. Su función era velar que nadie atente contra mi hogar. Vigilaba y cuidaba de las puertas hacia afuera, cuando la amenaza más terrible se encontraba dentro: él.

Nunca entró un delincuente a mi casa, pero él me robo una adolescencia en paz, él me quitó durante años mi serenidad y, hasta el día de hoy, siento las huellas de una infancia que él invadió sin ningún tipo de pudor. Fueron años de abuso físico y emocional. Me hablaba de juegos cuando en realidad era un enfermo. Compraba mi silencio y, al mismo tiempo, se ganaba el respeto y la confianza de mis seres más queridos. Yo no entendía, era solo una niña; hasta que eventualmente comprendí y pude resignificar lo vivido en aquella época de mi vida.

El abuso sexual infantil deja heridas que no sangran, moretones emocionales y cicatrices invisibles de por vida. Las mujeres ya no nos callamos. Hoy levantamos banderas con la expresión "Ni una menos"; pero con ellas estamos dejando por fuera a miles de mujeres que, como yo, son sobrevivientes. Entonces, propongo: "Ni una menos, ni ninguna partida al medio".

Yo y seguramente muchas otras mujeres fuimos *una menos*. Yo fui *una menos* en mi grupo de amigas, *una menos* en el viaje a Bariloche, *una menos* en los boliches, *una menos* en los picnic de primavera, *una menos* en quinto año, por no poder cursarlo; *una menos* en la vida durante cinco años de calvario.

Por un largo tiempo, mi sabio inconsciente, a fuerza de esmerada represión, me quitó del camino este recuerdo perturbador. Pero como dije antes, el inconsciente graba todo y nunca olvida. Poner *pause* no es poner *delete*; no existe la opción "eliminar", pero sí podemos "editar". A mis 14 años, mi inconsciente puso *play*. La edad no fue arbitraria, ya comprenderán por qué...

En pleno despertar sexual, mi cuerpo comenzó a desarrollarse y a florecer como una flor en la tierra más fértil. Merece la pena dejar a un lado la cuota de modesta humildad; realmente era una flor muy bella, con un cuerpo que no pasaba en absoluto desapercibido. Con ese despertar, la inocencia infantil quedó atrás. La adolescencia llegó con toda la ilusión y la fuerza de la seducción femenina. Sin embargo, para mí todavía era imposible abarcar la palabra *mujer*. Jugaba a serlo, pero no me salía muy bien. Me gustaba ponerme faldas, pero a la vez me incomodaba. Era una sensación muy extraña; algo no encajaba, no andaba bien, no fluía con naturalidad.

Me costaba enfrentar lo que esta etapa demandaba y no comprendía en absoluto lo que me pasaba. Tener un cuerpo hermoso me parecía asqueroso. Me maquillaba como todas mis amigas, pero me desconocía en esa actitud seductora. Me recuerdo frente al espejo pintándome la boca y despintándomela con un trozo de papel, una y otra vez. "No queda lo suficientemente perfecta" era lo que me decía con rabia, cuando en verdad sentía que no era mi cara la de esa mujer con la boca pintada. Sentía en mi interior ira e indecisión al momento de vestirme; era como probarme una seguidilla de disfraces. Nada de lo que me ponía me hacía sentir adecuada, todo me incomodaba: me sentía ridícula, disfrazada. Sentía que no era yo la de tacos aguja y pollera corta. A pesar de ese conflicto interno, cuando al fin lograba resolverlo, esperaba la hora de salir a bailar con el entusiasmo y la intensidad de quien

se asoma por primera vez tras el umbral de su incipiente autonomía. Eran sensaciones tan encontradas y contradictorias... *Me gustaba verme linda, pero me daba pánico gustar.*

Recibía elogios y halagos, y mi regocijo por sentirme atractiva no se correspondía con lo que mi cuerpo experimentaba. Ante cada intento de seducción, me estremecía, no de regocijo sino de temor. Entraba en una profunda incoherencia e incomprensión respecto de mí misma. Las emociones se solapaban unas con otras y mi mente colapsaba. Después de años, sudor y lágrimas, comprendí lo que todo eso significaba para mí.

En mi inconsciente, los hombres eran leones hambrientos y yo no era una mujer que seducía, era una niña que se escondía y no lograba pasar desapercibida. No pude hacer frente a mi incipiente femineidad. En el inicio de la pubertad, traté de ser una más y seguir el ritmo de mis amigas. Un año después, el temor se hizo mayor que la ilusión de transformarme en mujer. Busqué una cueva donde esconderme y me borré de la faz del planeta, o al menos de ese planeta llamado *adolescencia.*

La forma de refugiarme no fue la mejor, menos aún la más saludable, pero fue la que mi inconsciente encontró en su intento de cuidarme y protegerme de lo que grabó en mi infancia como una amenaza de un depredador. Así, la flor más bella se empalideció y se marchitó. Mi cuerpo fue perdiendo sus formas tentadoras y yo gané la tranquilidad de sentirme a salvo en medio de lo que comenzaba a ser mi propio calvario. Parece una contradicción, pero así fue. Los costos de semejante resignación me consumieron. La tranquilidad y la seguridad que sentía en ese cuerpo desfigurado casi me cuestan la vida. Llegué a pesar apenas 34 kilos en 1,70 m de estatura. ¡Una fatalidad! La ironía es que no hice grandes sacrificios para bajar de peso. *Yo no quería adelgazar, quería volverme invisible.* Algo en mi cuerpo se activó desde dentro cuando mi inconsciente puso marcha atrás y empezó a involucionar. Cambié los boliches por los sanatorios, las vacaciones por internaciones, los tragos por el suero y a mis amigas por el equipo médico. Me alimentaba y, sin embargo, no aumentaba

de peso. Cada gramo era como mover un elefante perezoso que no quería mudarse de su seguro lugar.

Es sorprendente la fuerza con la que opera un bloqueo emocional. El peligro pasó, pero las consecuencias las sufro hasta el día de hoy. Mi cuerpo nunca volvió a ser el que fue, pero lo acepté y hasta lo aprendí a querer. No es voluptuoso como yo quisiera, hasta llega a avergonzarme mi delgadez; sin embargo, siento orgullo de su vitalidad y su capacidad de respuesta. Mi peso no es demasiado y debo cuidarlo como tesoro preciado para que no se venga abajo. A veces lo consigo y otras no, pero la delgadez de aquel entonces era el de un ensayo de mujer que solo quería desaparecer; la de hoy, me atrevo a decir, se corresponde con un exceso de vitalidad y consumo de energía, como buscando recuperar tanta vida que sentí perdida durante aquellos cinco años que estuve dormida y en una profunda depresión.

Me identificaba totalmente con mi angustia. Yo, toda entera, era mi tristeza. Tantos años de emociones grises hicieron que fijara mi identidad en lo que sentía, olvidándome que, detrás de todos los contenidos de mi mente que me atosigaban, estaba mi verdadera esencia esperando ser despertada, como una princesa de cuento que despierta con un beso.

No encontraba manera de volver a conectar con la vida. Veía a los chicos de mi edad divertirse y disfrutar y me sentía tan extraña, tan lejos de ese mundo de gozo adolescente. No alcanzaban las internaciones, los médicos, los psicólogos, las medicaciones, los intentos fallidos de mis excelentes amigas por sacarme de la cueva en la que estaba escondida; tampoco las largas charlas con mi familia, las idas y venidas, ni las promesas que con todas mis fuerzas hacía y, desde lo profundo de mi corazón, no podía sostener. Y eso dolía mucho más, era una terrible puñalada. Siendo una mujer tan liviana, me sentía una carga enorme para todos los que me rodeaban. La culpa me jugaba una mala pasada y retroalimentaba mis inconscientes ansias de desaparecer. Ver a mi familia desesperada, a mi hermano diez años menor seguir

mis pasos de cerca para cuidarme, a mi hermano mayor correr de un lado a otro para no dejarme sola por temor a que yo misma no pudiera lidiar con mi vida… ese sufrimiento que generaba en quienes más quería me retorcía. Mi querida abuela Negra sufría en silencio y mis padres si hubiesen podido bajarme el sol para que vuelva a encender mi luz, sin dudarlo lo hubieran hecho.

Culpa, culpa, culpa. No hay emoción más pesada que esta, que siempre me acompañó por aquellos años de desolación. Ya cuando fui psicóloga supe que la culpa, junto con el asco y la ira, son consecuencias del abuso sexual. También lo son la necesidad imperiosa de aseo y de limpieza, como si una quisiera limpiar lo que está sucio pero no es suyo. Y lo mismo ocurre con la culpa, que se vuelve contra una misma cuando, en verdad, una es víctima de un degenerado que era consciente del daño que hacía. La rabia y la indignación crecían por dentro porque lo que sentía no lo podía ex/presar, había quedado preso y amordazado, un poco por vergüenza, por miedo a no ser tomada en serio, por temor a las reacciones y a las consecuencias y porque sentía que, en definitiva, no tenía sentido, que el tiempo no podía volver atrás y tampoco podía recuperar los años de juventud que me estaba perdiendo.

Hoy como psicóloga sé el valor sanador que tiene la palabra. Cuando uno habla, se des/ahoga. Yo me sentía *ahogada,* desbordada y, a la vez, creaba desconcierto a mi alrededor. No hubo una sola terapeuta de las tantas a las que me llevaron que haya escarbado por ese lado… Me vieron flaca y me pusieron la etiqueta de anoréxica.

Las etiquetas no dejan ver al ser humano que está detrás y pueden hacer un daño terrible. Me hablaban de talles, de quitarle importancia al cuerpo, cuando en verdad *lo que más necesitaba* era empezar a cuidarlo y quererlo. No me importaba tener lindo cuerpo, era eso precisamente a lo que a mi inconsciente le temía. Aceptar un cuerpo atractivo sin sentir riesgo, en mi caso y dada mi historia, me hubiese ahorrado mucho sufrimiento. Con el

tiempo, aprendía a agradecer a los psicólogos que me atendieron porque fueron grandes maestros; me enseñaron lo que no tengo que hacer hoy con mis pacientes. Recuerdo una única intervención que me llegó al corazón, de una psicóloga llamada Leonor, estando yo en una internación. Para comprender el impacto que tuvo su gesto en mí, me resulta necesario explicar el contexto en el que aconteció.

Recuerdo aquel día como si fuera hoy. Mis padres, siguiendo los consejos médicos, decidieron internarme en una clínica de cuidados intensivos. Por supuesto, yo me resistía. Un psiquiatra, con poca o nada psicología, me llevó engañada a una habitación y me dejó encerrada bajo llave, como si fuera una loca de atar. Una vez más, mi inconsciente concluyó que los hombres son de temer y que en ellos no podía confiar. El único hombre de fiar siempre había sido mi papá. "Mejor sigo siendo una niña sin tetas y me quedo refugiada en casa" me decía, convenciéndome de que la opción más segura era resguardarme y no salir a divertirme como las demás chicas de mi edad. Así funciona el inconsciente: busca sobrevivir, no disfrutar de la vida.

Los que me rodeaban me hacían mal buscando hacerme bien. Nunca nadie me preguntó qué sentía ni me ayudó a poner en palabras lo que me pasaba. "Esta chica está piel y huesos, es anoréxica, tiene que engordar". Punto final y se acabó. Y las emociones, ¿quién las atiende? ¿Acaso no importa lo que se siente? Algunos más que psiquiatras parecían carniceros. Quizás no sabían lo que arriba ilustré respecto de cómo funciona el circuito de la emoción. Cuando la amígdala está encendida, no hay manera de entrar en razón. Yo sabía que estaba escuálida, pero a mi inconsciente no le importaba. En mi cuerpo estaba inscripto el miedo como emoción básica y ante el temor, desde el origen de la evolución, hay dos salidas: luchar o huir. Mi forma de desaparecer fue volverme translúcida y no llamar la atención de ningún depredador. Estaba en modo supervivencia y hasta que la amenaza no pasara, la función de mi inconsciente sería cuidarme de lo que

él interpretaba como el daño mayor. La emoción es mucho más poderosa que cualquier buen fundamento médico. Yo entendía, pero no podía. No era mera cuestión de voluntad, ni el problema se acababa con los suplementos para engordar. Si la emoción que subyace al síntoma no se trabaja, todo vuelve a empezar y el circuito nunca se acaba. Allí fue cuando apareció Leonor, una profesional lúcida que supo leer entrelíneas y me habló en el lenguaje de la emoción.

Después de estar tres horas llorando desconsolada en la que sería por un buen tiempo mi cama, alguien abre la puerta, se acerca a mí con ternura y, en lugar de darme un sermón, me da el abrazo más contenedor que nunca en mi vida recibí y me dice al oído afectuosamente: "Ya todo va a pasar, tranquila, mi amor... vas a estar bien". Al escribirlo se me estremece el corazón. Y pensar que años después, en la facultad de psicología, me enseñaron a tomar distancia de mis pacientes, consejo que por supuesto obvié (¡Esa materia me la llevé previa!). Aquella cercanía y calidez fueron para mí tan sanadoras que hoy como psicóloga naturalmente me nace ser cercana y afectuosa. Leonor me dio la mejor medicina natural para la depresión. En un momento en que yo solo sentía desesperación, Leonor me dio *esperanzas* y también me transmitió *seguridad.*

Las emociones son las que nos hunden y también las que nos pueden salvar, y por eso son tan importantes. Es esencial que aprendamos en profundidad acerca de ellas y cómo gestionarlas, y que les enseñemos a nuestros niños a expresarlas para que, de grandes, sepan identificarlas y gobernarlas con plena consciencia. De haber tenido estos recursos, quizás me hubiese ahorrado mucho sufrimiento. La IE debe y tiene que estar en la educación como contenido fundamental si queremos una sociedad más sana y menos violenta. Y no solo en la escuela, también en casa: de las emociones sí se habla.

Confieso que muchas veces pensé en quitarme la vida, hasta llegué a planificarlo sigilosamente. Me resultaba agotador el solo

hecho de respirar; no tenía fuerzas, ni en el cuerpo ni en el espíritu. Me agobiaba existir, me hartaban los diálogos incesantes en mi cabeza, me sentía a punto de estallar en todo momento.

¿Qué me salvó? ¿Qué me sujetó a la vida cuando me quería dejar morir? El amor, una emoción compleja a la que llamamos sentimiento porque es más profunda y sostenida en el tiempo. Por amor a mi familia decidí vivir. No quería causarles dolor. Sin embargo, no fue fácil. Dentro de mí, algunas emociones más primitivas, como la tristeza y el miedo a que este pesar sea eterno, me seducían. Eran como *un canto de sirena:* "Nada tiene sentido, la vida duele, para qué seguir…"; y como Ulises en la Odisea, me até al mástil mayor del navío para resistir la tentación de matarme y que se termine el martirio. Todo eso lo meditaba en silencio, era muy difícil convivir con mi mente que no dejaba de parlotear. Todas mis voces hablaban al mismo tiempo y no llegaban a ningún acuerdo. Culpa por existir y culpa por dejar de existir. No estoy de acuerdo con quienes dicen "Fui cobarde para matarme"; creo que no hay persona más valiente que la que sigue eligiendo la vida aún en las peores circunstancias y sin ver en el horizonte asomo de algo mejor. Así fue que, cuando peor me sentía, tuve las suficientes agallas para no abandonar la batalla y amarrarme a la vida.

Fueron años durísimos de trabajo personal. Solo quien se ha sentido partido en mil pedazos por dentro sabe de lo que hablo. No querer vivir y que salga el sol se siente demasiado pesado. En verdad, quería dejar de sufrir, y la única opción que en ese momento veía a mi alcance era dejar de sentir. También fueron años terribles a nivel de esfuerzo familiar; silencios, peleas, reproches y valentía de parte de mis padres para tomar las decisiones que tenían que tomar. Me sentía incomprendida porque tampoco yo me podía expresar. No encontraba la calidez de un lugar para poder hablar; una relación distante con mi mamá y psicólogas que se sentaban en frente de mí y no emitían palabra eran circunstancias que no ayudaban. Quienes me atendían buscaban

confirmar un diagnóstico y me trataban como tal. Nunca me vi gorda, tampoco quería adelgazar, menos aún seguir las modas o sentirme una diosa. En mí habitaba una fuerte *pulsión de muerte*, que a través de mi extrema delgadez buscaba cometer un suicidio parcial y progresivo. Deseaba protegerme eróticamente en un cuerpo transparente. Habitaba también en mí una fuerte idea de *no merecer existir.*

Con esta última frase, se abre un nuevo capítulo del engranaje emocional: *nada es un unicausal.* Ningún episodio, situación o trauma por sí solo ejerce el impacto de vulnerar una personalidad al punto extremo de que el individuo no quiera vivir más. En nuestro inconsciente, nada es tan simple como dos más dos. La mente es un enigma que debemos aprender a descifrar. Soy partidaria de que los diagnósticos son meros rótulos y no alcanzan a abarcar la complejidad de una vida humana. Una historia clínica no basta para describir la historia subjetiva, los modos de sentir y de vivir una determinada sintomatología. No existen las enfermedades; existen personas que enferman cada una a su manera, cada una con su historia a cuestas, interpretada desde las lentes de su propia subjetividad.

Laberintos emocionales y la multicausalidad

La infinidad de factores y combinaciones que dan lugar a una personalidad con todas sus manifestaciones, con sus luces, sus sombras y sus matices se parece más a una huella dactilar que a un manual de instrucciones. Esto da lugar a que personas que sufren lo mismo puedan posicionarse de formas tan diversas. Somos seres complejos en interdependencia permanente con otros seres, influenciados y modificados a cada paso por cada evento que experimentamos, por cada decisión que tomamos, y no solo eso, sino también por cómo interpretamos, desde muy pequeños, aquello que observamos a nuestro alrededor y cómo lo archivamos en nuestro mundo interior. Esto dependerá de la sensibilidad, la vulnerabilidad, los recursos, el potencial, lo innato y lo

aprendido en cada niño/a. Posteriormente, en la vida adulta, hay una nueva oportunidad para mirar hacia atrás y resignificar el pasado. Volver la mirada hacia el pasado solo es positivo si es para re-significarlo, es decir, otorgarle otro sentido usando recursos que no teníamos de pequeños. Hacerlo con el propósito de buscar culpables o enojarnos es mera fabulación y, lejos de aliviarnos el dolor, nos llena de resentimiento y sobrecarga.

Un niño que se sintió herido puede convertirse en un adulto resentido, pero también en una persona con inmensa sabiduría. Cuando dejamos de ser víctimas y nos transformamos en protagonistas conscientes, podemos elegir cómo seguir nuestra vida: buscando culpables o haciéndonos *responsables*.

Me gusta mucho la palabra *responsabilidad*, le tengo una especie de aprecio personal porque encierra una frase mágica que es como una especie de receta de vida. Actuar con responsabilidad es ser capaz de *responder con habilidad*. Buscar culpables nos resiente; hacernos responsables nos vuelve personas cada vez más hábiles.

Sin lugar a dudas, el suceso determinante que arrasó con años de mi adolescencia fue el abuso sexual sostenido en el tiempo que sufrí en mi niñez. Sin embargo, no es bueno generalizar, ni tampoco ser reduccionistas y concluir que tal situación nos lleva irremediablemente en una única dirección. Es necesario comprender en profundidad cómo las emociones, ligadas a determinadas vivencias, van cavando hondo y se entrelazan unas con otras. Son muchas las variables que se suman para llegar a casos tan extremos como el que he vivido yo. Mi extrema delgadez no solo buscó disolver mi atractivo para alejar a esos hombres que veía como leones; tenía, además, el propósito de hacerme desaparecer. Fue para mí muy importante investigar los factores emocionales que cooperaron, como una especie de *masa crítica* que se fue gestando, para que la situación de abuso sexual infantil se uniera de manera tan fuerte a esa *pulsión de muerte* que buscaba con fuerza descomunal autodestruirme.

Realizar este trabajo de autoexploración no es tarea fácil, pero el esfuerzo vale la pena. Genera inmensa riqueza interior y mayor sabiduría para transitar la vida. Cuando conocemos nuestras cartas podemos, siendo adultos, hacer nuestra mejor jugada. El trabajo personal de autoconocimiento nos salva de quedar atascados exigiéndole a la vida otra repartija. Conocer nuestras cartas es conocer nuestras asociaciones inconscientes, nuestros puntos vulnerables, nuestras heridas, nuestras tendencias instintivas, la manera en que nuestra mente interpreta, cómo reaccionamos cuando estamos estresados, qué tiende a saturarnos, con qué recursos contamos, de qué necesitamos mantenernos alejados. Hacer esta especie de "inventario personal" como fruto de un arduo trabajo interno resulta tremendamente útil y nos evita seguir girando en falso sobre lo mismo una y otra vez.

Insisto nuevamente en esto: si miramos hacia atrás, si hurgueteamos en nuestro pasado, que sea con el propósito de comprendernos, de entender lo que nos pasó o nos está pasando, como quien trata de desactivar un campo dinamitado porque no sabe bien dónde pisar. Lo más inteligente aquí es volver sobre nuestros pasos, conocer el terreno y sacarle su poder explosivo para seguir andando más relajados y dejar de quemarnos por la ignorancia de desconocer nuestro mapa personal. Esta recapitulación ha de ser hecha con amor y con compasión hacia nosotros mismos y hacia los demás, nuestros padres en primer lugar. No debemos olvidar nunca que detrás de un padre y una madre también hubo un niño y una niña, tal vez con más heridas que las de uno… Pues es bueno saberlo: nadie sale ileso de su infancia. Afortunadamente, hoy contamos con una ventaja por sobre nuestros padres y abuelos: la posibilidad de terapia y el trabajo sobre sí.

No caben dudas de que nuestros hijos nos reclamarán a nosotros, los papás más jóvenes que hemos pasado por terapia, los errores que hoy cometemos por ignorancia o heridas sin sanar. Nos sacarán ventaja porque desde pequeños ven películas como *Intensamente* y *Coco*, leen cuentos con valores que les enseñan

a vivir y se animan mucho más a hablar de lo que sienten. Ya de niños, son mucho más conscientes, "despiertos", y llegan a ser valiosos maestros para nosotros, los papás y las mamás. ¡Y está muy bien que sea así! La humanidad evoluciona con cada nueva generación, y juzgar los errores del pasado con los conocimientos y herramientas que tenemos hoy no solo es un acto injusto, es además un rasgo de soberbia que resta en lugar de sumar.

En el trabajo con mi mundo emocional, he mirado más de una vez hacia mi infancia y, cada vez que lo hago, es con más lucidez y consciencia. Nací en el seno de una familia muy unida donde reinaba un amor que no siempre yo supe decodificar, en parte por la falta concreta de expresividad afectiva y otro tanto por mi extrema sensibilidad. Era una niña que todo lo sentía con gran intensidad, demasiado *porosa* y sentimental, en una familia más bien fría y racional, la familia perfecta para que yo pudiera equilibrar tanto exceso de emocionalidad. Nada es obra de la casualidad. Sin duda, creo que elegimos la familia donde crecer para evolucionar en lo que venimos a aprender a esta vida. Si hubiese sido criada entre algodones y con sobreprotección, hubiese potenciado mi indefensión y mi extrema sensación de vulnerabilidad. El secarse las lágrimas y salir adelante como locomotora está en mi ADN familiar, e indudablemente esos genes fueron mi salvación y son mi recurso fundamental para afrontar la adversidad y seguir adelante a pesar de los desbordes emocionales que forman mi temperamento de base.

Si la familia es importante, más lo es la relación con la propia madre. Creo que no existe rol más difícil de ejercer que la maternidad y lo compruebo a diario desde que soy mamá. No hay recetas, no hay manuales ni garantías que aseguren que uno está dando en la tecla con sus hijos; es como afinar un delicado instrumento de miles de cuerdas sin poder escuchar como suena. Tensamos y aflojamos y siempre falta o sobra; nos excedemos o nos quedamos cortas. ¿Por qué? Porque nuestros hijos no son *nuestros*, son hijos de la vida, y las madres somos canales altruis-

tas para que esas almas, que se proveen de un cuerpo en el interior de un útero que oficia de primer hogar, vengan a evolucionar y a hacer sus propios aprendizajes, que van mucho más allá de lo que nosotras podemos enseñar, evitar o controlar.

El vínculo madre-hijo es tan poderoso que pone en juego la emocionalidad tanto del hijo como de la madre, que también fue niña y carga con sus propias heridas de la infancia. Desde siempre, la psicología afirma que no hay relación más delicada y desafiante que la historia con esta figura arquetípica. La relación con mi mamá no ha sido la excepción a la regla. Desde que recuerdo, nuestra relación ha sido conflictiva. Yo no me sentía querida; era una niña demandante de pruebas de amor explícitas con una madre que daba por sentado que yo sabía de sobra que me quería. Hoy, no dudo ni por un segundo que ella hubiese dado su vida por verme sonreír cuando me veía consumida. Sin embargo, cuando niña, necesité muchos más abrazos, besos, upas y caricias de esa energía femenina.

Mi madre siempre fue una mujer de acción. Se ocupaba de que todo funcionara en casa al pie de la letra. Nada dejaba librado al azar, si una cualidad la describe es la responsabilidad. No ha dejado nunca pasar ninguna revisión médica, mi mochila siempre estaba perfecta, mi placar impecable, nunca me faltó una torta de cumpleaños ni tarjetitas de invitación. Su lenguaje de amor era práctico: cuanto más resolvía, más me demostraba que me quería. Pero yo no lo entendía así. Mi lenguaje de amor era otro; yo necesitaba más tiempo y caricias. Ella iba a toda velocidad, y yo sentía que la perseguía y nunca la podía alcanzar. No encontraba manera de llegar emocionalmente hasta ella. Me recuerdo hasta hoy pensando estrategias… berrinches, peinados que requerían de su tiempo porque nunca quedaban perfectos, el bolsito armado con mis juguetes y bombachas para irme de casa, esperando que me detenga y me diga algo más dulce que "Andá, no vas a llegar a ningún lado". Yo me hacía toda una novela, ella era por demás de sincera. Sus dichos en momentos de enojo ve-

nían sin anestesia, y aquí quiero hacer una salvación importante. Las palabras en los niños se graban como *engramas* (más adelante profundizaré en este concepto). Para un niño no hay mayor autoridad que lo que dicen y hacen quienes le dieron la vida. Una mera forma de decir puede quedar grabada en el inconsciente como un mandato a fuego, como una creencia con todo el peso de la verdad. No cuestionar esa creencia es una carga muy pesada cuando esta resulta disfuncional. "Eres la enemiga de la familia" fue una frase que me pegué en la frente a partir de dichos de mi madre en momentos de enojo. Ella apenas recuerda este reto, le quita trascendencia y seguramente no lo sentía de la manera en que yo, desde mi sensibilidad y siendo niña, lo recibía. A todos como padres, y a mí me pasa con mi hijo, hay momentos en que nos salimos de la vaina y nos encontramos diciendo cualquier cosa que en verdad no sentimos o luego nos arrepentimos. Es humano, no somos perfectos. Los invito a que repasen cuántos dichos han salido de su boca en momentos de ira e impulsividad y seguro harán una larga lista.

El enojo nos ciega y nos impide elegir lo que decimos. Aquella frase dicha al pasar no pasó desapercibida para mi inconsciente: *a una enemiga se la extermina, se la hace desaparecer.*

Las experiencias, las vivencias, los dichos y los traumas van dejando huellas emocionales. Algunas son grandes pisadas, otras son solo estelas, pero sumadas configuran la personalidad y van armando una especie de combo afectivo para que determinados síntomas, enfermedades o trastornos se gatillen cuando encuentren el contexto indicado, luego de un período de incubación que puede ser de larga data. A esto tenemos que añadirle nuestro temperamento de base, una especie de matriz innata que da forma al contenido que vivimos. Este elemento hace posible que hijos de los mismos padres puedan tener versiones tan distantes de una crianza casi idéntica, salvando la diferencia etaria. Una familia es un sistema en continuo movimiento. Un hijo, en definitiva, nunca llega a la misma familia que un hijo anterior o uno posterior, así

como el agua de un río nunca más pasa por el mismo caudal aunque en apariencia sigamos viendo el mismo río.

En mi caso personal, la situación de abuso infantil que viví en la infancia tuvo lugar en un contexto, a una edad, en un hogar y en un temperamento particular que no se corresponde con la de otra niña abusada en otro contexto y con otros rasgos de personalidad. Aunque la experiencia sea la misma, la vivencia puede distar una enormidad.

No hay situaciones peores que otras. El impacto en la psiquis de una persona dependerá de la intensidad emocional con que viva cada experiencia o un conjunto de ellas. La sumatoria de esas emociones no expresadas y sus múltiples combinaciones no desaparecen con el paso del tiempo, sino que se hierven a fuego lento y, antes o después, hacen ebullición y salen como volcán en erupción. Nada es unicausal. Entonces, no hay culpables, sino factores que cooperan entre sí para que las cartas se jueguen de una determinada manera y den lugar a un efecto que puede expresarse como una depresión, una adicción, una fobia, un estado de ansiedad, de dependencia, etc. La siguiente frase lo resume de forma muy precisa: *No se enferma quien quiere, sino quien puede*.

Esta contundente frase significa que no cualquier persona puede enfermarse o sufrir una alteración psicológica. Para que esta situación acontezca son precisas ciertas condiciones, rasgos de personalidad y experiencias, que combinadas unas con otras dan lugar a una determinada manifestación.

Muchas veces caemos en el error de juzgar a nuestros padres como si tuviesen la obligación y el don de hacerlo todo a la perfección. Olvidamos que son apenas seres humanos falibles, vulnerables y emocionalmente frágiles. Detrás de todo adulto, se oculta un niño que también ha tenido carencias y penurias. Cuando dejamos de verlos en términos de verticalidad y los vemos como pares, evitamos caer en el tan fácil hábito de juzgar. Por

supuesto, esto no exime a los adultos de la responsabilidad que tienen ante la vulnerabilidad real de un niño a temprana edad.

Cada persona que decida asumir la desafiante tarea de criar y cuidar de alguien debe trabajar sus partes heridas para no repetir una película que, de otro modo, no tendría fin. Siempre digo que el mejor regalo que se le puede hacer a un niño son padres que trabajen sobre sí, para que sus heridas se conviertan en cicatrices y no sigan sangrando a través de las generaciones.

Cuando los hijos nos convertimos en padres, miramos a los propios y sentimos empatía y compasión. Recién allí, cuando calzamos sus zapatos, es cuando reconocemos lo difícil que es asumir ese rol, las contradicciones en las que uno cae, como aquellas cosas que dijo que nunca haría y de repente se encuentra haciendo. Las relaciones humanas son emocionalmente muy complejas y no siempre conseguimos manejarnos de la mejor manera. La buena noticia es que la inteligencia emocional se entrena, por eso no tenemos excusas para seguir señalando hacia atrás en el tiempo. Si, como hijo, señalo a mis padres, y mis padres a los suyos, y los suyos a los suyos... la historia no termina más y lo que tiene que cambiar está condenado a permanecer igual. El cambio acontece cuando alguien con suficiente lucidez y trabajo personal pone luz en ese árbol familiar. Por ejemplo, en una familia donde las cosas no se hablaban, algún miembro comienza a expresarse y les enseña a sus hijos la importancia de poner en palabras. Al cabo de algunas generaciones, ese aporte marcará una enorme diferencia y salvará quizás a un nieto de caer en una adicción (a-dicción= no palabras).

Pensar el trabajo sobre sí bajo esta mirada es una elección; entraña una generosa responsabilidad y una enorme contribución al árbol familiar. Debemos tomar la antorcha encendida de nuestros ancestros y partir desde donde ellos han podido llegar para seguir andando con esa luz hasta que seamos nosotros quienes la entreguemos a nuestros descendientes. Así evoluciona el inconsciente transgeneracional familiar y así también lo hace el inconsciente

colectivo de la humanidad, como la gran familia universal de la que todos formamos parte.

Me animo a afirmar que mi mamá fue conmigo mucho más afectuosa que lo que fueron con ella, no por cómo eran sus padres, sino por una cuestión de época y diferencia generacional. La demostración explícita del amor, el permiso para hacer contacto con la emoción, el acariciar, besar y abrazar son conquistas reciente de la humanidad. Si miramos hacia atrás, no queda muy lejos el cachetazo y el cinto, y estos no eran padres que quisieran menos a sus hijos que lo que queremos hoy a los nuestros cuando los llenamos de besos. En el pasado, se entendía al niño como un adulto pequeño y se lo trataba de enderezar como si la infancia fuera un defecto. Ahora sabemos que no es así, pero se necesitan años de evolución para entretejer, como sociedad, nuevas redes comprensión.

La psicología transpersonal habilita una mirada que va *más allá de lo personal*, traspasa las barreras de nuestro limitado ego. Mirar el propio ombligo y centrarse en el propio dolor nos impide generar la empatía necesaria para ver a los demás como seres sintientes haciendo lo que pueden en sus propias circunstancias. Esta psicología nos enseña que no somos islas; somos eslabones de una cadena de seres interdependientes producto de causas y condiciones que se interrelacionan y afectan mutuamente. Si nos miramos como seres aislados, nos sentiremos dañados, ofendidos y abandonados. Si nos miramos en un contexto de interdependencia con todos los seres de nuestra familia, en primer lugar, y de la humanidad, como la gran familia universal, comprenderemos que cada situación habilita un nuevo paso en la evolución. Esta evolución no siempre es lineal y armoniosa, tiene saltos y obstáculos para hacernos despertar: una enfermedad, una crisis, una pérdida, un trauma son también oportunidades para resetear una vida individual, reorganizar un sistema familiar o repensar una sociedad entera.

Esta mirada transpersonal invita a comprender y dejar de juzgar, a construir y dejar de dividir, y a tejer nuevas redes de comunicación y comprensión, como la que hemos construido mi madre y yo, que somos hoy dos mujeres que pueden mirarse más allá del rol que a cada una le tocó asumir en este paso por la vida que nos unió. Repensar y sanar el vínculo con mi madre ha sido gracias a esta mirada y a la evolución de consciencia de ambas.

Reflexioné que no debe haber sido nada fácil para ella lidiar con una hija que le demandaba afecto sin saber ella misma cómo sintonizar con su propia necesidad de ser querida y sentirse contenida. Hoy sé que, detrás de esa coraza y esa mujer de acción, hay una enorme sensibilidad y necesidad de abrazar. Ver la ternura y el amor con la que se relaciona con sus nietos deja al descubierto su evolución con el paso del tiempo. También yo evolucioné, pudiendo moderar mi sensibilidad y mi extrema emocionalidad. Ella me enseñó y yo le enseñé. Yo soy la hija que necesitó; ella es la mamá perfecta para mi evolución.

Cuando en la adultez podemos volver la mirada hacia atrás y sanar las heridas inevitables de la infancia, tenemos la oportunidad de honrar el árbol familiar y sembrar nuevas semillas para los que vendrán.

Lo que nos daña emocionalmente es una oportunidad para fortalecernos

Los errores que cometemos como padres son oportunidades para que nuestros hijos descubran por sí mismos sus potencialidades. Lo que no nos han dado de niños, tenemos que aprender a proveérnoslo nosotros mismos; ese es el verdadero desafío. Forma parte de nuestra misión de vida aprender a sanar las heridas y hacer de ellas silenciosas conquistas. En un contexto donde los padres actuales sienten la presión de ser perfectos y no cometer errores, es bueno recordar lo que el psicoanalista inglés Donald Winnicott decía: "Como padres debemos ser suficientemente buenos". ¡Con esto basta y sobra! Por cierto, es además mucho

más saludable para un niño tener padres falibles, humanos, que seres perfectos que no muestren defectos. Pues, de este modo, el niño aprenderá a lidiar con la frustración, a no temerle a la equivocación, a aceptar la espera, a respetar los límites y a conquistar de a poco su incipiente autonomía.

Los padres no debemos ser perfectos, debemos ser conscientes y despiertos. Debemos estar atentos a no repetir aquello que nos dañó. Cuando el dolor oficia de despertador, sirve a los fines de la evolución. Hacer las paces con nuestra historia nos habilita para estar livianos en nuestro presente y poder así "ver" a nuestros hijos y no a nosotros mismos cuando niños.

Mi experiencia me enseñó el impacto que tienen las palabras y el dolor que puede provocar una expresión dicha al pasar y sin intención de hacer mal. Con mi hijo, trato de elegir las palabras y ser lo más consciente que puedo al momento de ponerle límites o cuando estoy enojada. Sin embargo, no tengo dudas de que el día de mañana crecerá y me señalará algún punto ciego que como madre hoy no veo. Entonces, formará parte de su trabajo personal fortalecerse en aquello que quedó rengo. De corazón, creo que uno hace siempre lo mejor que puede con los recursos que tiene. No hay acto más entrañable que honrar a nuestros padres. Y no hay acto más digno que admitir un error ante nuestros hijos cuando hemos alcanzado un estado de consciencia más elevado. En ese abrazo generacional, el árbol familiar da cada vez mejores frutos.

Como humanidad, hemos avanzado en consciencia muy de a poco. Los cuidados emocionales que tenemos hacia nuestros niños hoy en día son fruto de la evolución de la consciencia colectiva y de investigaciones que comprueban el impacto que tienen determinadas palabras, frases y vivencias en el posterior desarrollo de la vida adolescente y adulta.

En consulta suelo decirles a mis pacientes que, con años de terapia y trabajo personal, es fácil juzgar a padres que han sido criados con el cinto, que han sufrido carencias en silencio, que

arrastran pérdidas sin duelar, que no han recibido elogios ni besos, pero no porque sus propios padres hayan sido malvados, sino porque desconocían mucho de lo que hoy sabemos respecto de la importancia de la infancia en la posterior vida adulta así como también el papel fundamental que cumplen las emociones y la afectuosidad en la crianza. "En mi época no existían los psicólogos", solía decir mi abuela. Sin duda estaba hablando de esto.

Cómo nos pasa lo que nos pasa marca la diferencia entre la felicidad y la tristeza

Tras años de intenso pesar y caos emocional, mi pesadilla quedó atrás. Sin embargo, el recuerdo anida en mi interior. Ya no sangra, tampoco duele, quedan marcas que me recuerdan lo vivido, pero se sobrellevan sin sufrimiento. Si de algo estoy segura y puedo dar fe es que cuando uno conoce el dolor, conoce el contraste con la bendición que hoy, en una etapa muy distinta de mi vida, me hace sentir tremendamente agradecida. No siento ningún tipo de rencor. Lo duro me fortaleció, la destrucción me reconstruyó en una mejor versión. El sufrimiento tiene el más noble propósito cuando se transita con humildad, pues nos ayuda a evolucionar como personas, a preguntarnos por el sentido de nuestra existencia y a elevar nuestra consciencia.

Lo importante no es lo que no pasa sino cómo nos pasa lo que nos pasa, cómo lo vamos elaborando en nuestro interior, desde el amor o desde el rencor. Muchas veces no podemos elegir las circunstancias, tampoco volver el tiempo atrás para evitarlas, pero nadie puede quitarnos la actitud con que las afrontamos. Cuando el dolor es lo suficientemente intenso como para romper las cáscaras del ego, llegamos al carozo de nuestra existencia y comenzamos a vivir desde la esencia. Al pasar la tormenta, la mirada se renueva y valoramos lo que antes no, apreciamos y nos emocionamos con lo más simple y sutil, agradecemos lo que dábamos por sentado y vemos los milagros que suceden todo el

tiempo a nuestro alrededor. Cuando uno se sintió morir y volvió a sintonizar con la gracia de vivir, se vuelve feliz más fácilmente.

Entiendo lo que me pasó y por eso comprendo que nada de lo que nos pasa en la vida es en vano si seguimos avanzando. El haber abandonado la clásica pregunta "¿Por qué a mí?" e ir más allá "¿Para qué a mí?" puso en mis manos mi destino y al alcance una hermosa vocación de poder ayudar a quienes, desde su dolor o sus incongruencias, intentan cada día reconstruirse en una mejor versión. Mi experiencia personal me ayuda a empatizar mucho más, me conecta con una sensibilidad que no se estudia en la facultad. El psicólogo Carl G. Jung expresa maravillosamente lo que trato de expresar:

"Conozca todas las teorías. Domine todas las técnicas, pero al tocar un alma humana, sea apenas otra alma humana".

Al cabo de un tiempo, cuando estamos preparados, la mirada se vuelve hacia el pasado y podemos resignificar el poder transformador del dolor. Al dolor le siguen, sin duda, el amor, la apreciación, la gratitud y la fortuna de gozar de la vida sin demasiadas pretensiones externas, valorando más la dicha y la paz interna.

El inconsciente es memorioso; nunca olvida lo que puso en riesgo su vida

No debemos olvidar que el inconsciente no margina y menos aún olvida lo que puso en riesgo su vida. Cada descuido o desatención es ocasión para que este active su sistema de alarma y movilice sus estrategias de protección. En mi caso, fue para cuidarme de lo que identifiqué como un depredador y evitar un mal mayor, como un abuso o una violación. Por eso, no debemos darnos por sentado, siempre es bueno que nos preguntemos: ¿Quiénes estamos siendo hoy? Esta reflexión introspectiva hace alusión a que momento a momento "estamos siendo". Aquello que llamamos

"yo" es un proceso en continuo movimiento, no un resultado acabado. Es por esta razón que el trabajo con uno mismo nunca se agota, podemos evolucionar o involucionar, pero no permanecer por siempre en el mismo estado de consciencia. Puede que la apariencia no cambie, que nos sigamos llamando igual, pero es imposible quedarse en el mismo lugar. Evolucionar e involucionar es nuestra decisión. Evolucionamos cada vez que dejamos el lugar de víctimas y nos posicionamos como protagonistas.

No fue fácil convencer a mi inconsciente de que *hombre* no era sinónimo de *peligro* y *perjuicio*. Sus mecanismos tienden a generalizar, a establecer creencias rígidas y a simbolizar en ecuaciones a veces no tan sencillas de decodificar. Fue un arduo trabajo personal. Cualquier exceso de carácter masculino, sesgo de autoridad o una mínima coacción a mi libertad levantaba mis más primitivas defensas. Tuve que asumir que ya no era una niña indefensa, sino una mujer con la capacidad de reconocer lo que le hace bien, poner límites y hacerse valer.

Al despertar de mis años dormida, me animé otra vez a aproximarme a *mi mujer*, esta vez con más recursos y sabiendo reconocer mis emociones, teniendo la capacidad de discernir el pasado del presente. Tuve la bendición de enamorarme del hombre con el corazón más noble. Él me cuidó y me trató con la dulzura que necesitaba para dejar de asociar lo masculino con la amenaza. Esta primera experiencia de amor me fortaleció y fue más que una historia de amor adolescente; fue un *encuentro de almas* que crecieron juntas y cada una luego siguió su viaje y su propio aprendizaje.

Es muy importante darnos la posibilidad de actualizar nuestras emociones valiéndonos de nuevas experiencias. Esto nos permite generar nuevos aprendizajes porque se establecen nuevas conexiones neuronales. Más arriba, cuando expliqué el funcionamiento del cerebro, dije que toda la vida estamos aprendiendo *nuevas asociaciones*. No son las emociones las que se aprenden, sino las asociaciones de las emociones con las experiencias. Como Ariel,

que asociaba el miedo con el cambio laboral y luego rectificó esa asociación gracias a una nueva experiencia. Del mismo modo, mi primer amor me ayudó a dejar de asociar *hombre* con *temor* y *desconfianza*.

Habitar mi cuerpo y escuchar mis emociones a través de sus sensaciones me permitió ir encontrando, gradualmente, la distancia física y emocional respecto de un otro que necesitaba para sentirme cuidada. De a poco, ese otro se fue convirtiendo en alguien y ese alguien, en un ser íntimo que no se impone, sino que elijo. Y solo podemos elegir cuando desactivamos los mecanismos automáticos que nos empujan a reaccionar desde nuestras experiencias pasadas. Cuando hacemos un hondo y profundo trabajo emocional de reconocimiento consciente podemos dejar de repetir y empezar a elegir nuestro destino.

Engrama: la cicatriz emocional

Cuando vivimos un acontecimiento de alto impacto emocional, la amígdala graba todos los detalles de esa experiencia. Así, el recuerdo queda fijado en la psiquis junto con la gama de elementos propios del contexto en el que ese trauma tuvo lugar. Un engrama es, pues, una huella neurofisiológica en el cerebro que constituye la base de un recuerdo emocional.

El acontecimiento emocional registrado puede ser un evento único y aislado o bien, una experiencia repetitiva que mantiene los mismos elementos contextuales, una y otra vez. Tomemos dos sucesos para graficar ambos casos:

El primer caso está representado por un accidente de tránsito. Ariel conduce de regreso a casa luego de una salida. Una canción suena en su reproductor, su camisa huele a transpiración, su mente registra al pasar una publicidad de medicina prepaga en un cartel sobre la ruta. De repente, una frenada brusca, un coche gris y el ruido ensordecedor de una bocina. Un golpe en seco y su auto que da tres vuelcos. Ariel queda en estado de inconsciencia y su vivencia queda inscripta como trauma junto con todos los

elementos asociados a la escena (canción + olor a transpiración + publicidad prepaga + frenada + color gris).
Tras una ardua recuperación, Ariel logra sobrevivir. Muchos años después de aquel episodio traumático, se encuentra tranquilo en el sillón de su casa y comienza a escuchar en la radio la canción que sonaba en su reproductor cuando el accidente ocurrió. A su vez, siente la frenada de un auto que pasa frente de su casa, y el olor a humedad de las paredes le recuerda el aroma de su camisa transpirada segundos antes del accidente. Ariel pasa de estar sereno a sentirse ansioso, agitado y asustado, sin siquiera ser consciente del motivo que le provoca ese cambio emocional. Su amígdala identificó esos elementos, asoció y concluyó: *peligro.* Su mente emocional habla a través de las sensaciones que experimenta en su cuerpo, sin que él pueda explicarlo desde su mente racional.
El segundo caso es un relato autobiográfico de abuso sexual infantil. Recuerdo las reiteradas ocasiones en las que el abuso tuvo lugar. La escena acontecía en la casa de mi abuela paterna en la que funciona, hasta el día de hoy, un negocio familiar. Mi mente inconsciente archivó cada detalle de los elementos asociados a ese escenario traumático: el olor del sudor de mi abusador, su aliento a resabios de alcohol, sus manos agrietadas, un cuadro tejido a mano colgado en la habitación y el timbre del negocio que sonaba y me salvaba de la situación. Esos detalles aislados fueron, de manera inteligente, engramados en mi memoria emocional.

Los años pasaron y el inconsciente aún conserva esa hermética ecuación. A mis 30 años, conocí a una persona mayor con quien más de una vez tuve que sentarme en la misma mesa en celebraciones familiares. Sentí incomodidad y tensión desde el primer día en que, con amabilidad, tendió su mano para saludarme en muestra de cordialidad. Era una sensación horrible sentir rechazo sin tener una razón válida. Era un hombre respetuoso y cauteloso en sus modos; sin embargo, sentía repulsión ante su presencia y sensación de asco. Mi trabajo terapéutico me entrenó

en diferenciar *lo ilusorio* de *lo real*. No tardé demasiado en tomar conciencia de que sus gestos esmerados y amigables me despertaban desconfianza. Su tono de voz baja y sus manos curtidas y frías eran parecidos a las de mi abusador. Esta sutil combinación despertó mi sistema de alerta. La tensión, la repulsión y la necesidad de distancia se originaban en esta memoria emocional engramada. Darme cuenta de esta proyección me ayudó a discernir el presente del pasado y el verdadero peligro de la amenaza imaginada. Aunque la sensación de repulsión no cedió, tomar consciencia me permitió no sentir temor y diferenciar un buen hombre de un degenerado.

Es preciso enfatizar y subrayar que cuanto más intensa es la carga emocional y más primaria es la experiencia, más cicatrices emocionales deja. El aparato psíquico de un infante tiene escasos recursos para protegerse de los eventos traumáticos y los factores estresantes.

En el cerebro humano existen varios tipos de ondas cerebrales que se corresponden con distintos estados de la mente.

Onda cerebral	Estado de la mente
Delta	Inconsciencia, ensueño
Theta	Fantasía, imaginación
Alpha	Mente serena, calma
Beta	Mente dirigida, enfocada
Gamma	Productividad mental, alto rendimiento

En los primeros años de vida, el niño oscila en las frecuencias Delta y Theta. Esto significa que su cerebro funciona por debajo de los niveles de conciencia, en estado de "trance hipnótico". Todas las impresiones que el niño recibe en el plazo de tiempo que se encuentra en estas frecuencias cerebrales se graban en forma directa en su mente emocional/inconsciente, por no poder discernir ni digerir desde la mente consciente los eventos acontecidos a tan corta edad.

Las experiencias que transita el niño y las frases que los adultos le dirigen con severidad quedarán impresas bajo forma de engramas, sin ser cuestionadas ni rechazadas. Esa programación inconsciente se activará en la adultez cada vez que la vida toque esa zona vulnerable y ponga *play* ante acontecimientos que resuenen con aquella vivencia originaria. La mente inconsciente queda sensible y reactiva allí donde ha sido herida. Cuando algo del entorno recuerde la memoria de *peligro*, se activarán de manera casi instintiva las alarmas para la protección. Cuanta más inconsciencia, más reacción. Cuanta más conciencia, más posibilidad de elección.

Siguiendo con la vivencia personal citada con anterioridad, la posibilidad de hacer consciente, trabajar y masajear la lesión infantil en terapia me permitió no atribuir a una persona X rasgos de otra injustamente y por derivación. También me habilitó a poder elegir mi comportamiento, en lugar de reaccionar de forma instintiva desde mis mecanismos más primitivos. Vale recordar que la existencia de un engrama obedece a un *mecanismo evolutivo de supervivencia.* Así, aquello que puso en riesgo nuestra vida se conserva en nuestra memoria emocional como un recordatorio de lo que debemos evitar.

Si hubo aprendizaje, hay memoria; es decir,
aprendimos de qué cuidarnos.

A esa frase yo agregaría un punto seguido y a continuación: *Si hay toma de conciencia, hay elección,* y con ello la posibilidad de des-aprender lo aprendido para volver a tejer lo descosido con los mismos hilos, pero haciendo una figura distinta. Un engrama no podrá borrarse, pero sí desactivarse o suavizarse. Al observar esa cicatriz emocional, al igual que una cicatriz corporal, recordaremos su existencia, pero no siempre dolerá. Somos capaces de quitarle su reactividad si logramos reconocer y elaborar ese daño emocional. La cicatriz estará allí, nos recordará el pasado,

pero no sangrará cada vez que algo del presente roce su emocionalidad.

Cuando el contexto cambia y la real amenaza ya no está, es preciso reactualizar nuestro repertorio emocional. Si esto no sucede, el engrama puede resultar una guía imprecisa y defectuosa para movernos en el presente y, más que salvarnos la vida, nos puede complicar la existencia.

Para el inconsciente, el tiempo no existe

¿Qué significa esto? Que la organización del tiempo en pasado-presente-futuro es solo una clasificación consciente. Por lo tanto, la mente emocional inconsciente reaccionará en la situación presente de igual modo que en el pasado y, desde la mente racional, intentará justificar y encontrará motivos más que válidos para explicar una reacción exagerada. Siempre que sobrerreaccionamos, hay un conflicto emocional detrás que aguarda ser trabajado.

Enfatizo y subrayo: esto se seguirá repitiendo en la medida en que no trabajemos en desprogramar nuestros condicionamientos pasados. Por lo tanto, hacer conscientes las memorias inconscientes y discernir el pasado del presente nos posibilita ampliar el abanico de respuestas disponibles hacia un entorno en permanente cambio y renovación. Esto deja claro que "la infancia no es destino", como se suele decir; siempre podemos hacer algo con lo más insignificante o tremendo que nos haya pasado. Podemos ser víctimas de la ignorancia de otros, pero debemos ser protagonistas de la propia transformación y hacer del dolor un escalón hacia la autosuperación.

Cuando del dolor pasado hacemos un aliado, el trauma y las heridas se convierten en bendita sabiduría.

Retroalimentación cuerpo-emoción

Existe una retroalimentación permanente entre *cuerpo y emoción.* Al experimentar una sensación corporal y tomar conciencia de ella, podemos identificar la emoción que sentimos en ese momento y ponerle un nombre (por ejemplo, ansiedad). Ligamos un estado emocional a determinadas sensaciones corporales y, cuando volvemos a sentir las mismas sensaciones en el cuerpo, tendemos a asociarlas con las mismas emociones. Es importante escuchar las señales corporales para reconocer con más facilidad nuestros estados emocionales. Cuando lo conseguimos, la corteza cerebral (pensamiento racional) puede ayudarnos a elaborar y rectificar un estado emocional si este resulta sobredimensionado para el evento con el que se asocia.

Cuando Ariel está yendo a la facultad para rendir un examen, comienza a advertir las manifestaciones en su cuerpo. Una sensación de agitación, sudoración excesiva y tensión muscular lo invaden, y el miedo le resulta paralizante. Desde la parte más evolucionada de su cerebro (neocórtex racional), intenta analizar la situación y calmar a su amígdala que registra esta situación como una amenaza de vida o muerte. Esta toma de conciencia y este acto voluntario de redimensionar la emoción le han permitido muchas veces lograr lo que antes no podía: presentarse a rendir. De seguro no consigue una tranquilidad absoluta, pero sí una ansiedad tolerable que le permite no bloquearse y asumir el desafío con la cuota de miedo que sigue presente. Entonces, no se trata de no sentir lo que sentimos, sino de aprender a gestionarlo para lograr cierto dominio y elección de nuestras decisiones y comportamientos. Anteriormente habíamos diferenciado una vía de respuesta corta y una vía de respuesta larga; cuando Ariel consigue activar la vía de respuesta larga, logra moderar su respuesta emocional ante la situación de examen.

El hipocampo, situado próximo a la amígdala, tiene una función que es muy importante en la regulación emocional: permite contextualizar. Esta posibilidad resulta una ventaja muy signifi-

cativa. Contextualizar los eventos permite diferenciarlos y ajustar las reacciones emocionales. Así, ante un mismo estímulo, reaccionaremos diferente de acuerdo al contexto en el que aparece: si vemos un león en medio de la calle, sentiremos pánico; en cambio, si vemos un león en el zoológico, quizás experimentemos compasión por ese pobre animal en cautiverio. Un único estímulo produce emociones muy dispares de acuerdo al contexto evaluado por el hipocampo.

Veamos un gráfico que incluye la ubicación de las partes de nuestro cerebro más importantes involucradas en la gestión de nuestras emociones:

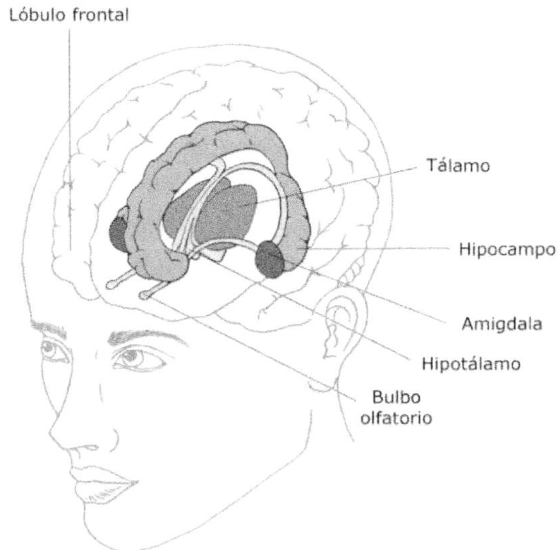

Una curiosidad... Si prestas atención, verás que el bulbo olfatorio está muy próximo a la amígdala y al hipocampo. ¿Qué implicancia tiene esto? Que el olfato (bulbo olfatorio), la memoria de largo plazo (hipocampo) y las emociones (amígdala) se procesan en la misma área del cerebro. Esto explica por qué un aroma que percibimos nos evoca de inmediato una situación vivida en

el pasado y hace surgir en nosotros la emoción experimentada en aquel entonces. ¿Te ha pasado, por ejemplo, que sientes un perfume o el aroma de una comida que te transportan a la casa de tu abuela en la infancia o a una persona del pasado? En mi caso, el perfume de la tierra húmeda que deja el camión regador al pasar me transporta al campo de mi abuelo cuando de niña jugaba con tierra mojada. El aroma a naftalina me recuerda los sacos de paño de mi abuela Negra. El aroma del jazmín me hace sentir muy cerca de ella, al igual que la crema *Hinds,* que hace que casi pueda con mi mente acariciar sus manos. Los aromas ayudan a evocar recuerdos asociados a sensaciones y, como consecuencia, experimentamos emociones agradables o desagradables de acuerdo a nuestras vivencias.

El cerebro asocia: aroma → recuerdo → emoción.

Te invito a que pienses, ¿qué aromas te evocan determinados momentos y emociones? Al igual que en la aromaterapia, nosotros también podemos jugar con el sentido del olfato para autoprovocar emociones deseadas.

¿Qué son los sentimientos?

"¿Una emoción es lo mismo que un sentimiento?" Esta suele ser una pregunta frecuente. *Emociones* y *sentimientos* suelen utilizarse erróneamente como términos sinónimos. Si bien comparten similitudes, no son menos sus diferencias.
Las **emociones** son todas las sensaciones que se experimentan en el cuerpo de forma espontánea.
Los **sentimientos** son las interpret aciones de esas emociones sentidas, es decir, la retroalimentación o *feedback* de una emoción.

Las emociones son del cuerpo. Los sentimientos, de la mente.

La palabra *sentimiento* deriva del verbo *sentir* y se refiere a un estado de ánimo afectivo y subjetivo, por lo general de larga duración en el tiempo, que se experimenta hacia algo o alguien, como por ejemplo, un sentimiento de amor, de frustración, de admiración.

Las emociones, en cambio, son expresiones psicofisiológicas, biológicas y de estados mentales. Provienen de la forma en que nuestro organismo y nuestro cerebro trabajan. Los estados emocionales son causados por la liberación de hormonas y neurotransmisores como dopamina, serotonina, noradrenalina, cortisol y oxitocina.

Probablemente recuerdes cuando te enamoraste de alguien. En los inicios de toda relación, sentimos palpitaciones, nerviosismo y alegría cuando vemos a la persona que nos interesa. Por esas intensas sensaciones, deducimos que nos estamos enamorando. Esas emociones pueden transformarse, con el tiempo, en un sentimiento más profundo de amor. Del mismo modo sucede con las emociones que nos generan malestar. Si al recordar una fuerte desilusión hacia alguien, aún experimentamos enojo y agitación, hemos formado un sentimiento de resentimiento hacia esa persona.

Podemos detestar un restaurante porque nos recuerda una discusión que tuvimos en ese lugar, independientemente del servicio que brinde. Del mismo modo, podemos sentir aprecio por un bar porque es un lugar de encuentros con amigos, al margen de lo bonito o desagradable que sea ese sitio. Estos aprecios y desprecios son controlados no por la emoción sino por las consecuencias de las emociones vividas, que son los sentimientos, y que nos permiten recordar de una cierta manera una experiencia.

Identificar las consecuencias de las emociones que experimentamos ante una determinada situación o persona es ser conscientes del sentimiento que hemos formado hacia ello. Utilizando una metáfora, podríamos decir que las emociones son los árboles y los sentimientos, el paisaje.

Resumiendo:

Las emociones son más intensas que los sentimientos.

Los sentimientos son más duraderos que las emociones.

Los sentimientos son el resultado de las emociones.

Las emociones son reacciones psicofisiológicas ante diversos estímulos.

Los sentimientos son evaluaciones conscientes de nuestras emociones.

Capítulo 4

SOBRE LA RELACIÓN ENTRE CREENCIAS, PENSAMIENTOS Y EMOCIONES

¿Por qué nos resulta tan complejo administrar nuestro mundo emocional?

En este capítulo, trataremos de comprender por qué en ocasiones nos es tan difícil identificar y gestionar de manera coherente lo que sentimos. Muchas veces pensamos una cosa, sentimos otra, y decimos y hacemos lo contrario. Entramos en contradicción y nos sentimos tironeados de todos lados. Por lo general, advertimos estas incongruencias, somos conscientes de nuestras contradicciones y, sin embargo, nos resulta muy difícil ponernos de acuerdo con nosotros mismos. Te animo a que, en lugar de enojarte con lo que te sucede, trates de esclarecer el origen de esta complejidad. La comprensión ilumina el camino para transitarlo con mayor lucidez y nos permite ser más compasivos con nosotros mismos. Y sobre todo, no sentirnos solo. Muchas personas piensan que algo funciona mal en ellas y se avergüenzan en silencio de sus incongruencias. Sin embargo, estas contrariedades forman parte de la condición humana y lejos están de ser un defecto personal. Conocer estos mecanismos no tiene por finalidad justificarnos, sino evitar maltratarnos.

Tal como pudimos ver, la evolución le ha dado al animal humano, a diferencia de los demás animales, recursos altamente más complejos. El cerebro, sin resignar sus adquisiciones anteriores, ha ido sumando funciones. Estas adquisiciones recientes nos permiten responder al entorno de manera amplia y diversificada, pero también resulta desafiante saber administrarlas.
¿Cuáles son estas funciones? La capacidad de *pensar, imaginar y anticipar.* Bien utilizadas, estas capacidades nos conducen a un desarrollo pleno de nuestras potencialidades como seres humanos. Su uso disfuncional, en cambio, ocasiona un sinfín de alteraciones emocionales, ya que las emociones tienen correlación directa con lo que pensamos, imaginamos y anticipamos. Por ejemplo, gracias a la capacidad de imaginar podemos crear en nuestra mente el peor escenario de un evento futuro y tendremos emociones de tristeza y de miedo por ese imaginario que no sucedió y puede que nunca suceda. Como solemos decir, "nos hacemos la cabeza", y con ello movilizamos en nuestro interior emociones acordes a nuestras ideas.

¿Por qué sucede esto? Porque nuestro inconsciente no distingue entre lo imaginario y lo real. ¡Así es! La idea de una tragedia nos atemoriza y angustia tanto como si estuviese sucediendo en verdad. De la misma manera, pensar en una rica comida nos hace salivar o ver una película nos puede estremecer hasta llorar. Nuestro inconsciente es inocente. Le contamos una historia, se la cree y responde con las emociones correspondientes.

El sistema límbico (emocional) y el neocórtex (mental) están en retroalimentación permanente:

Pensamos X → Sentimos Z → Sentimos Z → Reforzamos pensamiento X

Por esta razón fundamental, es preciso investigar las creencias y los pensamientos que desencadenan determinadas emociones o bien sostienen un estado anímico de larga data.

Cuando te sientas mal, trata de investigar:
¿Qué estás pensando?
¿Qué te dices en tus diálogos internos?
¿Qué historia te cuentas?

En ocasiones, somos conscientes de nuestras emociones —sabemos que estamos enojados, que estamos intolerantes o que nos sentimos tristes por las manifestaciones que hace nuestro cuerpo—, pero no conseguimos ligarlas a una circunstancia puntual, a una persona de nuestro entorno o a un estado interior. A veces, también sucede que una emoción o una combinación de ellas se enlazan a situaciones no elaboradas del pasado que se actualizan en el presente.

A más inconsciencia sobre sí, más confusión y caos emocional.

Imagina que tu mente es una parcela de tierra fértil. Como un buen jardinero que cuida su jardín, debemos cuidar nuestra mente para promover la ecología mental. ¿Qué pensamientos riegas? ¿Desmalezas a tiempo? ¿Fertilizas para que crezcan pensamientos más constructivos?

Nuestra mente genera pensamientos a partir de la materia prima que le damos. Si le damos desechos, no podemos pretender obtener a cambio pensamientos creativos y constructivos. El cerebro es un órgano más, al igual que el estómago. Utilicemos esta comparación para comprender esta idea. Si una persona se alimenta a diario de comida chatarra, su estómago digerirá lo que le llega y no obtendrá demasiados nutrientes de esos alimentos. Esa persona carecerá de las sustancias que su organismo necesita para sentirse activa, vital y fuerte. Como consecuencia, se debilitará y su salud se verá resentida si hace de esto un hábito de vida. De la misma manera, nuestro cerebro es el soporte físico a través del cual se objetivan las funciones de la mente. La mente piensa, razona, ordena ideas, crea relaciones, interpreta. ¿Cómo lo hace? A partir de los estímulos que recibe del entorno.

La información es a la mente lo que el alimento a nuestro cuerpo

¿De qué hablamos cuando hablamos de información? Información es todo contenido, percepción y estímulo que recibimos de manera constante en nuestra vida diaria, así como también los mandatos, los condicionamientos y las creencias que hemos heredado de nuestros ancestros. Con todo este contenido, nuestra mente genera lo siguiente:

- *Desde la conciencia*: pensamientos vigiles. Saca conclusiones, genera ideas, sintetiza información, hace asociaciones, presupone, interpreta, establece creencias, refuerza creencias anteriores.

- *Desde el inconsciente*: sueños. Los restos diurnos intervienen en el proceso de elaboración de los sueños y, aunque no son los únicos responsables, forman parte del amplio material que los elabora.

Si toda esa información resulta indigerible, perturbadora y no tomamos conciencia de ella, puede depositarse en el cuerpo y transmutarse en síntomas y enfermedades.

Retomando la comparación anterior, tal como podemos elegir entre frutas o gaseosa para alimentar nuestro cuerpo, también podemos optar entre contenidos constructivos o destructivos para alimentar nuestra mente. Tener una mente sana requiere un trabajo similar al necesario para tener un cuerpo sano. Quienes se ocupan de cuidar su salud física, se alimentan de manera saludable, hacen deporte, realizan los chequeos correspondientes. Del mismo modo, quien cuida su salud mental elije entornos saludables, vínculos constructivos, entrena y cultiva su mente, se da un buen trato y trabaja sobre su interioridad. No somos felices espontáneamente. Tenemos que ejercitar, desde la voluntad, hábitos de felicidad y bienestar para cuidar la salud de nuestra mente como lo más preciado.

"La mente es como una raíz, absorbe todo lo que toca".
Maestro Po (de la serie Kung Fu, guión con base en filosofía taoísta y budista).

¿Te dedicas a cuidar la salud de tu mente?

Te invito a que repases tu cotidianeidad y reflexiones ante tantos estímulos.

¿Qué contenidos audiovisuales eliges ver?

____

____

¿Te aportan, te nutren?

____

____

¿Amplían tu conciencia o te duermen e hipnotizan?

____

____

¿Te vuelven una persona más esclarecida o te convierten en consumidor de lo que te dicen que necesitas?

____

____

¿Todo esto parece intrascendente? Pues no lo es... Nuestro inconsciente es un gran recolector de información: guarda y archiva, guarda y archiva.

¿Qué tipo de conversaciones mantienes?

¿Son constructivas? ¿O simplemente son canales para liberar quejas, preocupaciones o hablar de los demás?

¿A quiénes escuchas? ¿De quiénes te rodeas?

Todos tenemos creencias limitantes que hemos heredado y otras que hemos construido a partir de nuestras vivencias. ¿Te ocupas de revisarlas? ¿O te pasas reconfirmando una y otra vez lo mismo?

¿Intentas tomar conciencia y modificar las que te obstaculizan?

Siendo meros receptores pasivos e inconscientes de información nociva o que nada nos aporta, los pensamientos negativos prosperan así como crecen las malezas, en un jardín descuidado.

De cada uno de nosotros depende elegir con consciencia qué semillas sembrar si queremos cosechar una mente emocionalmente sana.

En lo personal, elijo tomar distancia de contenidos audiovisuales que promueven la agresión y el conflicto *per se*. Evito las dosis elevadas de exposición a malas noticias. No se trata desconocer el contexto en que vivo, sino de evitar el exhibicionismo innecesario de imágenes y detalles que no nos aportan. Buenas noticias también hay pero, lamentablemente, estas no gozan de elevada difusión. Se puede estar informado sin exponernos a imágenes atroces de crímenes y accidentes; ese es un estrés innecesario que activa pensamientos y creencias acerca de la vida y de las personas que no colaboran con nuestra salud mental y, por consiguiente, nuestra salud emocional. No quiero decir con esto que la salud mental dependa solo de los estímulos externos que recibimos; esto sería un reduccionismo absoluto. De lo que estoy hablando es de tener una actitud *psicohigiénica* responsable. Esto no será suficiente para garantizar la salud mental y el equilibrio emocional, pero hacer lo contrario, con seguridad, no sumará.

Está a nuestro alcance operar como "aduanero interno" o "guardián emocional" y filtrar qué nos llega y quiénes nos llegan a partir de la pregunta "¿Me suma o me resta?". Elegir sumar es la mejor inversión que podemos hacer para aportar al más valioso capital del que podemos disponer: una mente sana.

Presta atención a las siguientes afirmaciones:

"No se puede confiar en nadie".
"El mundo es un lugar peligroso".
"No se puede salir adelante en este país".
"Todos son violentos".
"Abundan las malas intenciones".

Es probable que te hayas identificado con más de una de estas expresiones y seguro las escuchas a diario en boca de otras personas. Todas estas aseveraciones se desprenden de lo que consumimos a diario y se van consolidando como creencias con el transcurso del tiempo y la mera repetición. No niego que puedan ser ciertas; no es oportuno subestimar las experiencias desafortunadas que tal vez te han tocado vivir. La propuesta no es negar la realidad, sino evitar caer en generalizaciones que vuelvan esas creencias tan rígidas como para impedirte ver lo bello que también sucede a tu alrededor y la calidad humana de muchos anónimos que nos recuerdan las virtudes de la condición humana. Por cada persona que daña, hay millones de personas que acarician. Por cada oportunista, hay miles de personas que se ofrecen desinteresadas. Por cada estafa, hay millones de corazones que sostienen instituciones dedicadas a hacer de este mundo un lugar mejor. Por cada abusador, hay miles de hombres dignos de admiración. Por cada mujer violentada, hay miles que están siendo amadas.

Te sugiero que tengas la misma disposición para ver tanto lo positivo y constructivo, como lo negativo y fatalista. No se trata de una mirada optimista, sino realista. Y lo virtuoso que acontece no es menos real que las desgracias. Los pensamientos y las creencias rígidas se proclaman en términos como:

nunca – siempre – todo – nada

Estas dualidades sostienen emociones extremas. Lo saludable es hablar en términos tales como *a veces o en parte,* que dan lugar a otras posibilidades.

Estas no son meras formas de decir. Así como sentimos de acuerdo a lo que pensamos, también las palabras se adhieren inconscientemente a determinadas emociones. Si al hablar acerca de tú mismo utilizas expresiones como "nunca hago nada bien", "todo me sale mal", "siempre me traicionan" (entre otras tantas), ¿cómo crees que te sentirás en ese momento? Más aún, sumemos lo siguiente: si así te acostumbras a hablar de ti mismo y de tu

vida, ¿qué relación puedes tener contigo y los demás? ¿Qué vida puedes estar viviendo?

Tu mente es tu herramienta más poderosa y a la vez tu zona más vulnerable. Como gamuza, absorbe todo lo que sobrevuela. Es bueno que a esta altura te preguntes: ¿qué aire estoy respirando?

Cuestionando nuestras ¿verdades?

La mente inquisitiva

Muchas de nuestras creencias y pensamientos paralizantes operan desde nuestros automatismos inconscientes gobernando nuestra vida. El trabajo sobre uno mismo permite reconocer nuestros condicionamientos y quitarles el enorme poder que tienen sobre nuestro devenir. Solemos llamar destino a lo que muchas veces es la consecuencia de nuestra manera ciega y necia de andar por la vida. Repetimos una y otra vez los mismos comportamientos, las mismas actitudes, los mismos modelos vinculares que nos llevan a las mismas consecuencias que decimos querer evitar.

¿A esto le llamamos destino? Pues eso se le parece más a falta de trabajo sobre nosotros mismos. El sabio Carl Gustav Jung, a quien debo mi profunda admiración, decía: "Hasta que lo inconsciente no se haga consciente, el subconsciente seguirá dirigiendo tu vida y tú le llamarás destino".

Aclarado este punto, dependerá de cada persona desarrollar lo que en la psicología del budismo se llama una "mente inquisitiva". Esta expresión hace referencia a una actitud mental que permite examinar, indagar y cuestionar todas nuestras creencias, pensamientos y mandatos. Es decir, someter a escrutinio todo lo que hemos sostenido hasta hoy y, desde la plena conciencia, decidir qué colabora con nuestra evolución y qué es tiempo de dejar atrás, ya sea porque no nos sirve para avanzar, entorpece nuestro pleno desarrollo o no nos permite ir livianos por la vida.

Animarse a vivir es alentarse a desafiar todas aquellas verdades que hemos dado por sentado, todas aquellas ideas que nos acostumbramos a sostener y ya ni siquiera cuestionamos. Expandir nuestra consciencia cada día un poco más es correr prejuicios y preconceptos para sentirnos más holgados y hacer lugar a nuevas maneras de comprender el mundo. Despojarnos es florecer, dejar morir es una nueva forma de nacer. Por eso, cuestiónate, pregúntate, busca tus respuestas, muévete del lugar en donde estás. Puedes desplazarte tan lejos como estés dispuesto a desafiar los límites de tu realidad.

Se trata de ir ensayando nuevas formas de ser y de estar en el mundo. La epigenética hoy nos dice que podemos activar y desactivar genes; del mismo modo, la psicología afirma que podemos ensayar nuevas actitudes, elegir nuevos comportamientos, resignificar ideas, reconstruir creencias. En definitiva, podemos moldear nuestro carácter día a día si elegimos transformarnos en lugar de darnos por sentado. La filosofía del taoísmo expresa esta sabiduría milenaria con una bella expresión, nos habla del *carácter autoforjado*. Esto es, tomar en nuestras manos la materia prima que nos fue dada y hacer con ella la obra más bella. Somos escultores de nosotros mismos.

Hace poco tuve el gusto de visitar las montañas de mármol en Vietnam, de donde se extrae el mármol para hacer los Budas más impresionantes. En los alrededores, hay negocios gigantes que ofrecen estas figuras, y uno puede acercarse y ver cómo los escultores esculpen la piedra para obtenerlas. Fue allí que recordé un breve cuento que leí alguna vez y que me impactó por su mensaje y su simpleza:

Cuentan que un niño pequeño visitó al artesano de su pueblo en su taller de escultura y vio un gigantesco bloque de piedra que llamó su atención. Dos meses después, volvió y encontró en su lugar una preciosa estatua ecuestre. Y volviéndose al escultor

asombrado, le preguntó: ¿Y cómo supiste que dentro de aquel bloque de piedra había un caballo?

La pregunta inocente del niño es muy acertada porque en verdad, el caballo estaba ya dentro de ese bloque. La capacidad artística del escultor consistió, precisamente, en ver una hermosa figura donde otros verían solo una piedra. Su trabajo fue irle quitando a la piedra todo cuanto sobraba. Liberó a la piedra de lo que le impedía mostrar el bello caballo que tenía en su interior. Ese fue su arte.

Así, nosotros podemos sacarnos la piedra y volvernos artistas de nuestra propia vida. O bien, podemos quedarnos endurecidos como una roca afirmando que *somos así* y no podemos hacer nada distinto con lo que nos tocó, con lo que nos pasó, con lo que hicieron de nosotros. Cada uno elige cómo posicionarse; ese es el margen de libertad que tenemos. Aun cuando no podemos modificar nada de nuestras circunstancias actuales o de nuestra historia, todavía podemos elegir la actitud con la que lo vivimos.

Y yo daría un paso más... Me gusta afirmar que somos procesos en permanente movimiento, no obras terminadas. Podemos reeditarnos y reactualizarnos a nosotros mismos con más conciencia y lucidez emocional cuantas veces queramos o nos lo pida la vida. Para mí la piedra nunca se termina de esculpir, no hay límites para el despliegue de la consciencia y para evolucionar nuestra esencia.

Quedarse en roca tiene consecuencias. Cuando este trabajo de actualización personal es omitido, suele ser la vida la que golpea la piedra para que nos anoticiemos de lo que hay dentro. Nos fuerza a partir de circunstancias, eventos o crisis en donde la única salida posible hacia la salud es reconstruirnos a partir de una identidad más amplia, renovada y auténtica.

Quien se excusa diciendo "Yo soy así", "A esta altura de mi vida no voy a cambiar", "Siempre he sido así" se pierde la po-

sibilidad de irse de esta vida convertido en una mejor versión, a partir de transformar sus experiencias en aprendizajes valiosos para su crecimiento y evolución. Con los años uno puede volverse más sabio o más terco.

Investigar en lo cotidiano
Actividad N° 3

Ahora que puedes reconocer la importancia que tiene ser guardián de los contenidos de tu mente y que sabes, además, que puedes modificarte y actualizar tus creencias, te invito a que explores lo siguiente: ¿Qué pensamientos y creencias rígidas, no constructivas, sostienes? (Aquellas expresadas en términos de todo – nunca – nada – siempre).

- ____

____

- ____

____

- ____

____

- ____

____

Ahora, lee de corrido tus afirmaciones y registra las sensaciones de tu cuerpo: ¿Qué emociones experimentas?

- ____

____

- ____
- ____
- ____

A continuación, tómate tiempo, y esfuérzate si es necesario, para encontrar la misma cantidad de pensamientos y/o creencias que sean constructivos. Solo anota aquellos de los cuales estés convencido/a pero que a diario no tengas presente.

- ____
- ____
- ____

Respira profundo, lee tus afirmaciones y registra, de nuevo, las sensaciones de tu cuerpo. ¿Qué emociones sientes?

- ____

- ____

- ____

- ____

Si eres consciente de la relación que existe entre:
creencias → pensamientos → emociones
puedes comprender mejor por qué te sientes como te sientes
cuando piensas de una determinada manera.

Estas son algunas de las preguntas que no puedes dejar de hacerte si te encuentras en el apasionante trabajo de incrementar tu conciencia emocional:

¿Con qué materia prima formo mis pensamientos?

¿Qué conversaciones tengo cuando trato con la gente?

¿Qué digo de mí a los demás? ¿Qué me digo a mí de mí mismo? ¿Qué me digo acerca de los demás y de la vida?

¿Qué escenarios futuros elijo imaginar?

¿Qué recuerdos evoco?

¿Reconozco mis aciertos? ¿Pondero mis logros?

¿Agradezco más de lo que me quejo?

De las respuestas que nos damos derivan las emociones que tenemos. Muchas veces, lejos de ser víctimas, tendemos a ser victimarios de nuestro propio calvario emocional.

Emociones complementarias y emociones autogeneradas

Hemos dicho que nuestra capacidad humana de pensar, imaginar y anticipar enriquecen nuestra expresión emocional, pero también la complejizan si hacemos de ellas un uso disfuncional. Las emociones complementarias y las emociones autogeneradas son resultado de la complejidad de estas funciones. Veamos de qué se tratan estos dos tipos de emociones y cómo podemos identificarlas.

Las emociones complementarias se forman a partir de lo que sentimos respecto de lo que sentimos frente a un primer estímulo. De una primera emoción, que podríamos llamar "originaria", se desprenden numerosas emociones subsiguientes asociadas a esa primera emoción. Así podemos sentir enojo por estar contentos, sentir vergüenza por tener miedo, sentir culpa por sentir envidia. ¡Imagina qué agotamiento y estrés podemos llegar a acumular! Sentir emociones contradictorias genera fricción interna y nos demanda una gran cantidad de energía extra.

Cuando estaba atravesando aquel momento duro en mi vida adolescente, mi mente estaba llena de emociones complementarias y contradictorias. Puedo afirmar, por experiencia propia, que realmente agota y agobia. Sentía como emoción originaria una inmensa *tristeza* que me había invadido por completo. A la vez, sentía mucha *ira* y *bronca* por perderme lo que percibía como los mejores años de mi vida. También experimentaba *culpa* por estar haciendo vivir a mi familia tanto sufrimiento. Sentía *impotencia*

porque la voluntad que ponía no alcanzaba para sacarme a mí misma de ese lugar. Había también un dejo de *esperanza* que me animaba a seguir, *alegría* cuando miraba a mi hermano menor crecer y formar un hermoso grupo de amigos, *miedo* porque el tiempo pasaba y yo seguía igual, y otra vez *culpa* porque mi mamá se tenía que ocupar más de mí que de mi hermano menor.

Como verán, detrás de una primera emoción de tristeza, "se adjuntan" o "derivan" un montón de otras emociones que incluso pueden llegar a contradecirse entre sí. No me fue fácil sobrellevar ese embrollo, pero lentamente fui desovillando el ovillo y mi mente se volvió más liviana y clara. Con el tiempo y con los recursos que fui adquiriendo en mi formación como psicóloga transpersonal, aprendí a observar los contenidos de mi mente con más distancia y a reconocer que eso que sentía estaba en mí pero no era yo.

Me gustaría compartir la historia de Gloria, quien tuvo que aprender a lidiar con su marea emocional para no naufragar. Ella es una mujer de aproximadamente 57 años que llegó a consulta tratando de elaborar algo que le estaba siendo muy difícil de aceptar: el nido vacío[1]. Recuerdo cierta vez que llegó muy compungida a consulta. Parecía que la vida le estaba redoblado la apuesta para superar lo que tanto le estaba costando soltar: sus hijos. Me dijo con un nudo en la garganta y una angustia visible que revelaba lo movilizada que estaba emocionalmente: "¡Mi hijo no solo se va de casa! ¡¡Ahora resulta que se va a vivir al exterior!! ¡¡Se va muy lejos!!".

Aquella noticia se sumó a un proceso de trabajo terapéutico que ya veníamos realizando juntas. Resulta muy claro este episodio para ejemplificar cómo se construye el entramado de las emociones secundarias y qué difícil resulta a veces gestionarlas. Junto a Gloria tratamos de poner en palabras todo lo que ella sentía, pues no era solo una emoción, sino una maraña de ellas

[1] Síndrome del nido vacío: sensación general de soledad que los padres o tutores pueden sentir cuando los hijos abandonan el hogar.

difícil de desenredar. La emoción originaria era clara y se llevaba el protagonismo: sentía enorme tristeza (emoción consciente). No podía concebir la idea de que su hijo se vaya a vivir a otro país. Detrás de esa emoción, sentía una tremenda culpa (emoción complementaria) por sentirse triste, ya que era una oportunidad laboral importante para el desarrollo de su hijo y a él se lo veía muy entusiasmado y contento. También sentía orgullo (3°) por su crecimiento laboral y alegría (4°) al verlo feliz, pero al mismo tiempo un miedo intenso (5°) al pensar que pueda sucederle algo estando tan lejos... ¡Podríamos seguir y seguir con este entramado emocional! Gloria no dejaba de sorprenderse de todo lo que sentía ante la misma situación y, al mismo tiempo, no paraba de llorar por lo convulsionada que estaba.

¿Cuáles son las consecuencias de desconocer que detrás de una emoción originaria hay otras complementarias que también nos afectan? Cuando no somos conscientes de esta complejidad, tenemos mucha dificultad para identificar lo que sentimos. Podemos sentir malestar por la contradicción que se nos presenta en nuestro interior frente a emociones tan diferentes. Esta falta de claridad nos dificulta poder responder al entorno de forma integrada y en coherencia con todo lo que sentimos. En el caso de Gloria, si solo identificaba su tristeza, la emoción que prevalecía, y dejaba de lado el orgullo y la alegría que sentía por el progreso de su hijo, no hubiese resultado ser la persona con quien su hijo desearía compartir su alegría pues, tal vez, ella lo haría sentir culpable por irse, se victimizaría y se pondría a llorar por no poder descentrarse de sus propias emociones y olvidaría lo importante que es para él semejante desafío. ¿Resultado? El inverso al que quiere generar: queriendo acercarlo, afectivamente, lo alejaría.

Por el contrario, luego del trabajo de indagación emocional que realizamos, el avance de Gloria fue asombroso y la forma de acompañar a su hijo en este proyecto importante para él fue un

claro ejemplo de cómo es posible lograr madurez emocional con un compromiso serio de trabajo personal. En el encuentro con su hijo, luego de haber recibido la noticia, pudo ser sincera con él e integrar todas sus emociones en una conversación que fue muy reconfortante para ella. Fue la primera vez que pudo verse a sí misma diferente a como siempre fue. De madre castradora, demandante y posesiva, se escuchó a sí misma alentando, motivando y hasta dando ideas prácticas para el viaje de su hijo. Se ofreció a colaborar y le expresó el orgullo que sentía por que se animara a esa experiencia. No ocultó su tristeza por el tiempo que pasarían lejos, pero la expresó sin dramatismo. Su hijo la abrazó, le dijo que la entendía y que sabía el enorme esfuerzo que representaba para ella, y que por eso le agradecía la actitud de expresarle su alegría por el viaje y no solamente la pena que le daba que se vaya lejos. En esa conversación, pudo comprender que la profundidad del vínculo con él no se reduce a tenerlo en el nido, que la distancia es solo una circunstancia que no daña lo sustancial de un vínculo afectivo que ha sido bien nutrido. Para Gloria, esta experiencia significó un cambio de conciencia.

Esta imagen permite graficar el ejemplo anterior:

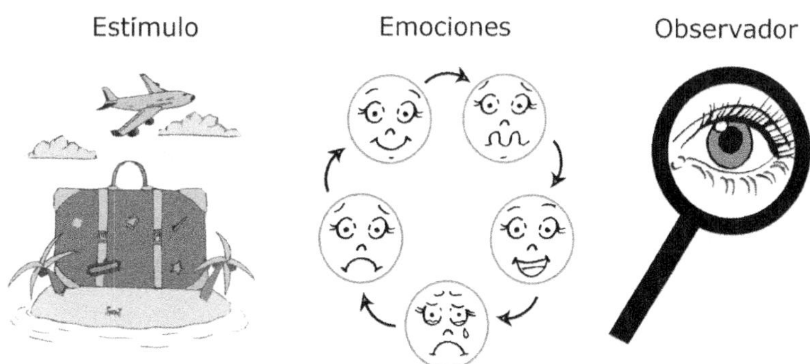

En la figura del medio tenemos representada a Gloria con sus diferentes emociones. A la izquierda, la posibilidad del viaje de

su hijo y, a la derecha, esa gran lupa representa el trabajo de indagación emocional que hicimos juntas. Es importante aclarar que el problema principal no está dado por la complejidad de tener que lidiar con múltiples emociones a la vez. La verdadera dificultad acontece cuando esa complejidad tiene lugar sin una toma de conciencia; cuando somos ignorantes de toda esta dinámica interna. Si Gloria hubiese quedado cautiva de su tremenda tristeza, ya vimos cuales hubiesen sido las consecuencias, no solo para ella, sino en el vínculo con su hijo. La instancia fundamental aquí, que marca la diferencia entre una actitud emocional madura y una reacción inmadura, es *el ojo del observador*: esta parte más lúcida que reconoce lo que sentimos más allá de lo aparente y de lo inmediato visible. Esta lupa la ejercitamos con Gloria en nuestro trabajo terapéutico, pero cada persona puede aprender a instalar este recurso, el *observador*, para aprender a gestionar sus emociones con madurez y responsabilidad.

El *observador* es una parte de nosotros mismos que asume una distancia estratégica respecto de lo que acontece en nuestra mente. Oficia de detective sin involucrarse demasiado, sin juzgar ni argumentar, solo observa. Tiene la habilidad de contemplar desde una mirada amplia todo el repertorio emocional, más allá de lo que sentimos en lo inmediato como más visceral (en el caso de Gloria, su tristeza), como quien mira un paisaje en perspectiva y "se da cuenta" de lo que nosotros no llegamos a darnos cuenta. Desde esta distancia apropiada es posible integrar lo que sentimos en una conducta más abarcadora que contemple todo lo que sucede en nuestro interior y, a partir de la toma de conciencia, optar por la expresión comportamental más adecuada. Es nuestra parte más consciente que sabe situarse por encima del caos y del aturdimiento mental.

Existen prácticas que ayudan a entrenar este observador. La terapia, la meditación, el yoga, el silencio y la práctica voluntaria de la soledad nos ayudan a ir encontrando este espacio interior de quietud con el que necesitamos contar para no dejarnos arrastrar

por la vorágine emocional y mental, así como también por la celeridad de los acontecimientos externos.

Por otra parte, un segundo tipo de emociones complejas son las autoprovocadas. Para muchas personas, estas son su especialidad. Son aquellas emociones que experimentamos como consecuencia de pensar demasiado. ¿Te has encontrado imaginando tragedias que nunca sucedieron? ¿Elaborando respuestas a preguntas que nunca te hicieron? ¿Masticando bronca ante discusiones que finalmente no se generaron? ¿Imaginando una relación con alguien que ni siquiera conoces? ¿Elaborando infidelidades en tu mente, películas de terror, de suspenso o dramas novelescos?

La vida puede convertirse, en cuestión de segundos, en un culebrón mexicano si nos enredamos en argumentos, tejemos escenarios y buscamos personajes que representen los guiones que ya escribimos en nuestra cabeza. Cuanto más alto volamos en la escala de la imaginación, mayor el choque con la realidad cuando nos damos cuenta de que nada de lo que imaginamos ocurrió.

Atrapados en nuestras emociones autoprovocadas, podemos llegar a reaccionar ante lo imaginado tal como si fuesen hechos concretos, con el desgaste anímico que ello conlleva. ¡Mucho estrés! ¡Mala sangre! Y esta última frase es literal: cuando imaginamos escenarios amenazantes, segregamos sustancias al torrente sanguíneo que nos preparan para la acción (adrenalina, noradrenalina, cortisol). Si estas no son finalmente liberadas porque la amenaza esperada nunca existió, el cuerpo las reabsorbe generando toxicidad en el organismo.

¿Quién debería aparecer aquí? El observador, que desde una mirada alerta y neutral examina lo que acontece en nuestro interior y comienza a separar lo real de lo imaginado, lo propio de lo proyectado, lo interno de lo externo. Sería como un foráneo que, al llegar a una casa que estuvo cerrada por largo tiempo, abre

puertas y ventanas, saca polvillo, oxigena el ambiente y pone cada cosa en su lugar. El observador nos despeja el paisaje. Preservar la salud emocional supone usar las funciones de imaginar, pensar y anticipar para desarrollarnos y expandirnos, no para fabricar preocupaciones, amenazas o miedos irreales.

Una emoción se alimenta de la IMAGINACIÓN y de la PERCEPCIÓN.

Madurar emocionalmente es poder reconocer cuándo una emoción es mero producto de la imaginación. Discernir entre lo imaginado y lo percibido cada vez un poco más es esclarecer las aguas del mundo emocional para diferenciar cuándo es momento de actuar y cuándo pausar el acelere mental.

Capítulo 5

LA IE

La evolución del concepto de inteligencia

El concepto de inteligencia ha ido evolucionando con el tiempo. En los comienzos, la inteligencia se reducía al coeficiente intelec tual (CI). Así, una persona era más o menos inteligente de acuerdo al puntaje obtenido en un test de inteligencia. Esta medición era considerada estable y fija, es decir, no podía modificarse desde el trabajo voluntario. En la actualidad, el concepto se ha ampliado, flexibilizado y pluralizado para abarcar un abanico muy amplio de aptitudes. Lo más revolucionario es haber comenzado a considerar la gestión de las emociones, en lugar del coeficiente intelectual, como la piedra angular sobre la que se puede edificar una vida de éxito y realización personal. En el siguiente apartado, ahondaremos sobre este nuevo concepto de inteligencia(s).

Ser inteligente... ¿inteligente para qué?

El concepto de inteligencia comenzó a diversificarse y ampliarse de la mano del psicólogo Howard Gardner, quien postuló su Teoría de las Inteligencias Múltiples. Según su mirada, ya no hay un solo tipo de inteligencia, sino diferentes áreas en las que uno puede ser más o menos habilidoso e, incluso, entrenarse.

Las inteligencias no pueden medirse en un test; son potenciales que pueden activarse o no en función de las circunstancias y las decisiones que una persona tome. Deja de hablarse en términos de personas inteligentes; ahora la pregunta es: ¿Inteligente para qué?

La Teoría de las Inteligencias Múltiples diferencia y establece nueve tipos de inteligencia, todas de igual importancia:

- Lógica – Matemática
- Corporal – Cinestésica
- Lingüística – Verbal
- Espacial – Visual
- Musical
- Naturalista
- Existencial
- Intrapersonal (base de la IE)
- Interpersonal (base de la IE)

El concepto de IE es relativamente nuevo; nace en los años 90 de la mano de los psicólogos Mayer y Salovey. Según la teoría expuesta arriba, la IE encuentra su fundamento en las inteligencias intrapersonal e interpersonal. La IE requiere incrementar la conciencia sobre uno mismo, ejercer valores y hallar una finalidad o propósito que nos mantenga motivados y protegidos del sinsentido y de la sensación de vacío.

Personalmente, me atrevo a agregar un tipo más a la clasificación anterior: la *inteligencia espiritual*. La espiritualidad en su forma laica debe entenderse como la habilidad para ejercer valores humanos que beneficien a la totalidad de los seres, la conciencia de uno mismo y la importancia de tener propósitos que otorguen un sentido a nuestra existencia. La inteligencia espiritual requiere de personas emocionalmente sanas y maduras que puedan ver más allá de su ego emocional y empatizar con los demás seres sintientes.

Según mi apreciación personal, entonces, la IE se edifica sobre tres (en lugar de dos) pilares fundamentales:

Inteligencia interpersonal - Inteligencia intrapersonal - Inteligencia espiritual

¿De qué depende el éxito en nuestras vidas?

Responder esta pregunta es reducir su complejidad. El éxito es una variable muy subjetiva y reactualizable que debe diferenciarse de los estándares culturales y sociales que construyen éxitos enajenantes o inalcanzables. El verdadero éxito va enlazado a la autorrealización, y una persona realizada es aquella que vuelve realidad sus aspiraciones más profundas. Por lo tanto, el éxito debe ser comprendido como la capacidad para superarnos a nosotros mismos y de conducir la energía hacia el logro de nuestros objetivos.

Hoy sabemos, a partir de vastas investigaciones, que tener éxito en la vida no depende de nuestro CI. Los estudios concluyen que solo el 20 % del éxito está en relación con el CI. El 80 % restante dependerá de nuestra capacidad para entrenarnos en IE. Lo revolucionario y alentador es que, a diferencia del CI, el coeficiente emocional (CE) se puede modificar, ampliar y expandir. De este modo, abandonamos un paradigma determinista para abarcar la posibilidad de ser nosotros mismos los protagonistas. Los talentos innatos necesitan ser entrenados y convertidos en hábitos para que lo potencial se ponga en acto. Y esto dependerá de nuestra habilidad emocional para desarrollar la voluntad, la perseverancia, la habilidad para sociabilizar, la motivación y la capacidad de enfocar nuestras energías en coherencia con las metas perseguidas.

Sobran los ejemplos de personas talentosas que han quedado en buenas promesas porque no han sabido enlazar esa capacidad con la indispensable IE. Podemos pensar en gente reconocida

cuyos hábitos de vida han malogrado su enorme capacidad o en personas anónimas que, con muchísima capacidad, no han podido desplegar sus alas.

Sin ir tan lejos, si te remontas a tus tiempos de escuela, recordarás al alumno que se destacaba por su "inteligencia". No sería raro que a ese *alumno 10* no le haya ido demasiado bien en la vida. Suele suceder que esos niños repletos de contenidos e información no jugaron lo suficiente ni pudieron desarrollar las habilidades emocionales indispensables para posicionarse en la vida. En muchos casos, al momento de trasladarse a otra ciudad para comenzar estudios superiores, les cuesta mucho adaptarse a los nuevos entornos, desapegarse de su familia, afrontar situaciones de estrés o tolerar sensaciones de frustración. También es posible que, si logran culminar con éxito su carrera, les cueste luego afrontar entrevistas laborales o relacionarse con pares. Pueden coartar sus posibilidades por evadir los riesgos que supone cualquier desafío, negarse a transitar nuevas experiencias o a soltar los entornos que consideran seguros. En el plano afectivo, formar pareja puede ser un gran reto para estas personas por el miedo al rechazo o ciertas inhibiciones interpersonales que los repliegan.

Con este ejemplo no pretendo dar por sentado que los niños que sacan excelentes notas en la escuela se ven impedidos de realizarse en su vida adulta. Sostengo de manera fehaciente que, como padres y como maestros, debemos ser conscientes de que es más importante alentar a los niños a construir amistades y a formar y participar en equipos, propiciar el inicio de nuevas actividades, acompañarlos en el desarrollo de un sano espíritu competitivo y de autosuperación, enseñarles a transitar la frustración, fomentar el aprecio y cuidado de la naturaleza, enseñarles el valor de los afectos, alentarlos en su autoexpresión y en la importancia de comunicarse con los demás, y otras tantas herramientas valiosas para transitar la vida. Todos estos recursos se incluyen dentro de la tan preciada inteligencia emocional.

Una persona puede tener un CI por encima de la media pero, si se siente perturbada emocionalmente, no tendrá acceso al pleno uso de sus recursos racionales. Bien conocida es la experiencia de que cuando nos sentimos mal, pensamos mal o nuestra atención se dispersa. Resulta muy difícil concentrarnos cuando estamos emocionalmente alterados. Si la perturbación emocional se extiende en el tiempo, como puede ser el caso de un niño inteligente en un ambiente familiar conflictivo, puede deteriorarse la capacidad intelectual del niño, aunque su potencial sea formidable.

Como conclusión, una persona con IE puede sacarle jugo a su capacidad innata e incluso incrementarla. ¿Cómo lo hará? Se concentrará con facilidad, tendrá más claridad de pensamiento, sabrá enfocar sus energías y cultivar hábitos direccionados hacia el logro de sus metas.

Más IE→ Más concentración → Más claridad de pensamiento → Más productividad

Menos IE→ Más batalla interior → *Menos concentración* → *Menos productividad*

La inteligencia es capacidad en acción. Saberse una persona capaz pero no animarse a plasmar en el mundo esa capacidad es altamente frustrante y genera un profundo sentimiento de traición hacia uno mismo.

Entrenar nuestro talento natural con inteligencia emocional

Cuando hablamos de talento, pensamos en un don natural para ejercer una determinada habilidad. Sin embargo, esta definición deja por fuera algo fundamental: la necesidad de entrenar para que lo potencial se convierta en realizado. Así, vale la pena aclarar que no nacemos con un talento, nacemos con una gran posibilidad a desarrollar. Nada germina si no se cultiva.

El primer paso que tenemos que dar en el camino de volver real un don es reconocerlo. ¿Cómo? Comenzando a autoobservarnos y a prestar atención a aquellas cosas que nos salen con más facilidad. Necesitamos ojos entrenados para bucear dentro de nosotros e identificar las cosas que más disfrutamos, que pueden ser leer, escribir, cocinar, tocar un instrumento musical, organizar, dibujar, liderar, cantar, enseñar, analizar. El abanico de habilidades humanas es infinito y cada uno debe sintonizar con esta afinidad propia y absolutamente individual.

El talento podría asemejarse a la inteligencia triunfante en cada uno de nosotros. Cuando ese conocimiento interior se convierte en un comportamiento exterior, es decir, en una manifestación real, experimentamos emociones elevadas como libertad, dignidad y felicidad. Si en el transcurso de nuestra vida logramos entrenar, honrar y cultivar nuestro potencial para convertirlo en un talento que impacte en la realidad, nos realizaremos como personas además de beneficiar a los demás. Construir hogares, enseñar con dedicación, proteger vidas, fomentar la salud, potenciar los sentidos a través de una rica comida, de una creación visual o musical; todo lo que hagamos *sentido*, tiene un sentido, y eso nos vuelve seres humanos dignos y espiritualmente enriquecidos. Cuando aportamos nuestro don al colectivo social, trascendemos nuestro ego e, indiscutiblemente, no hay mayor motor de entusiasmo que sentir que estamos haciendo algo útil y beneficioso para otros.

Solemos escuchar frases como “Mi hijo tiene talento para..., pero es desganado”, “Soy buena para..., pero soy inconsistente y pospongo”. Pues, lamento desilusionar pero eso no es más que agua escurridiza que no va a ningún caudal. El talento es inteligencia en acto. No hay talento si no hay entrenamiento, no hay habilidad que no esté asociada al esfuerzo, a la dedicación, al esmero, a la gratitud y al amor que le ponemos a lo que hacemos.

Estudios recientes afirman que es necesario invertir unas diez mil horas en una actividad para que la misma se convierta en

una competencia idónea. Sin embargo, si estamos en sintonía con nuestro potencial natural, ese esfuerzo no es agotador sino reconfortante y gratificante. A nuestra capacidad nata, tenemos que sumarle una energía constante y la humilde actitud de reconocernos en aprendizaje continuo.

Una persona que se proponga desarrollar su talento no puede obviar antes un camino fundamental: cultivar las cualidades emocionales que resultan decisivas para alcanzar cualquier propósito o plan. Estas cualidades pueden ser la capacidad de sostener el esfuerzo y la iniciativa, la capacidad de evitar las distracciones, de postergar la recompensa y la gratificación, el saber decir que no cuando nos dejamos seducir por lo fácil e inmediato, el cultivar la voluntad y sembrar un conjunto de hábitos que estén en coherencia con lo que anhelamos. Autoeducarnos y disciplinarnos revitaliza la inteligencia que puede quedarse dormida si no la despertamos y trabajamos.

Sin IE, no hay talento que se sostenga en el tiempo.

Hoy sabemos y reconocemos la importancia del entorno para activar o desactivar nuestros genes. Así, nuestros genes por sí solos no garantizan ninguna realización personal. Generarnos un entorno adecuado para que la semilla se convierta en árbol depende absolutamente de cada uno de nosotros.

El talento en los niños ¿se nace o se hace?

Ahora bien, ¿y los niños? Aquí nos cabe una enorme responsabilidad como padres y educadores. A la luz de los estudios científicos que afirman la importancia de la IE, no podemos privar a nuestros niños de que estos conocimientos se incorporen a las escuelas y a sus vidas cotidianas. Es una ofensa hacia ellos que el sistema educativo siga siendo el mismo cuando los desafíos de este siglo han cambiado considerablemente. Debemos entrenar a

los niños para que sepan cómo ser jóvenes y adultos preparados, satisfechos y felices con lo que eligen. Para ello, resulta necesario invertir la dirección del conocimiento hacia el niño, para ir del niño al conocimiento, partiendo desde sus intereses y motivaciones. Una educación tan reglada deja poco margen a la creatividad. Cada niño tiene su potencial único y diferente del resto. Es misión de los padres y educadores ayudarlos a identificar su potencial, nutrirlo y honrarlo.

Una educación masificada no favorece el desarrollo singular y propio de cada individuo. La educación ha de ir en busca de las individualidades, estar atenta a las diversas inteligencias que fluyen y se dejan ver en el aula. Ahora bien, ¿cómo implementar esto en un aula donde hay un solo educador y más de veinticinco niños con intereses distintos? La respuesta no podemos buscarla en el arquetipo de aula tradicional. La creatividad, la innovación y la preparación de los educadores son fundamentales. Los educadores son entrenadores de esos niños que luego jugarán su partido y harán sus propios goles. Necesitamos integrar nuevos recursos, rediseñar viejos paradigmas, cuestionar lo establecido. Nuestros niños nos necesitan con mente abierta y almas dispuestas.

No hay talento si no hay educación, no hay buen jugador si no hay un entrenador idóneo. En una época en donde la información desborda, la diferencia radica en ayudar a enlazar el conocimiento con la IE. Los niños de hoy necesitan aprender a sostener el esfuerzo, prestar atención, ser creativos, generar pensamientos ocurrentes, tolerar la frustración, centrarse, saber autoobservarse y conectar con su interior para buscar las respuestas que nosotros, los adultos, siempre buscamos fuera.

El mayor capital que tiene un país no son sus recursos materiales, sino el potencial de talento que yace en sus habitantes. Educar en valores y aprender a gestionar las emociones es lo que define la calidad de país que queremos construir y el mundo en el que queremos vivir. Y en esto, la responsabilidad la compartimos entre todos.

Enseñar a nuestros niños a desarrollar su talento es acercarles la llave para que abran las puertas de su propia felicidad desde adentro. Y solo podemos inspirar cuando nosotros nos sentimos motivados. Transmitir la teoría mientras nos sentimos frustrados no nos convierte en una fuente digna de autoridad. Por eso, la esperanza no descansa en el futuro que construirán los adultos que hoy son niños. A la par de ellos, es nuestra responsabilidad cultivar y regalarle al mundo nuestros talentos. Y es aquí donde nuestra IE juega un rol fundamental, como fuente de inspiración para nuestros niños.

Trabajar sobre nosotros mismos para cuidarnos de transmitir nuestros miedos, desencantos, frustraciones y desesperanzas es la mejor herencia que puede recibir un niño. En un adulto feliz y sonriente cada niño establece un referente a seguir. No podemos dar cátedra de felicidad y realización personal con caras amargas y estresadas. Debemos encarnar los valores que queremos transmitir. Y si en nuestra infancia no tuvimos la posibilidad de que nos ayuden a madurar nuestro potencial, siempre se está a tiempo de redireccionar nuestra energía hacia aquello que nos inspira y nos motiva.

En un adulto consciente, no existe la buena o mala suerte. Existe la honestidad real de mirarnos de frente y reconocer ante nosotros mismos cuáles son las oportunidades que tomamos y cuáles aquellas que dejamos pasar, qué tiempo decidimos invertir en construir aquello que afirmamos querer de verdad y cuán dispuestos estamos a dilatar el placer inmediato en pos de apostar a una realización mayor que nos dé satisfacción y nos haga sentir un sano orgullo personal.

Tarde o temprano, el exceso de ocio y la tendencia a mirar para otro lado nos pasa factura por lo que hemos postergado. Con el paso del tiempo, cuando la madurez golpea la puerta, nos damos cuenta de que quizás nos hemos equivocado en nuestras prioridades. Este acto de sinceridad no debe ser para regañarnos, sino una nueva oportunidad para encauzarnos en lo que nos

gusta, para asumir el compromiso de entrenar aquello de lo que nos jactamos de que somos buenos pero nunca llevamos a cabo. Hacernos cargo de nuestro destino con nuestros aciertos y errores es un gran paso para posicionarnos ante lo mismo de una manera distinta y mucho más comprometida.

Un talento se trabaja, cultiva, tamiza y se vuelve real cuando nuestras emociones nos ayudan a encauzar nuestros esfuerzos en la consecución de aquello que, desde lejos y sentados en un sillón, se ve como un mero sueño. Seamos lo que hubiésemos podido ser *hoy*, para no sembrar sinsabor al momento de decir adiós y no cultivar resentimiento por aquellos sueños que dejamos dormir en un cajón bajo las llaves de la pereza, la desidia y la distracción. Venimos a este mundo a sembrar lo mejor de cada uno; no nos vayamos con las semillas apretadas en nuestros puños.

Una persona feliz con su vida vibra en energía positiva y aporta de sí su mejor condición. Una persona infeliz con su vida resulta perjudicial para sí misma y transmite enorme energía negativa a su alrededor.

Si nos entrenamos en IE, gozaremos de la libertad para expresar nuestros dones, para crecer en el intercambio con los demás y conocernos lo suficiente para reactualizarnos y rectificarnos cuando advirtamos desajustes entre nuestra esencia y nuestra personalidad. Advirtiendo la importancia de la IE, a continuación veremos de qué se trata y cómo desarrollarla.

¿Qué es la IE?

La IE se define como la habilidad para gestionar las propias emociones y las de los demás, discernir entre diferentes emociones, y utilizar esa información para guiar nuestros pensamientos y nuestras acciones.

Una competencia es el desarrollo de una habilidad. Podemos ser competentes emocionalmente si estamos dispuestos a entre-

nar nuestra IE tal como si fuese un músculo a fortalecer. Todas las personas gozamos de la capacidad de volvernos hábiles en nuestra propia gestión emocional. Sin embargo, a veces nos convencemos con facilidad de que somos de una determinada manera y no podemos cambiar. Tenemos un tango interior que nos canta al oído "Si soy así ¿qué voy a hacer?", como decía el querido Gardel. Sin embargo, al contrario de lo que dice la letra de este clásico, no hay destino que nos arrastre... Solo hay personas inconscientes que van a la deriva y seres conscientes timoneando su vida con viento a favor o en contra.

La psicología tradicional ha enfatizado la idea de que las vivencias y traumas de la infancia determinan en gran parte nuestras posibilidades en la vida adulta. Hoy sabemos que esto no es así, que es posible resignificar lo vivido y ampliar nuestras posibilidades de destino. Entonces, una situación traumática de la infancia puede ser un impedimento o una oportunidad de crecimiento. A mí, tal situación me condujo a una vocación que ejerzo más con el corazón que con el título. Mi experiencia de resiliencia me lleva a comprometerme emocionalmente muy hondo con mis pacientes, porque yo estuve del otro lado y sé cómo se siente. Tengo la teoría de todos los libros que he leído para obtener mi título habilitante pero tengo, además, la experiencia de haber trabajado duro, muy duro sobre mi misma y eso no se aprende en la universidad sino en la escuela de la vida, de la cual nunca nos graduamos y donde nadie se lleva el mejor promedio porque todos, tarde o temprano, recibimos algún *bochazo*, como decimos en Argentina.

Los ejemplos son numerosos. Conozco personas que han estudiado medicina a partir de sufrir una pérdida muy dolorosa y, en cada vida que salvan, sanan un poco sus heridas de la infancia. Asimismo, personas que estudiaron abogacía y se involucran con el alma porque han visto a sus padres sufrir injusticias y hoy son activos defensores de valores que se necesitan en una sociedad para que sea más justa y digna. Y como no todo comienza

y acaba en la infancia, hay también miles de jóvenes y adultos que, luego de recibir diagnósticos complejos, se vuelven personas más lúcidas y despiertas. Hay madres y padres que atraviesan el tremendo dolor de perder un hijo y después de mucho llorar, y valiéndose de su IE, se secan las pocas lágrimas que les quedan y transmutan ese dolor en fundaciones, asociaciones o leyes que dan un sentido a lo trágico y terrible. Es ahí cuando se abandona el "¿Por qué?" y se va gestando un "¿Para qué?" que da fuerzas para seguir, incluso más erguidos que antes. Atravesar el dolor nos vuelve personas más fuertes y menos duras, sin que esto sea una contradicción. Cuando una persona se ha sentido en carne viva, se vuelve mucho más sensible ante la vida, más fácilmente feliz y tremendamente agradecida.

No es bueno sufrir pero es muy bueno haber sufrido. San Agustín

Quienes pueden salir fortalecidos de una experiencia dolorosa y crecer a partir de ella han utilizado exitosamente una emoción con tanta mala prensa como la tristeza. Se han vuelto personas emocionalmente inteligentes. Sin embargo, no hace falta esperar a transitar experiencias difíciles para desarrollar IE. Podemos, y ese es el propósito de este libro, entrenarnos en IE para ahorrarnos situaciones que se vuelven difíciles cuando carecemos de las habilidades emocionales idóneas para afrontarlas.

Buda dijo, "El dolor es inevitable, el sufrimiento es opcional". Esto significa que el dolor forma parte de la vida; hay que aceptarlo, transitarlo con dignidad y también saber dejarlo ir. El dolor inútil no ennoblece a nadie. Cuando nos apegamos a él, el dolor se transforma en sufrimiento y, en lugar de sentir dolor, *somos nuestro dolor*. La IE nos ayuda a diferenciar lo que sentimos de quienes somos. De este modo, podemos ser nosotros quienes gestionemos las emociones con consciencia, en lugar de ser tomados por ellas.

La infancia es la etapa más propicia para aprender las bases de lo que será la IE adulta. Como educadores, no podemos desaprovechar esta oportunidad para sembrar buenas semillas. En los niños, el cerebro está fresco, ellos absorben con facilidad todo lo que les enseñemos, tanto los buenos como los malos hábitos emocionales. Estos aprendizajes tempranos van modelando las respuestas emocionales que organizarán la vida adulta.

Los aprendizajes emocionales forjados en esta etapa se constituyen en lo que podríamos llamar "autopistas de fácil acceso". Una persona puede tener un acceso rápido al enojo porque vivió en un ambiente familiar conflictivo cuando era niño. La buena noticia es que, en la adultez, podemos rediseñar nuestras carreteras si las primeras no nos llevan por buena senda. Nuestro mapa cerebral se puede seguir editando durante toda la vida. A veces tendremos que sudar para apalancar esas nuevas carreteras. Sin embargo, es mucho más inteligente construir caminos alternativos que quedar varados, morder siempre banquina o terminar accidentados por nuestra impericia para conducirnos a nosotros mismos.

En el próximo capítulo veremos qué habilidades incluye la IE y cómo desarrollarlas.

Capítulo 6

HABILIDADES EMOCIONALES

Fortalecer el músculo de la IE supone entrenarse en seis habilidades indispensables. Estas son:

1) Conocimiento de uno mismo: reconocer nuestras propias emociones y saber discernir unas de otras.

2) Gestión adecuada de las emociones: saber regular la intensidad de las emociones, saber calmarnos cuando estamos nerviosos, no sucumbir en la ansiedad.

3) Motivación de uno mismo: regular las emociones para ponerlas al servicio de un objetivo, mantener un estado emocional que nos permita acercarnos a aquello que nos proponemos.

4) Control del impulso: aprender a demorar la gratificación en pos de una satisfacción mayor y moderar un comportamiento en favor de una expresión funcional del mismo.

5) Reconocimiento de las emociones de los demás: aquí ubicamos a la empatía como la capacidad de sintonizar con las emociones de otros y la aptitud para ponerse en el lugar del otro.

6) Capacidad de relacionarnos con los demás: poder gestionar las emociones en un entorno interpersonal y propiciar un clima favorable.

El conocimiento de uno mismo y, como consecuencia, el reconocimiento de nuestros estados internos es de vital importancia para aprender a gestionar lo que nos pasa y cómo nos pasa ¿Cómo comenzar esta indagación personal? ¿A qué debemos prestarle atención?

Conocimiento de uno mismo

Conocerse en profundidad supone aprender a observar los contenidos de nuestra mente, tales como nuestras emociones, pensamientos y creencias. Asimismo, implica reconocer cuáles son nuestras tendencias actitudinales y de comportamientos. Por ejemplo, podemos admitir que tendemos a dramatizar más de lo normal, a acelerarnos demasiado, a postergar y ponernos excusas, a evadir lo que nos duele, a irritarnos con facilidad, a comportarnos de manera impulsiva o a abandonar lo que empezamos. Admitir nuestros puntos más vulnerables nos ayuda a anticiparnos y poder cuidarnos de lo que nos suele traer problemas. Cuando aceptamos lo que nos cuesta, recién entonces podemos trabajar en mejorarlo.

Pero no es solo eso. Conocerse en profundidad también implica tomar registro de todo lo que funciona bien en nosotros; una especie de inventario de nuestros puntos fuertes. Nos serán muy necesarios en momentos de estrés y quizás también nos demos cuenta de que son habilidades y recursos que podríamos utilizar más a menudo y están casi en desuso. Algunos de ellos pueden

ser la creatividad, la paciencia, la constancia, la adaptación, la flexibilidad y la capacidad para concentrarnos, para priorizar y para planificar. Lo que forma parte de nuestro temperamento de base, aquello que "nos sale fácil" es un capital que tenemos que aprender a reinvertir. A veces, por mirar demasiado lo que nos falta, dejamos pasar oportunidades dónde plasmar lo que nos sobra.

Anoticiarnos de lo que sentimos en nuestro cuerpo es otra forma de aprender a conocernos. Darnos cuenta que el corazón se acelera, las manos nos sudan y el pecho se oprime nos ayuda a identificar que estamos ansiosos. Si, en cambio, sentimos cansancio excesivo, fatiga, dolor de cabeza o falta de deseo sexual, el cuerpo puede estar indicándonos que estamos tristes hace tiempo y debemos ocuparnos de ello.

El cuerpo continuamente nos informa acerca de nuestro estado emocional. Reconocer estas señales nos brinda la posibilidad de tomar decisiones en coherencia con nuestras emociones y valoraciones más profundas. Cuando actuamos, por ejemplo, en desacuerdo con nuestros principios éticos, experimentamos malestar. Tomar conciencia de ese malestar nos ayuda a rectificar un comportamiento si este se opone a un valor fundamental. Veamos un ejemplo: una persona a la que le dan dinero de más en el vuelto de una compra y no lo devuelve puede comenzar a sentirse mal al salir del lugar porque esa actitud entra en contradicción con la honestidad, un valor importante para ella. El beneficio del dinero no se compara con el malestar que siente por actuar de manera incongruente con sus principios éticos. Sus emociones, si se conoce lo suficiente a sí misma y las identifica, pueden ayudarla a resolver su incoherencia interna rectificando el comportamiento original.

Nuestras emociones orientan nuestros comportamientos si hacemos una escucha *sabia* de las mismas. Resalto esa palabra porque es preciso diferenciar la escucha criteriosa del arrebato emocional que supone responder como ciegos a lo que sentimos.

Zoe ha tenido que entrenarse duro en la capacidad de discernir entre la sabiduría de sus emociones y sus arrebatos emocionales primitivos. Si Zoe hiciese siempre caso a lo que siente, estaría en serios problemas; sus celos no suelen ser buenos consejeros en momentos de perturbación emocional. Una escucha criteriosa supone identificar lo que siente y elegir una forma consciente de gestionarlo para no responder de manera impulsiva. Esta toma de conciencia le permite a Zoe abarcar su parte más racional para poder encauzar esa emoción cruda en un comportamiento más evolucionado. Así, ante una misma emoción, dispondrá de un bagaje más amplio de respuestas. Podría responder de forma primitiva y poco elaborada, como lo hizo al salir a mitad de la noche a perseguir a su pareja, desbordada por los celos. Pero también podría reconocer su emoción, comprender el origen y organizar una conducta más evolucionada y trabajada que no atente contra sí misma ni los demás, como conversar lo que sintió en el contexto de su terapia, escribir lo que siente como un canal de expresión y liberación, utilizar recursos como la música, la pintura o la meditación para serenar su ebullición emocional. La IE supone distinguir cuándo sí y cuándo no hacerle caso a una emoción.

Este trabajo de autoobservación nos permite conocernos en profundidad y a partir de allí, obtener:

- Una adecuada valoración de nosotros mismos: visión más clara y objetiva de nuestros talentos, recursos, fortalezas, capacidades, debilidades y tendencias.

- Mayor confianza en nosotros mismos: esa visión más clara que deriva de una adecuada valoración personal permite que la confianza que nos tenemos sea real, acorde a nuestras capacidades actuales o a los esfuerzos que estamos dispuestos a hacer en un determinado momento. No subestimarnos ni sobrestimarnos. Ni optimismo ciego ni negativismo extremo. Se trata de una apreciación realista para que nuestros

objetivos sean lo suficientemente desafiantes como para superarnos y alcanzables para no desmotivarnos.

Sin una adecuada valoración personal, nos costará mucho lograr una confianza real que se vea reflejada en nuestras acciones y decisiones cotidianas. Por ejemplo, si en un momento de entusiasmo nos proponemos correr la próxima maratón sin considerar de manera realista el entrenamiento y la disciplina que supone afrontar ese desafío, llegará el día en que esa promesa incumplida se transforme en una mera frustración por una inadecuada planificación o una irreal apreciación personal.

Se trata de conocer nuestros límites, no para conformarnos ni resignarnos, sino para saber desde dónde partimos y desde ahí planificar metas realizables y cada vez más desafiantes, entendiendo la superación personal como un proceso continuo y progresivo, aunque a veces no tan prolijo como pretendemos. Por lo tanto, debemos acompañar la decisión de evolucionar con una mirada compasiva que contemple nuestros tropiezos y torpezas en el arduo y dignificante arte de mejorarnos.

Si bien más adelante veremos recursos desde la psicología transpersonal para gestionar nuestro mundo emocional, hagamos ahora algunas consideraciones esenciales.

Gestión adecuada de las emociones

La vida acelerada que llevamos nos expone a un sinnúmero de estímulos. Este exceso rebasa nuestra capacidad de procesarlos y elaborarlos a tiempo. Entonces, sucede que cuando llega el mensaje de la emoción, a través de las sensaciones de nuestro cuerpo, no sabemos a cuál de todos los estímulos recibidos corresponde y qué fue la que la generó. No logramos asociar lo que sentimos

con el desencadenante. Vamos perdiéndonos y desconectándonos de nosotros mismos.

Si queremos ganar conciencia emocional es necesario pausar la celeridad y aprender a escucharnos. Identificar nuestras emociones es comenzar por ponerles nombre y a ligarlas a los acontecimientos, personas o pensamientos que las generan. No necesitamos disponer de mucho tiempo ni sumergirnos en estados meditativos profundos; basta con hacer breves pausas diarias donde la mirada sea dirigida hacia dentro. Tomando un té, caminando hacia algún lugar, esperando en un semáforo o dándonos una ducha es posible cultivar la conexión con nuestra interioridad. Algunas de las preguntas orientativas para acompañar esta práctica son: ¿Cómo me estoy sintiendo? ¿Qué nombre le pongo a esto que estoy sintiendo? ¿Con qué puede estar asociado? ¿Sentí esto en alguna otra situación similar? ¿Qué información me brinda lo que siento? ¿De qué me doy cuenta? ¿Cómo voy a relacionarme con esa emoción?

Cuanto más conscientes somos, cuanta más atención prestamos a lo que nos está diciendo el cuerpo, mejor podemos gestionar lo que sentimos momento a momento.

Pausa → Introspección → Identificación → Toma de Conciencia → Elección funcional del modo de expresión emocional

Esta secuencia nos permite elegir entre las múltiples respuestas que puedo dar ante un evento o situación. Muchas veces, tomamos conciencia de lo que sentimos a través de los efectos que se evidencian en nuestro comportamiento; por ejemplo, nos damos cuenta que estamos enojados porque le contestamos mal a nuestra pareja. El trabajo sobre sí nos va dando herramientas para darnos cuenta antes lo que sentimos y elegir la manifestación adecuada de esa emoción. Siguiendo el ejemplo anterior, tomo conciencia de mi enojo, reconozco que está asociado a una

situación laboral y, en lugar de descargarlo con mi pareja, puedo compartir mi sentir y buscar contención. Es decir, vamos de a poco pasando de los efectos inconscientes de nuestros comportamientos a la anticipación que supone la elección de una respuesta emocional adecuada.

El ejercicio de pausar es imprescindible para elaborar la mejor respuesta emocional. Es mucho más difícil recapitular una vez que nos hemos subido al trencito de las emociones. Cuando una emoción nos desborda, anulamos nuestra capacidad de reflexión y elección. Esto deja claro que parar a tiempo es fundamental en el resbaloso territorio emocional.

Estoy triste. ¿Qué hago con esta tristeza? Estoy enojada. ¿Qué hago con este enojo?
Tengo miedo. ¿Qué hago con este miedo? → Elección de respuesta emocional adecuada

Por lo tanto, ante una emoción tenemos disponibles dos opciones, una funcional y otra disfuncional:

1) Rumiar la emoción: comenzar a darle vueltas en la cabeza a una emoción es correr el riesgo de exagerarla, incrementarla y distorsionarla. Una cosa es sentir la emoción, otra muy distinta es especular acerca de ella. Esta es una gestión disfuncional.

2) Regular la emoción: una vez que sentimos e identificamos esa emoción, moderamos su intensidad y optamos por una expresión funcional.

Hacer de la autorregulación emocional un hábito de vida a través de prácticas como la meditación, las pausas diarias o el yoga nos ayuda a posicionarnos ante lo que nos sucede de un modo más consciente y calmo. El estado de relajación que se logra va moderando la actividad de nuestra amígdala, lo que nos permite evitar caer en estados de desborde emocional. La meditación ayuda a que nos recuperemos más rápidamente de las descargas

fisiológicas que emergen de las emociones intensas. Esto posibilita que los vaivenes emocionales nos afecten cada vez menos, logrando mayor estabilidad anímica.

Es preciso aprender a darnos cuenta de nuestros estados emocionales en tiempo real y no como consecuencia de nuestras reacciones más intensas. Tener un umbral demasiado alto de reconocimiento emocional hace que cuando las emociones pasan el umbral y tomamos conciencia de ellas, ya son un tsunami imposible de encauzar. Se trata de ser lo más conscientes posible de nuestras emociones la mayor cantidad de tiempo que podamos.

Motivación de uno mismo

Saber motivarnos a nosotros mismos es una habilidad emocional que supone aprender a encauzar nuestras energías en dirección a las metas que queremos conseguir. Lograremos una motivación adecuada si elegimos objetivos alineados con nuestros valores y verdaderos anhelos.

Obrar en dirección a lo queremos es hallar un motivo para la acción → *motiv/acción*

A menudo nos cuesta sostener la motivación porque perseguimos objetivos que solo pensamos, dejando a un lado lo que sentimos. Por ejemplo, un adolescente ante su elección vocacional elige estudiar abogacía porque piensa que la salida laboral está garantizada. En su elección descarta como opción veterinaria, profesión que siente como verdadera vocación pero que le genera incertidumbre respecto del porvenir económico. Ese adolescente necesitará de mucha voluntad para culminar sus estudios por no contar con la fuerza emocional que alimenta su motivación. Recordemos que el término emoción deriva del vocablo *emotion* 'energía que lleva a la acción'. Hacer lo que nos apasiona y entu-

siasma facilita la consecución de nuestras metas, pues se genera una sinergia motivacional que alimenta el valor de la voluntad.

Para lograr un nivel de motivación adecuado, además de alinearnos con lo que deseamos es necesario que los objetivos a alcanzar sean desafiantes pero alcanzables. La definición de nuestros objetivos estará en íntima relación con conocernos a nosotros mismos y reconocer los esfuerzos que estamos dispuestos a hacer para alcanzarlos.

Control del impulso

Esta es una habilidad difícil que debemos aprender a desarrollar si queremos demostrar IE. Desde nuestro inconsciente, los impulsos se disparan con intensidad. Las personas con insuficiente control de sus impulsos suelen tener comportamientos impredecibles y explosivos, conductas abusivas y extralimitadas, emociones de ira y de rabia, pérdida del autocontrol y muy baja tolerancia a la frustración. Esta habilidad requiere identificar a tiempo la tendencia impulsiva que acecha y retardar la reacción, que suele estar motivada por los siguientes factores:

- Perseguir la gratificación inmediata: la adrenalina de la velocidad, el placer de un cigarrillo, la satisfacción de comer en exceso, el dejar de estudiar para salir con amigos.

- Evitar el displacer: la abstinencia del cigarrillo, estudiar sin ganas, tolerar el aburrimiento, reconocer la ansiedad sin silenciarla con comida.

¿Para qué es útil demorar la reacción? Para que en ese intervalo de tiempo que media entre la toma de conciencia del impulso y la conducta propiamente dicha pueda intervenir nuestro lado más racional que nos permite seleccionar la reacción más apropiada y no hacer impulsivamente lo nos viene en ganas. Lo que nos hace bien no siempre coincide con lo que tenemos ganas

de hacer. Elegir lo primero en lugar de lo segundo es madurar nuestros impulsos. Postergar la satisfacción inmediata nos permite lo siguiente:

- Evitar consecuencias negativas que son fruto de nuestras reacciones impulsivas, como tener un accidente por exceso velocidad, dañar nuestros vínculos por malas actitudes, deteriorar nuestra salud o rendir mal un examen.

- Alcanzar objetivos satisfactorios a mediano o largo plazo, como dejar de fumar, terminar una carrera, construir vínculos satisfactorios o sentirnos saludables y a gusto con nuestro cuerpo.

Estos son los beneficios concretos que obtenemos por aprender a controlar nuestros impulsos:

- Incremento de la productividad: enfocaremos las energías hacia el logro de una meta definida en lugar de generar un desgaste desordenado de energía como consecuencia de saltar de una actividad a otra a partir de lo que tenemos ganas.

- Estabilidad en nuestro estado de ánimo: ceder a nuestros impulsos nos lleva a arrepentimientos, cuestionamientos y debates internos, con las consecuentes subidas y bajadas anímicas.

- Aumento de la autoconfianza: lograr autodominio nos permite predecir que seremos capaces de conseguir lo que nos proponemos, porque ello depende de nuestra voluntad y no de las ganas que tenemos en un determinado momento.

- Aumento de la autoestima: el logro de objetivos alimenta la satisfacción personal.

Pasar de lo que tenemos ganas a lo que queremos lograr supone madurez emocional.

Reconocimiento de las emociones de los demás

Podremos reconocer las emociones de los demás si nos hemos entrenado lo suficiente en la capacidad de tomar conciencia de nuestras propias emociones. Ahora bien, la habilidad fundamental a desarrollar para esta competencia emocional es la empatía, definida como la capacidad de comprender y experimentar de forma objetiva y racional lo que siente otro individuo. Una persona empática es aquella que puede ponerse en el lugar del otro. Esta capacidad es el punto de partida del deseo de ayudar a otros y la base del altruismo. Empatizar con el dolor ajeno nos mueve a colaborar, acompañar, contener y solidarizarnos con los demás. A nivel masivo, da lugar a las organizaciones de beneficencia que se construyen y sostienen en el potencial empático de muchas personas que entran en sintonía con las necesidades ajenas. A nivel individual, la empatía ayuda a profundizar nuestros vínculos, a conectarnos y sentirnos afectivamente cerca de los demás. Asimismo, aporta en la resolución de conflictos al permitirnos acceder a las motivaciones del otro y, por lo tanto, a comprender sus reacciones. La empatía incrementa la compasión y la tolerancia en los vínculos.

Sin embargo, todo recurso en exceso resulta ser una dificultad más que una capacidad. La empatía puede convertirse en un problema cuando la identificación con las emociones de los demás es global y excesiva, cuando el dolor de otro se convierte en mi dolor. Una cosa es comprender las emociones de los demás y otra muy distinta es dejar de reconocer la sana frontera entre lo propio y lo ajeno. Empatizar no es encarnar la angustia y sufrimiento emocional de los demás. Muchas personas con dificultad para dosificar su nivel de empatía sintomatizan las angustias de sus seres queridos.

Las personas excesivamente empáticas pueden tener dificultades para decir que no, para enojarse cuando es necesario y poner límites, porque terminan justificando cualquier actitud. Otro inconveniente de las personas demasiado empáticas es que suelen relegan y postergan su vida por estar muy pendientes de las necesidades de los demás. Aunque bien puede ser esa una buena excusa para no ocuparse de las necesidades propias. Cuando esto sucede, la conexión con otros a través de la empatía se convierte en un recurso de fuga de su propia vida.

En su justa medida, poder comprender las emociones de los demás y desarrollar un espíritu comprensivo y solidario con nuestros semejantes ayuda a nuestro despliegue individual y a la evolución de toda la humanidad. Ser capaces de ser empáticos sin quedar pegados al sentir de los demás es una cuerda difícil de afinar, aunque suena muy bien cuando lo logramos. De seguro has experimentado el bienestar que se siente al hacer algo por alguien, aconsejar y contener a quien acude en búsqueda de consuelo, aportar a una causa benéfica, hacer una donación o regalar tu tiempo y energías a una obra que te trasciende. Detrás de todas estas acciones, hallamos la empatía.

Capacidad de relacionarnos con los demás

Esta última competencia emocional es una consecuencia directa de haber desarrollado las anteriores. Gestionar de manera adecuada nuestras emociones y comprender las de los demás propicia un clima interpersonal favorable. Crecemos junto a otros, somos seres sociales, no islas. El intercambio nos enriquece y los vínculos con otros nos orientan respecto de aquellas cuestiones que tenemos que tener en cuenta en todo trabajo de crecimiento personal. Así, por ejemplo, nos daremos cuenta de que tenemos que trabajar la tolerancia porque el trato con otros así lo requiere. Nos daremos cuenta de que tenemos que trabajar

nuestra ansiedad porque esa emoción se activa en el intercambio con los demás. Desde esta perspectiva, nuestros vínculos tienen una razón de ser, un sentido, sobre todo aquellas personas que logran "sacarnos de las casillas". La pregunta en estos casos será: ¿Qué tengo que aprender de esta relación? ¿Qué moviliza en mi interior esta persona?

Aunque solo nosotros podamos dar nuestros pasos, el camino se peregrina junto a otros. Es en la relación con el otro donde podemos explorar nuestras cualidades esenciales y limitaciones más profundas y descubrir quiénes somos realmente.

Esto de ningún modo supone quedarnos en relaciones que nos dañan como condición de autosuperación personal. ¡Atención! Eso sería automaltrato más que crecimiento espiritual Por lo tanto, luego de identificar de lo que se mueve en nuestro interior ante determinadas situaciones o con determinadas personas, el paso posterior será dar por terminada la relación o encontrar la justa distancia respecto de esas personas.

La proxemia es una disciplina que estudia la distancia óptima que necesitamos guardar respecto de las personas. Habrá personas que deseamos tener más cerca porque nos hacen bien y otras con quienes debemos aprender a mantener una distancia saludable porque *sabemos* que si compartimos demasiado tiempo, contamos de más con ellas o nos acercamos demasiado, nos terminamos quemando, enojando, angustiando o discutiendo. Con una madre tóxica, un padre nocivo, un hijo conflictivo, por poner algunos ejemplos, no podemos dar por terminado el vínculo, pero sí podemos establecer una distancia que nos cuide de no terminar desbordados emocionalmente. En otras relaciones, por ejemplo una pareja violenta o una amistad que dejó de serlo, lo más saludable es dar por terminado el vínculo pero seguir trabajando en lo que este nos despertó y lo que puso en evidencia de nuestro mundo emocional.

Para cerrar este capítulo, te invito a discernir tres formas de relacionarnos con nuestras emociones. Sus expresiones lingüísticas son parecidas pero muy distintas en sus manifestaciones e intenciones:

¿Te sirven las emociones? ¿Te sirves de las emociones? ¿Le sirves a las emociones?

¿Te sirven las emociones?: Se considera a las emociones como herramientas para sobrevivir, adaptarnos a nuestro entorno y hacer las modificaciones o ajustes necesarios para relacionarnos con los demás y con nosotros mismos. Aquí la emoción es un recurso valioso. Emoción → Herramienta

¿Te sirves de las emociones?: Esta expresión refiere a utilizar las emociones para chantajear, manipular, obtener ventajas, victimizarnos o hacer sentir culpables a otros, y también para forzar a que otros hagan algo por nosotros o respondan a nuestras expectativas. La emoción deja de ser un recurso para ser una estrategia. Emoción → Manipulación

¿Le sirves a las emociones?: En este caso, las emociones son las que dominan y dan órdenes. Obedecemos a ellas sin que medie el control ni la reflexión. Las exageraciones, los sobresaltos, los impulsos, el drama y la inestabilidad forman parte de este escenario. Nos convertimos en víctimas de nuestras emociones, dejándonos arrastrar por ellas sin mediar la consciencia. La emoción nos gobierna. Emoción → Impulso

Investigar en lo cotidiano
Actividad N° 4

Ahora que conoces las seis habilidades emocionales que incluye la IE, te invito a monitorearlas. La propuesta es que te autoevalúes y te pongas un puntaje (del uno al diez) en cada una de ellas. A continuación, has comentarios que reflejen cómo ves esas habilidades en acción en tu vida cotidiana. Recuerda que el propósito de estos test no es obtener un resultado, sino aprender a autoobservarnos para poder gestionarnos mejor.
A modo de ejemplo:

Competencia emocional	**Puntuación** (del 1 al 10)	**Comentarios asociados**
Motivación de uno mismo	8	Seleccioné una serie de frases. Las suelo leer cada vez que siento desgano para estudiar. Me recuerdan el propósito de mi esfuerzo.
Control del impulso	3	Me cuesta mucho moderar lo que digo cada vez que discuto con mi pareja.

Al momento de proponernos un crecimiento personal es imprescindible saber desde dónde partimos, con qué recursos contamos y en qué debemos mejorar. Esta toma de conciencia tiene que ver con la primera de las habilidades: el conocimiento de uno mismo. A mi criterio, este es el cimiento de toda edificación posterior.

Competencia emocional	**Puntuación (del 0 al 10)**	**Comentarios asociados**
Conocimiento de uno mismo		
Gestión adecuada de las emociones		
Motivación de uno mismo		
Control del impulso		
Reconocimiento de las emociones de los demás		
Capacidad de relacionarnos con los demás		

Capítulo 7

DIFERENCIAR LAS EMOCIONES

Aceptar nuestras emociones sin ofrecer resistencia es la manera más saludable de relacionarnos con ellas. De esta forma logramos *ex-presar* (de expresión, sacar presión o sacar de prisión) aquello que sentimos en una conducta íntegra, congruente y, sobre todo, consciente. Si, por el contrario, reprimimos, negamos o rechazamos nuestras emociones, estas nos sorprenden en actos inconscientes, arrastrándonos hacia comportamientos con consecuencias perjudiciales para nosotros y nuestra relación con otros.

Seguramente, más de una vez te has sentido como un volcán en erupción. Una erupción volcánica es una emisión violenta hacia la superficie de materias procedentes del interior del volcán. Es posible que tú también hayas experimentado energías contenidas que convulsionan tu interior, una mezcla de ira, frustración e irritación que se agita, ávida por emerger. Esa acumulación emocional es consecuencia de nuestra ignorancia respecto de lo que sentimos o bien, el resultado de reprimir aquellas emociones que socialmente juzgamos como inapropiadas. No drenar conscientemente nuestro sentir genera una especie de masa crítica que, al llegar a su punto límite, desborda con consecuencias lamentables y daños colaterales.

Veamos una situación que ejemplifique lo que acabo de decir:

Ariel sale de su casa temprano en la mañana, ansioso porque le espera una reunión laboral que puede representar una gran oportunidad en su carrera profesional. En el trayecto se demora por un una manifestación en la calle que no le permite avanzar. Su ansiedad se eleva porque llegará tarde, y Ariel reflexiona que no sería una buena impresión para quienes lo esperan en el horario acordado. Su ansiedad sigue creciendo. Decide priorizar el encuentro y, con preocupación, deja el auto en la calle y toma un subterráneo. Llega a la oficina luego de la travesía con un retraso mínimo, pero agotado de tanto estrés. Para su sorpresa, es el primero en llegar. Las personas convocadas llegan casi una hora después sin dar demasiadas explicaciones, solo unas ligeras disculpas. La situación exige una diplomacia de titán; con su mejor cara y un modo gentil, los recibe y les sirve café. La ira que siente por todo lo que hizo para llegar a tiempo es enterrada en las profundidades y disfrazada de amabilidad forzada.

Eventualmente, el acuerdo no logra concretarse y sus ilusiones se ven frustradas. Con cordura, tiende la mano a las personas, las despide y agradece el encuentro. La dinámica de su día y los compromisos pendientes lo obligan a seguir sin pausa... Se enoja con la empresa de telefonía porque no responden a sus reclamos. Sale de la oficina, busca su auto y se encuentra con una multa por mal estacionamiento que le recuerda la frustración de la mañana y el sinsentido de su esfuerzo. Además, al ver la fecha, toma conciencia de que se aproxima la fecha de su examen.

Ese día Ariel llega a casa; su familia lo espera. ¿Qué les parece que sucedió cuando aflojó su corbata? Ante el más mínimo estímulo, ¡¡estalló como volcán en erupción!! Los efectos colaterales los sufrieron las personas menos indicadas; confrontó con su mujer y sus hijos, sumando aún más estrés y generando malestar en su entorno. El contexto del hogar lo relajó para dejar salir lo que venía acumulando, pero lo vertió de una manera inmadura e inconsciente.

Si bien no podemos evitar los malos días y los imprevistos, es una decisión personal elegir cómo responder ante esos eventos que no dependen de nuestra voluntad. Esto se correlaciona de manera directa con el grado de autoconciencia con el que nos dispongamos a afrontar las circunstancias. En el ejemplo de Ariel, se ve claramente el "no lugar" para reconocer lo que siente. Su ritmo acelerado no le permitió digerir las contrariedades del día. Cuando omitimos ese registro, caemos en gulas emocionales y luego expulsamos lo que sentimos en reacciones que hasta nos sorprenden a nosotros mismos. Cuando la marea baja, el arrepentimiento, la vergüenza y la confusión aparecen como rastros que dejan evidencia de nuestra manera inconsciente de comportarnos.

Lo que niegas te somete. Lo que aceptas te transforma.
Carl Gustav Jung

Lo que negamos, ignoramos o rechazamos termina sometiéndonos. Desde lo hondo de nuestro inconsciente, toma el mando e irrumpe en forma desordenada tal como si fuese un resorte logra soltarse luego de mucha presión. En cambio, la gestión consciente y en tiempo real de lo que sentimos nos permite optar por modos de expresión más funcionales. Cuando estamos sometidos, no elegimos, solo obedecemos a los impulsos irrefrenables que pugnan por descargar su energía.

¿En qué consiste el trabajo sobre sí?

El trabajo sobre sí consiste en ampliar nuestra conciencia tanto como nos sea posible a través de la autoobservación en la vida cotidiana. Se trata de darnos cada vez más cuenta de nuestros procesos internos y de nuestro modo de estar en el mundo. Cuanto más trabajemos sobre nosotros mismos, más nos conoceremos. Cuanto más nos conocemos, mejor podemos autogestionarnos.

Las emociones son materia prima fundamental para esta toma de conciencia.

El trabajo con nosotros mismos del que habla la psicología transpersonal, que toma de las tradiciones de sabiduría oriental, es un modo de posicionarse en la vida; no se reduce a ir a terapia cuando algo va mal. Precisamente se trata de desarrollar recursos para contar con los frutos de este trabajo cuando nos hagan falta en momentos de crisis. Este trabajo nos vuelve personas más lúcidas y con más herramientas para transitar la vida. En este sentido es una psicología no solo preventiva sino que también aporta calidad de vida. Muchas de las personas que acuden a mi terapia lo hacen con el propósito de conocerse y llegar a ser su mejor versión.

Me animo a decir que las personas que asumen el compromiso de trabajarse a sí mismas son los ejemplares más saludables porque se responsabilizan en lugar de quejarse y buscar culpables. Son aquellas que se preguntan acerca del sentido de su vida, personas que no han caído en la hipnosis colectiva. Otras tantas personas hacen síntoma o sienten malestar porque no logran adecuarse a una sociedad que funciona con parámetros de salud muy cuestionables. Jiddu Krishnamurti, uno de los más grandes pensadores y líder espiritual hindú, lo afirmaba ya a mediados del mil novecientos: "No es indicio de buena salud el estar bien adaptado a una sociedad profundamente enferma".

De este modo, cuando cada ser humano trabaja sobre sí mismo para ser una persona más lúcida y consiente, no solo despliega su conciencia sino que también ayuda a evolucionar a la conciencia colectiva de toda la humanidad.

Trabajo sobre sí→ Autoobservación→ Autoconocimiento→ Autogestión consciente

El trabajo sobre si es un proceso de toma de conciencia de nuestra presencia. En la medida en que esto sucede, comenzamos

a habitar nuestro cuerpo y a situarnos en el instante en el que estamos. La psicología del budismo tibetano utiliza la expresión "estar en el tiempo" para referirse al estado de sostener la atención en el momento presente. En general, el ser humano común está inmerso en su cotidianeidad y preso de sus automatismos. A este estado, las tradiciones de sabiduría oriental le llaman "estar dormido". La vida acontece y no nos damos cuenta.

En las sesiones con pacientes, muchas veces escucho relatos como este: "Discutimos muy intensamente, nos dijimos cosas horribles, todo se desbordó, agarré mis cosas, hice el bolso y me fui de casa...". Ante mi pregunta de por qué discutieron o qué originó la pelea, escucho respuestas como "Ya ni me acuerdo cómo empezó"; "No sé, pero me dio tanta bronca que agarré mis cosas y me fui"; "Una cosa llevó a la otra...". Si esto no es completa ignorancia de nuestro mundo emocional, ¿qué lo es? Estamos dormidos incluso ante cosas que pueden tener alto impacto sobre nuestras vidas. Un impulso o una reacción sin conciencia nos puede costar una pareja, un proyecto de familia, una vocación, un trabajo, la libertad o hasta la vida. Las emociones y los pensamientos pueden crecer como malezas y lo que debería ser un jardín se convierte en un matorral donde habita lo más salvaje de sí.

El trabajo sobre uno mismo apunta a *despertar*, a ser conscientes de lo que nos pasa momento a momento y reconocer lo que se va gestando para poder gestionarlo. Lo que en oriente se conoce como *iluminación* sería un despertar total en tiempo presente (*Buda* significa 'el despierto'). Si vamos dormidos, reaccionamos en estado de ensoñación. Entonces nos decimos cosas como: "Si me hubiese dado cuenta, hubiese...". "De haberlo pensado antes,...". ¿Consecuencia? Tras un suceso significativo, nos despertamos y nos damos cuenta de lo que hicimos y solo tenemos un deseo: volver el tiempo atrás.

¿Cómo logramos incrementar la conciencia de sí? La respuesta no tiene vueltas: entrenamiento, entrenamiento y más entrenamiento. ¿Qué debemos entrenar? El hábito de autoobservarnos.

Aún aquellas personas que entrenan y se esmeran en cultivar claridad interna caen en brechas de inconsciencia en donde no se dan cuenta y actúan en piloto automático. La expectativa no es convertirse en Buda; se trata de ir ampliando gradualmente los lapsos de conciencia y acortando las brechas de inconsciencia. Es decir, queremos lograr que entre un momento de conciencia y el siguiente no transcurra demasiado tiempo en el que no nos demos cuenta de lo que sentimos, decimos, de nuestros comportamientos y de nuestras omisiones. Una persona que no trabaja sobre sí puede pasar toda su vida dormida cumpliendo con lo que esperan de ella, reaccionando desde sus partes más primitivas, determinada desde el afuera, y sujeta a condicionamientos enajenados de su verdadera esencia.

Veamos el siguiente gráfico:

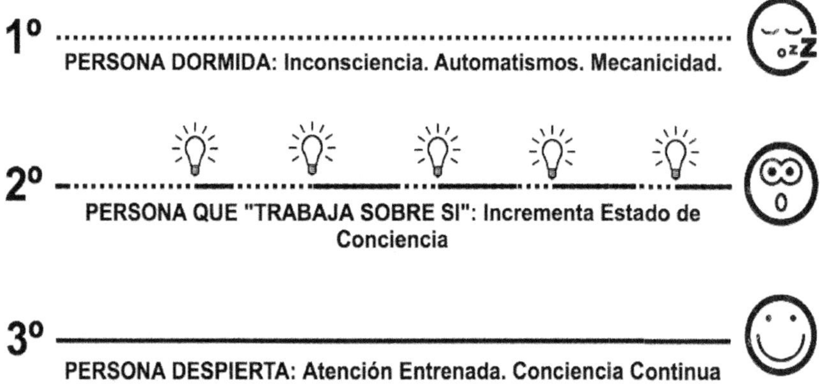

El primer gráfico (1°) representa a la persona que vive su vida "sin darse cuenta". La vida transcurre sin que ella esté ahí. Reacciona desde sus hábitos emocionales, proyecta sobre los demás, echa culpas afuera. No alcanza a registrar sus emociones, sensaciones, pensamientos y creencias. No se hace demasiadas preguntas.

En el segundo gráfico (2°) encontramos a aquellas personas (tal vez tú hayas decidido sumarte a este grupo) que empiezan a

ser más conscientes de sí mismas, a cuestionarse, a preguntarse, a no darse por sentado, a ensayar nuevas conductas, a investigar sus emociones, a ser más responsables al tomar decisiones, a hacer movimientos en su vida. Son personas que cuando están con otros, están ahí. Cuando caminan, sienten sus pasos. Cuando hablan, eligen sus palabras. Cuando comen, saborean. Cuando se bañan, registran el agua sobre su cuerpo. Son personas que se prestan atención. No desde un lugar narcisista, sino desde el convencimiento de que habitarse es la mejor manera de dirigir la propia vida.

Las líneas punteadas y los rectángulos vacíos implican brechas de inconsciencia, ausencia de sí. Son lapsos en los que podría decirse que "no hay nadie"; la atención cae. ¿Por qué sucede eso? Puede que nuestro foco de atención se identifique con algo externo, con un pensamiento o con una idea. ¿Te ha pasado alguna vez que llegaste a un lugar conduciendo tu automóvil o caminando y no entiendes cómo llegaste hasta allí, por estar pensando obsesivamente en algo, rumiando una discusión o abstraído en la tecnología en el camino? Nos dejamos tragar por estímulos externos o internos y nos ausentamos cada vez que divagamos en escenarios futuros o nos apegamos a los recuerdos del pasado.

Trabajar sobre sí mismo implica procurar que las brechas de inconsciencia sean lo menos extensas posible. ¿Cómo? Dándonos cuenta de que no nos estamos "dando cuenta" y, solo entonces, volvemos a restablecer la atención. Sin torturarnos, sin enojarnos, sin exigirnos. Una y otra vez hasta que el músculo de la atención se fortalezca lo suficiente como para ganar más vigorosidad en la gimnasia de aprender gestionar la propia vida. Una atención entrenada, como la que representada en el tercer gráfico (3°), tiene como principal objetivo sostener un flujo de conciencia continuo.

La escuela de budismo Zen difunde esta práctica como una de sus principales disciplinas meditativas. Esta tradición nos habla

de *la atención en medio de la acción.* Lo interesante es implementar este recurso como un estilo de vida y un modo de estar en el mundo. El trabajo sobre sí requiere convertir la cotidianeidad en un laboratorio personal, donde somos, al mismo tiempo, investigadores e investigados.

La apuesta es hacer foco en la propia vida para lograr cada vez más autodominio. En el taoísmo se utiliza la expresión "domesticación de sí" para referirse a esto, lo que significa "ser dueño de sí" o aprender a domesticar nuestras partes más primitivas para que no nos sometan. Esta metáfora me parece fantástica, pues el trabajo con la emoción se parece bastante a amansar nuestra parte más animal.

Investigar en lo cotidiano
Actividad N° 5

La propuesta es que comiences a incrementar el flujo de conciencia. Con este propósito, observa y toma nota de tus emociones durante esta semana, sin excluir ninguna, sin reflexionar ni interpretar, solo registra tus movimientos internos. A modo de orientación, te sugiero algunas maneras de registrarlas:

"Me doy cuenta de..." "Siento..." "Me pasa que..." "Identifico que..."

Luego de ese primer registro neutral de tus emociones, le sigue una identificación más minuciosa. Se trata de evaluar la intensidad, el origen o motivo de esas emociones y las asociaciones que vayas haciendo respecto de cada una de ellas.

El siguiente cuadro te servirá a modo de orientación para investigar en profundidad tu mundo emocional:

Emoción	**Frecuencia e intensidad** *(escala del 1 al 100 %)*	**Ante qué situaciones y/o personas**	**Comentarios que ayuden a esclarecer. ¿De qué me doy cuenta?**
Culpa	*Casi siempre 80 %*	*Cuando le digo que no a mi madre.*	*Me doy cuenta de que me siento así cuando mi madre me manifiesta que le encantaría que vaya. Me cuesta no agradarle. También tengo miedo de que se enoje conmigo. Esto me ha pasado desde chico. Es algo que se repite en mí, por ejemplo, con algunas amistades.*

Emociones estructurales y emociones transitorias

No todas las emociones tienen la misma presencia en nuestra vida. Algunas emociones están más enraizadas y son más difíciles de gestionar; son aquellas que ya forman parte de nuestro temperamento de base. A estas se las llama *emociones temperamentales o estructurales*, dado que forman parte de nuestros cimientos. Las *emociones momentáneas o transitorias*, en cambio, se corresponden con una determinada época de nuestra vida. Están ligadas a un momento en particular, a una circunstancia que estamos atravesando.

Las emociones temperamentales son las más difíciles de gestionar porque nos acompañan desde siempre, lo cual significa que sus huellas neuronales son profundas. Hemos formado lo que en otro capítulo describía como "autopistas de fácil acceso". Si estas emociones nos ocasionan problemas, es necesario abordarlas en un trabajo terapéutico. Necesitamos, con la ayuda de otra persona, ir desaprendiendo lo aprendido y aprender respuestas emocionales más funcionales, acordes a nuestro contexto actual. Como verán aprender es un verbo "reversible"; podemos desaprender lo aprendido y aprender nuevos recursos. No hay excusas para seguir pasándonos el tango "Yo soy así…". Un terapeuta puede mostrarnos cómo hemos naturalizado ciertos hábitos cognitivos y emocionales que no podemos ver porque están tan encarnados que han pasado a formar parte de nuestra identidad. Más adelante veremos cómo desidentificarnos de aquello con lo cual nos hemos identificado, otro verbo reversible que tenemos que incorporar para aprender a hablar el lenguaje de la gestión emocional.

Veamos, a modo de ejemplo, un registro de Zoe diferenciando cada una de ellas:

Emociones temperamentales (desde siempre)	Emociones momentáneas (en este momento de mi vida)
Enojo (suelo enojarme con facilidad cuando las cosas no salen tal como las pensé)	Entusiasmo (porque estoy cerca de recibirme)
Melancolía (cuando no estoy activa, vuelvo al pasado, añoro lo que ya no está, la época de mi infancia)	Ansiedad (por los cambios que vendrán)
Miedo (me genera temor perder a un ser querido, la idea de abandono)	Empatía (porque me siento muy cercana a una amiga que no la está pasando bien)
Ansiedad (suelo anticiparme a lo que vendrá)	Confusión (porque no sé si mudarme o no de ciudad)
Vacío (muchas veces me aborda una sensación de soledad y sinsentido)	Irritación y celos (cada vez que las compañeras de trabajo de mi novio se acercan a él)
Celos (cada vez que estoy en pareja, los celos me invaden; es una emoción que siempre estuvo presente, la sentía de niña cuando mis amigos no me preferían para jugar)	Aburrimiento (cuando no tengo planes que me resulten interesantes)
	Vergüenza (cada vez que me arrepiento por haber actuado impulsivamente)

Investigar en lo cotidiano
Actividad N° 6

¿Te animas a hacer tu propio registro de emociones estructurales y emociones transitorias? Debajo del cuadro encontrarás un listado de emociones para que puedas utilizar a modo de ejemplo.

Emociones temperamentales	Emociones momentáneas

Aburrimiento. Congoja. Culpa. Curiosidad. Decepción. Depresión. Desamor. Desamparo. Desánimo. Desasosiego. Desconcierto. Desconfianza. Desconsuelo. Deseo. Desesperación. Desgano. Desidia. Desolación. Desprecio. Dolor. Humillación. Impaciencia. Impotencia. Indiferencia. Indignación. Inquietud. Insatisfacción. Inseguridad. Interés. Intriga. Ira. Alegría. Alivio. Amor. Angustia. Añoranza. Ansiedad. Apatía. Apego. Armonía. Asco. Asombro. Calma. Cariño. Celos. Cólera. Compasión.

Confianza. Confusión. Duelo. Empatía. Enfado. Enojo. Entusiasmo. Envidia. Espanto. Esperanza. Euforia. Excitación. Fastidio. Frustración. Hastío. Irritación. Mezquindad. Miedo. Nostalgia. Obnubilación. Hostilidad. Omnipotencia. Optimismo. Paciencia. Pasión. Pena. Pereza. Pesimismo. Placer. Plenitud. Rabia. Rebeldía. Rechazo. Rencor. Repudio. Obstinación. Odio. Resentimiento. Resignación. Satisfacción. Seguridad. Serenidad. Solidaridad. Sorpresa. Temor. Templanza. Ternura. Terror. Timidez. Tranquilidad. Tristeza. Vacío. Valentía. Vergüenza.

El enojo: aprender a gestionar una emoción difícil

Hemos aprendido varios conceptos, ideas y recursos para trabajar con nuestro mundo emocional. Para integrar la información y ponerla en práctica, abordaremos puntualmente el enojo para conocer las maneras más saludables de relacionarnos con esta cualidad afectiva que muchas veces nos desborda.

El enojo es una emoción innata, es decir, nadie nos enseña a enojarnos. Contamos con esa… ¿habilidad? Sí, así es. El enojo es un recurso. Nada en nuestra naturaleza es en vano. Si contamos con la posibilidad de enojarnos es porque ha servido a los fines de nuestra supervivencia. Lo que conocemos actualmente como enojo en épocas arcaicas fue una aguerrida ira que salvó nuestra vida ante la necesidad de luchar frente a depredadores hambrientos o invasores del territorio.

El progreso social y cultural ha requerido de la cooperación y la convivencia en grupo; el humano, a diferencia de los animales, necesita el afecto y el cuidado de un otro significativo que lo asista para sobrevivir. Nuestro cerebro consiguió responder a estas necesidades con fines adaptativos. Sin embargo, filogenéticamente, llevamos millones y millones de años actuando desde impulsos instintivos, tendencias primitivas y emociones básicas. La humanidad es muy joven y somos principiantes e inexpertos en cómo lograr un equilibrio adecuado entre nuestras tendencias

animales y viscerales, y nuestros rasgos más evolucionados y civilizados. El desafío es poder ser un buen amo de la fiera que llevamos dentro, sin amordazarla o doblegarla, ni tampoco soltarla o darle libre expresión sin protección, con el riesgo de que cause daños en su intento de defenderse y subsistir.

El enojo tiene sus raíces en aquel impulso agresivo primitivo que nos ha permitido sobrevivir cuando las opciones de vida se reducían a luchar o huir. Ahora bien, la biología es inteligente y si ya no nos fuera útil, esta emoción se hubiese extinguido tal como las garras se transformaron en manos con dedos finos para dar lugar a otras funciones.

La posibilidad de enojarnos sigue siendo un recurso que sirve para la evolución. Quien no cuenta con su capacidad de enojarse está en graves problemas, del mismo modo que quien, en el extremo opuesto, no puede dejar de hacerlo. Enojarse no es bueno ni malo; puede ser funcional o disfuncional dependiendo del contexto y de su modo de expresión. Así, el enojo es una habilidad que debemos entrenar y un recurso del cual disponer en caso de ser necesario. Una persona que no sabe enojarse no sabrá poner límites ante situaciones abusivas o violentas y no podrá decir que no cuando necesite defenderse ante una amenaza.

Un cuento de la India ilustra con una metáfora lo que intento transmitir:

> *Una serpiente le pidió a Vishnú que por favor le quitara su veneno. Apenada, le decía que todos los animales huían de ella porque le temían, que no lograba tener amigos por este motivo. La muy sabia diosa Vishnu le dijo: "¡Creo que no sabes lo que me estás pidiendo! Pero si tanto lo quieres, te lo concederé." Al cabo de unos pocos días, la serpiente regresó toda destrozada... su cola partida, sus ojos morados, su cuerpo pisoteado. Implorando, se dirigió a Vishnú: "Por favor devuélveme mi capacidad de defenderme". Se dice que Vishnú le contestó: "¡Que no envenenes no quiere decir que, de vez en cuando, no silbes!".*

¿Cómo administrar el enojo?

La metáfora anterior deja bien claro que no se trata de enojarse o no enojarse, sino de cómo administrar esa energía de acuerdo a las circunstancias. Lo que marcará la diferencia será el grado de conciencia de sí que tengamos en esos momentos para elegir cómo vincularnos con esa emoción y gestionarla de manera funcional.

Cuando el enojo sucede sin que nos demos cuenta y sin que podamos encauzarlo con conciencia, se convierte en un tsunami que llega a arrasar con todo lo que está por delante. Cuando nos desborda la emoción, es mucho más difícil tomar el timón.

"Enojarse es fácil, pero enojarse en la magnitud adecuada, con la persona adecuada, en el momento adecuado, eso es cosa de sabios".

Aristóteles.

Aprender a administrar esta emoción supone conocernos lo suficiente como para saber identificar a tiempo qué nos enoja, cuál es nuestro umbral de tolerancia, en qué momentos estamos más intolerantes e irascibles y qué nos calma cuando estamos sobrepasados. Imagina que tienes un termostato interno que va marcando tu temperatura iracunda. Si funciona, sentirás que la temperatura interna asciende antes de que llegues a quemarte o "fundir motor".

Si se tratara de tu automóvil, advertirás que la temperatura supera la máxima si eres un conductor experimentado. En este caso, de seguro detendrás el auto, abrirás el capó y supervisarás si le falta agua. También evaluarás si estás yendo demasiado rápido. Si eres inexperto para darle solución, dejarás de usarlo y lo llevarás al mecánico de tu confianza para evitar daños mayores. Lo paradójico es que muchas personas son más cuidadosas con su automóvil que consigo mismas. Si somos prudentes y respon-

sables conduciendo en la carretera de la vida, no llegaremos al extremo de calcinarnos por dentro ni de quemar a otros desde la iracunda inconsciencia. Podemos evitar lesiones graves si estamos atentos y miramos nuestro tablero emocional.

Tenemos una doble responsabilidad al gestionar esta emoción: cuidarnos a nosotros mismos de nuestro enojo y cuidar a los demás de él. Teniendo presente esta dualidad, veamos cuáles son los aspectos a tener en cuenta que suponen un cuidado personal y un cuidado hacia los demás.

En relación con nosotros mismos:

- Debemos ser conscientes de que la represión del enojo altera la salud de nuestro cuerpo. La reabsorción de las sustancias que son liberadas al torrente sanguíneo cuando se produce la ira (adrenalina, noradrenalina y cortisol) afecta nuestros órganos y sus funciones. Sin embargo, conviene hacer una aclaración aquí. No reprimir el enojo no significa darle rienda suelta o decir lo primero que se nos viene a la cabeza. Hay personas que justifican cualquier agresión bajo el título de ser "directas" o "sinceras", cuando en realidad carecen de autorregulación. No reprimir el enojo en modo alguno significa ser impulsivo; lo que caracteriza a la represión es su cualidad de inconsciente. Entonces puede ser funcional darnos cuenta de que estamos enojados y, habiendo tomado conciencia, optar por retener el enojo hasta el momento más indicado para expresarlo, o bien no manifestarlo si su expresión no mejorará la situación ni cambiará a la persona a quien va dirigido. En este caso no habría represión inconsciente sino "retención consciente". Actuamos con madurez emocional cuando contenemos la expresión de una emoción hasta escoger la manera más lúcida de darle salida.

• Debemos saber reconocer que, si soy de las personas que nunca se enojan, puede que mi termostato emocional no esté funcionando del todo bien. Detrás de esta paz excesiva, tal vez haya una enorme necesidad de sentirse querido o un temor al conflicto que anestesia la propia emotividad. Cuando el umbral de enojo es demasiado alto, la persona está expuesta a malos tratos y demandas excesivas por su incapacidad de decir basta.

• Si eres de las personas que se enojan demasiado, algo aquí también está fallando. Puede que estés proyectando en tu entorno tus propias frustraciones e insatisfacciones. En este caso, los demás se convierten en ocasión para liberar una agresividad que anida en el interior y busca la excusa para ex/presarse.

• Existe otra forma disfuncional de liberar el enojo en la que somos víctimas de nosotros mismos: las autoagresiones y los accidentes. Muchas personas enemistadas consigo mismas se dañan a través de autolesiones, automaltratos, privación de lo bueno para sí, accidentes o vínculos nocivos. Lo mismo vale para las personas que, enemistadas con otras, se dañan para no dañar. Son las personas que no explotan, sino que hacen enormes implosiones, como por ejemplo, a través de un síntoma o una enfermedad. No debemos olvidar que el enojo, como toda emoción, es energía en movimiento (*e-motion*) que buscará su modo de expresión.

En relación con los demás…

• Cuidar a otros de nuestro propio enojo es asumir la responsabilidad de autoobservarnos y conocernos lo suficiente como para saber prevenir a tiempo estallidos agresivos. Puede que hayamos tenido un día difícil y estemos excesivamen-

te irascibles. Advertir al otro de nuestro estado emocional es cuidarlo de nuestra intolerancia. Será inteligente optar por alguna de las siguientes posibilidades: poner una distancia óptima (proxemia) si es que así lo necesito o conversar con la otra persona para que sea un recurso de contención en lugar de una bolsa de boxeo donde descargar la agresión. Otra posibilidad es evitar temas o conversaciones sensibles cuando uno se reconoce particularmente susceptible.

- Cuando el enojo tiene relación directa con un comportamiento de otra persona, solemos caer en la suposición de que el otro debería darse cuenta mágicamente de que a nosotros nos molesta tal o cual cosa. Lo inteligente, en este caso, es conversar sobre lo que sentimos, evitando caer en actitudes infantiles como malos gestos, destratos u omisiones que ponen en evidencia un malestar que nos cuesta expresar de modo funcional.

- Cuando el enojo que sentimos en el presente tiene relación con temas no elaborados del pasado, lo sano es asumir la responsabilidad de haber dejado pasar el momento apropiado y retomar el tema, si es necesario, desde esta toma de conciencia.

- Cuando un acto de inmadurez emocional lastimó a otra persona, es señal de IE saber pedir disculpas. Admitir la equivocación implica darse cuenta y, con ello, evitar naturalizar la agresión como un modo más de expresión. En ocasiones el enojo puede ser válido y justificado, pero la forma de comunicarlo puede no serlo. En este caso, el *cómo* desvirtúa el *qué*; es decir, los modos disfuncionales de manifestarnos, las maneras agresivas, le restan autoridad al contenido del mensaje. Sin embargo, aun sabiendo lo que es correcto y lo que no lo es, resulta difícil llevarlo a la práctica en momentos

en que estamos dominados por nuestra emocionalidad. Es por eso que insisto en la necesidad de entrenarnos en IE, para que cuando precisemos contar con esta capacidad no intentemos improvisar lo que en verdad requiere mucha práctica y trabajo personal. Con este propósito, toma nota y empieza a ejercitar hábitos emocionales que pueden resultarte de enorme utilidad en el manejo de tu irritabilidad:

- *Admitir y reconocer el enojo.* Cuando lo que nos decimos internamente no coincide con lo que en verdad sentimos, entramos en una incoherencia emocional. Puede que, por querer evitar un conflicto, subestimemos una emoción, pero el costo de resignar a ella será una posterior expresión disfuncional, descontextualizada y exagerada porque formará parte de una masa crítica por acumulación de tensión.

- *Acompañar la emoción.* Con esta expresión me refiero a habilitar la autoobservación para conducir el enojo con plena conciencia de lo que se mueve en nuestro interior. Sería como acompañar el rebaño, pero en lugar de ser pastores de ovejas, tenemos que ser diestros domadores de leones.

- *No utilizar la violencia verbal.* El lenguaje como vehículo de expresión es una adquisición humana reciente. Contar con las palabras, elegidas con cuidado, nos permite comunicarnos con los demás. Sin embargo, es preciso tomar conciencia de que las palabras tienen una fuerza descomunal que puede dañar aún más que cualquier otra agresión. La violencia verbal puede dejar profundas heridas psíquicas. Debemos ser prudentes al momento de hablar para no dañar. Podemos ser determinantes al sostener el enojo ante el otro sin la necesidad de recurrir al insulto o la crítica destructiva.

- *Poner en palabras.* Hablar acerca de lo que sentimos alivia el peso de lo que está contenido dentro. Tal vez hayas experimentado que te sientes mejor luego de conversar con alguien acerca de tu irritación. El acto de poner fuera despeja el adentro. La sensación de liberación que produce expresarnos es independiente de la resolución del problema. La palabra tiene un valor terapéutico muy elevado. A veces, es adecuado hablar con la persona involucrada. Sin embargo, si el enojo es demasiado intenso, un paso previo para aliviar la tensión y drenar el estrés emocional puede ser conversar con una persona de confianza o en el contexto de una terapia. Esta instancia intermedia permite una conversación posterior con la persona implicada sin la alteración inicial propia de la cruda emoción visceral; es decir, podremos expresar el enojo sin el adicional de la ira.

- *No criticar al otro, hablar del propio sentir.* Solemos discutir poniendo el foco en cómo es el otro y no en cómo nos sentimos nosotros. Esto invita al otro a subirse al *ring*, defenderse, justificarse y buscar argumentos que desmientan la acusación. En realidad, de lo único que tenemos certeza es de cómo nos sentimos ante una determinada actitud, y eso no es algo que pueda rebatirse. No pueden decirnos "No es verdad que te sientes ignorado", pero sí pueden afirmar "No es verdad que soy desatento". Criticar y descalificar al otro convoca a la violencia. Expresar cómo nos sentimos habilita la comprensión y abre la posibilidad de un diálogo constructivo dirigido a la resolución del problema.

- *No pasar facturas del pasado.* Plantear un malestar no debe implicar abrir la compuerta para decir todo aquello que nos callamos durante largo tiempo. Buscar argumentos en el pasado para fortalecer el fundamento presente es una actitud inmadura y solo suma confusión. Lo saludable es tratar situaciones presentes que sí puedan ser modificadas.

- *Mostrar el enojo de forma franca y sincera.* No pocas veces sucede que ante la pregunta "¿Estás enojado?" la respuesta es un "No" apático y distante. A esto le sucede una seguidilla de ironías, indiferencias y sarcasmos que no coinciden con la contestación anterior. Esta es una forma pasiva-agresiva de hacer saber que estamos molestos, como invitando al otro a adivinar y decodificar nuestro sentir emocional. Evitar dar dobles mensajes esclarece y facilita la comunicación. Preferir lo simple a lo rebuscado, lo auténtico a lo simulado, evita extender un malestar innecesario.

- *Ética vincular.* Algunas personas utilizan información sensible e íntima para desmoralizar y dejar en evidencia al otro. Buscar reafirmarse a partir de herir lo más vulnerable es asunto de cobardes. Puede que nos hayan hecho confesiones en un contexto amistoso; hacer jugar eso a nuestro favor en una discusión es dar golpes bajos que lesionan la calidad vincular y dañan la confianza. En general, estas jugadas suceden con las personas más cercanas, como si el afecto mutuo fuera una especie de inmunidad a prueba de balas que autoriza a desplegar lo más inmaduro de sí. De esta manera, caemos en la incoherencia de dañar aquello que decimos más amado.

- *Dar por terminado el tema.* Una vez expresado y conversado el tema que causó el enfado, es oportuno cerrar y dejar atrás. Volver una y otra vez sobre lo mismo es como hurguetear en una herida que intenta cicatrizar. Ningún vínculo puede evolucionar si ha quedado detenido en el pasado. Si el tema no puede cerrarse porque la situación de malestar no cambia o se actualiza, volver con insistencia sobre lo mismo tampoco será la solución. A veces, lo más saludable es dejar de reclamar y esperar que la situación o el otro cambien. Es importante tener en cuenta que el enojo puede ser la energía de acción que necesitamos para tomar decisiones postergadas

o más definitivas antes discusiones que se repiten. Batallar toda la vida por lo mismo habla más de una imposibilidad propia que de una resistencia ajena. El enojo útil nos motiva a decir basta a situaciones, relaciones o circunstancias.

- *Descarga física.* La liberación de la energía del enojo a través del cuerpo es muy importante. La actividad física es un contexto apropiado donde puede canalizarse la virulencia de una emoción. Moverse aliviana la mente. Es necesario que la energía circule y se equilibre entre cuerpo y mente. Asimismo, la actividad física ayuda a liberar las endorfinas que necesitamos para equilibrar nuestro estado de ánimo.

- *Distancia saludable.* Lo más funcional podría ser también tomar una distancia estratégica. Cuando la atmósfera emocional está demasiado densa, cuando no es posible conversar en buenos términos, cuando desconfío de mis propios impulsos instintivos, lo recomendable es retirarse de la escena a tiempo. Sería algo así como aguardar a que la marea baje para nadar en aguas más tranquilas. Si el estímulo visual de la otra persona incrementa nuestra emoción de ira, sacarla de nuestro foco atencional nos ayuda a pensar con más claridad. Puedo salir a caminar, darme un baño, tomar una pausa para descomprimir lo comprimido y volver luego a abordar lo que quedó pendiente con una mesura y moderación que no hubiesen sido posibles en el escenario anterior. Con esta actitud, cuidamos a los demás de nuestras partes menos crecidas y nos cuidamos a nosotros mismos de nuestras reacciones más primitivas. Un instante de ira desmedida puede provocar consecuencias lamentables durante toda una vida.

La expresión de una emoción puede ser una gran ocasión para fortalecer un vínculo. Cuando podemos expresar lo que sentimos en lugar de obviarlo, de modo funcional y en un diá-

logo abierto y sincero, la incomodidad inicial se convierte en una ocasión para profundizar e intimar con otro. Abrir temas conflictivos puede ser crítico, pero toda crisis es también una oportunidad si se resuelve con IE. Llegar a acuerdos sobre temas delicados hace crecer y fortalecer el vínculo. ¿Por qué? Porque se ha logrado intimidad interpersonal y se ha construido el cimiento de la confianza. Abrir nuestra interioridad, intercambiar emociones, marca una diferencia crucial entre un vínculo superficial y otro sustancial.

Mecanismos de defensa que intervienen en las emociones

Un mecanismo de defensa es la manera que tenemos para defendernos de aquellas emociones o pensamientos que nos cuesta aceptar y nos producirían ansiedad si llegaran a la conciencia. Veamos algunos de estos intrincados mecanismos para que cada uno de ustedes trate de identificar aquellos que les resultan habituales en el trato con los demás.

Proyección → Mediante este mecanismo, ejercemos nosotros mismos aquello que nos irrita de los demás o bien atribuimos a otras personas nuestros propios pensamientos, emociones, deseos, carencias y defectos que no logramos admitir en nosotros. De esta forma, ponemos fuera aspectos propios que nos resultan amenazantes y angustiantes. Por supuesto, no todo lo que nos irrita de los demás es lo propio no admitido; lo que deja en evidencia que se trata de una proyección es que eso que el otro hace, dice o manifiesta *nos exaspera*. Cuando algo del otro recuerda lo propio no admitido, sobrerreaccionamos. La exageración delata el mecanismo de proyección. Pensemos en Ariel y su temor a la instancia de examen. Se siente evaluado y exigido por su profesor al punto de aborrecer esa circunstancia y quedar bloqueado. Es evidente que esta exageración revela una proyección. Ariel rechaza en su profesor lo que le recuerda de sí mismo: no hay otra

persona más que Ariel que sea tan exigente, severa y rigurosa con su propio desempeño. El profesor es el espejo que le recuerda el trato que se da a sí mismo. Por lo tanto, su trabajo consistirá en aflojar sus autoexigencias y tener expectativas acordes a lo que supone estudiar, trabajar y tener una familia que sustentar al mismo tiempo.

Desplazamiento → En este caso, las emociones son redirigidas desde un objeto o representación psíquica que se percibe como amenazante hacia otro menos peligroso. Volvamos a Ariel para explicar qué significa esto. Recordarás la situación laboral de frustración en la cual se molestó con sus clientes por no poder cerrar con ellos el negocio que tanto ansiaba, además de que llegaron tarde a la reunión. Manifestar abiertamente su furia en esa escena podría haberle costado su trabajo. Aquí se ve con claridad el mecanismo de desplazamiento que ejerció cuando, al llegar a su casa y aflojar su corbata, exteriorizó el malestar sin ningún filtro: discutió con su mujer y retó por demás a sus hijos sin motivo. Este contexto familiar en donde no había nada que perder fue el más cómodo que encontró para descomprimir su emoción.

Transferencia → Mediante este mecanismo inconsciente transferimos a nuestros vínculos actuales ciertos sentimientos, frustraciones, deseos y afectos correspondientes a relaciones anteriores. Si no hemos resuelto un enojo pasado, puede que lo reactivemos en un vínculo nuevo. Zoe nos ofrece un claro ejemplo de este mecanismo inconsciente. Sus celos e inseguridades hacia su pareja actual en verdad se originan en una decepción amorosa que tuvo con una expareja. Esta herida que no sanó se reaviva en su nueva relación, no dejándole diferenciar el presente del pasado y una relación de otra. Zoe transfiere sus emociones a su pareja actual, quien padece de los celos que aún ella no logró elaborar.

Actitudes pasivas-agresivas→ Se trata de una modalidad que refleja maneras encubiertas de manifestar el enojo. Estas pueden ser omisiones, postergaciones, olvidos, retrasos o incumplimientos hacia quien va dirigida la emoción. Son sutilezas, como olvidarnos de un cumpleaños o no responder a un llamado, que irritan, molestan y despiertan la bronca de quien padece este tipo de manifestaciones inmaduras de expresión afectiva. La no acción también es comunicación. Este suele ser un mecanismo bastante masculino. El hombre omite y la mujer es quien expresa el enojo ofendiéndose o reclamando por no sentirse escuchada. Recordarán a Gloria, la mujer a la que le costaba tramitar el conflicto de nido vacío. Cada vez que sus hijos la visitaban, les reclamaba que la visitaran más seguido o les insistía para que se quedaran más tiempo. Cada encuentro se transformaba en una inagotable demanda. Cierta vez, cité a uno de sus hijos a sesión para conocerlo y escuchar su apreciación. Gloria en ese entonces estaba muy ofendida porque ellos nunca la llamaban y hasta no atendían sus llamados. Su hijo no tardó demasiado en darse cuenta de que estas omisiones y desplantes se correspondían con la bronca que sentía ante la actitud egoísta de su mamá, que solo pensaba en ella. Esto lo enojaba mucho. Además sabía que cada llamado era un nuevo reclamo o una demanda solapada; por no poder hablar de su irritación, su forma agresiva de devolución era a través de estas evitaciones, que se corresponden con las conocidas actitudes pasivas-agresivas.

Transformación en lo contrario → En este caso, los impulsos inaceptables y reprimidos se transforman en lo contrario. Por ejemplo, podemos experimentar un gran enojo hacia alguien y, cuando tratamos con esa persona, ser amables y serviciales en exceso. Zoe recuerda una ocasión en donde se sorprendió de su propia reacción. Cuando le comenté acerca de este mecanismo, pudo comprender lo que le resultaba incomprensible hasta entonces: acababa de recibir un llamado donde le advertían que

su exmarido tenía una amante. Ella inconscientemente lo sabía, pero ese llamado tuvo la contundencia de la evidencia al dar detalles que no dejaban dudas de la veracidad de lo que acababa de escuchar. Al cabo de 15 minutos, llega su marido a su casa, con actitud relajada como cualquier otro día. ¿Cuál fue la primera reacción de Zoe en aquel entonces? Invitarlo a sentarse a la mesa, ofrecerle su mejor comida y hasta hacerle un masaje en la espalda porque se lo veía muy cansado. La escena se parecía más a un aniversario feliz que a una separación inminente. ¿Estaba Zoe tramando un crimen organizado? ¡Pues no! Lo que le pasaba es que no podía todavía tener la osadía de separarse. Estaba shockeada, necesitaba organizar su vida antes de dar cualquier paso. La manera que su inconsciente encontró para hacer soportable lo que resultaba indignante fue construir una escena amorosa y forzar un trato tierno que le concediera un tiempo para digerir lo indigerible y tomar acción.

Identificar estos hábitos de defensa automáticos requiere de una autoobservación sincera. Recuperar una mirada objetiva en la dinámica vincular es posible luego de despejar estas modalidades en las que confundimos lo propio con lo ajeno, el pasado con el presente y lo externo con lo interno.

Presagio emocional: aquello que anuncia lo que vendrá. ¿Profecía autocumplida?

Un concepto que viene muy bien conocer para trabajar en la identificación de nuestras tendencias automáticas es la noción de *presagio emocional* o *pródromo emocional*. En el ámbito médico, "pródromo" refiere al malestar o señal que precede o anuncia una enfermedad. Pues bien, en psicología se utiliza para hacer referencia a aquellas señales internas que anticipan un determinado comportamiento o actitud. Si te conoces lo suficiente, sabrás cuando "estás al borde de...", "estás a punto de..." o "es el

instante previo a…" enojarte, hacer alguna macana, hacer chistes para agradar, opinar sobre lo que no te incumbe, decir que sí a lo que no quieres, decir que no con demasiada precipitación, dar indicaciones, halagar para agradar y un sinfín de actitudes que casi se desprenden de nosotros y actúan por sí mismas. ¿Por qué nos sucede esto? Porque son hábitos que con su uso frecuente se han vuelto automáticos e inconscientes. Han hecho en nuestro cerebro una especie de surco mental de rápido tránsito. Así, en cuestión de segundos, la conducta o actitud se organiza y dispara sin que podamos evitarla. Sin embargo, podemos empezar a identificar aquellos instantes previos que anteceden estos automatismos. Volvernos diestros en esta identificación anticipada nos salva de decirnos "¡Siempre me pasa lo mismo!", "¡Volví a caer otra vez!".

Como quien advierte que su cuerpo está a punto de enfermar, podemos darnos cuenta de que estamos a punto de estallar. En los instantes previos a la manifestación concreta del comportamiento tiene lugar la organización de la conducta. Imagina un actor que está caracterizándose para su personaje: se maquilla, se pone su peluca y la ropa apropiada, cambia su gesticulación y su ritmo de voz y sale a escena. Todas estas acciones previas equivalen a los pródromos de cómo organizamos nuestros propios personajes: *El criticón, La sacada, La que dice siempre que sí, El adulador, El opinólogo, El que se enoja por todo, La negativa,* entre otros. ¿Puedes darte cuenta de cómo vas organizando tus personajes internos antes de salir a escena?

Supongamos que *El opinólogo* se dispone a desarticular la conducta automática de tener siempre algo para decir. Si comienza a prestarse atención, advertirá cómo comienza a seguir minuciosamente el hilo de la conversación buscando la mínima ocasión para meter su bocadillo, como intenta orientar los temas hacia áreas en las que puede opinar, como se le infla el pecho en los instantes previos a enunciar su parecer. ¿Qué hacer llegado este punto? El célebre psicólogo, antropólogo y monje

budista Hermano David Steindl-Rast lo resume en esta fehaciente frase:

"STOP- LOOK – GO" (Detenerse, mirar y seguir)

Frenar e identificar nuestras tendencias antes de que se manifiesten nos brinda la ocasión de elegir nuestros comportamientos en lugar de repetir por costumbre los mismos de siempre. Quienes solo repiten sus hábitos actitudinales se vuelven previsibles. Puede resultar más fácil identificar esto en otros que en nosotros mismos. Tal vez tengas presente al que se enoja siempre, al que critica todo, al que se queja de todo o a la que siempre le pone buena onda a lo que no la tiene para subestimar los problemas.

Comenzar a desarmar patrones automáticos supone que tengas en cuenta los siguientes aspectos:

- Identificar tus tendencias más habituales, como enojarte, criticar, adular, opinar, o maltratarte.
- Reconocer los escenarios, situaciones, contextos, personas con las que más fácilmente se disparan esos hábitos.
- Antes de salir a escena, hacer una pausa para identificar qué no quieres decir o hacer o bien, si tu conducta es la omisión, qué no quieres dejar de hacer o decir.
- Durante la acción, observar y registrar tus sensaciones, emociones, pensamientos y esfuerzos por gestionar otra forma de comportamiento. Estar con conciencia.
- Demorar la expresión del comportamiento si no consigues dejar de decir o hacer. Poner un plazo de tiempo entre el estímulo y la respuesta permite reflexionar antes de actuar.
- Repetir, repetir y repetir el hábito de tomar conciencia para tomar las riendas hasta que lograr apropiarlo de manera tal que no te demande tanta voluntad. La sensación de autodominio empodera.

En relación con el enojo, la emoción que nos ocupa en este capítulo, los pródromos resultan muy fáciles de distinguir: nuestros diálogos internos se aceleran, la respiración se acorta y entramos en actitud de alerta. Enojarnos es como subirnos a una montaña donde la cima coincide con la cúspide de nuestra furia.

La curva del enojo

El gráfico siguiente ayuda a comprender la dinámica del enojo, devenida en ira.

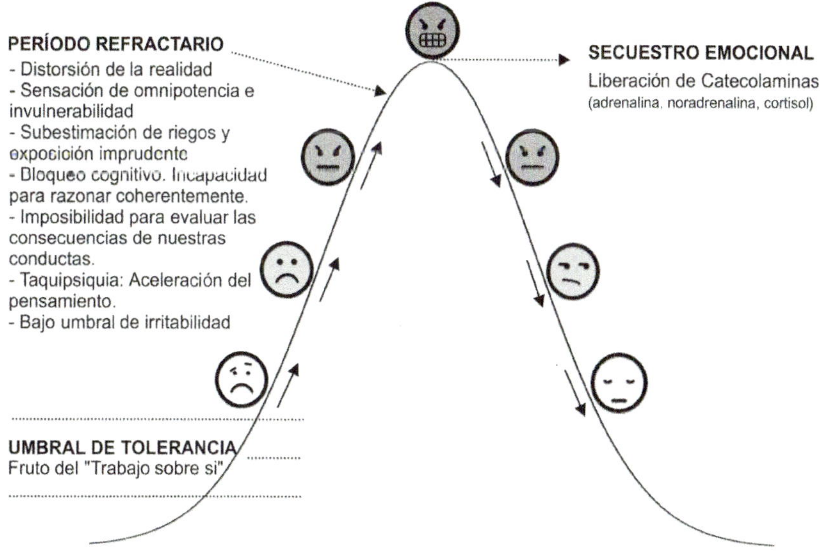

En la base de la montaña, podríamos situar nuestro "umbral de tolerancia", que equivale a lo que tardamos en enojarnos, es decir, lo que nos demoramos en subirnos a la cima de la montaña. Hay personas que son más reactivas que otras y toleran menos las situaciones de malestar o desacuerdo. Ampliar el margen de tolerancia requiere de un trabajo diario sobre nuestro temperamento.

En la cima de la montaña se encuentra el "período refractario". Este intervalo de tiempo coincide con el momento en que tiene lugar el rapto por la amígdala. En esta instancia, el eno-

jo se transforma en bronca y la bronca se convierte en ira. No podemos pensar bien; nuestras neuronas fueron secuestradas y no están disponibles para razonar. Llegado este punto cúlmine, no somos capaces de medir las consecuencias de nuestras acciones, la rumia mental acelera nuestros pensamientos, nos creemos omnipotentes e invulnerables, no reconocemos los riesgos y nos exponemos a ellos de manera imprudente, distorsionamos la realidad y exageramos nuestras evaluaciones.

Todo esto sucede sin que podamos manejarlo. ¿Por qué? Porque en esta instancia ya no somos nosotros quien decide, sino la amígdala. En estos momentos, esta parte de nuestro cerebro emocional está al rojo vivo e impide todo razonamiento mental. Somos como fieras indomables, no podemos ver más allá de nuestra furia. A medida que ascendemos en la curva, nuestro cuerpo libera sustancias al torrente sanguíneo: adrenalina, noradrenalina y cortisol (catecolaminas), las responsables de la ceguera emocional. Se genera un círculo vicioso:

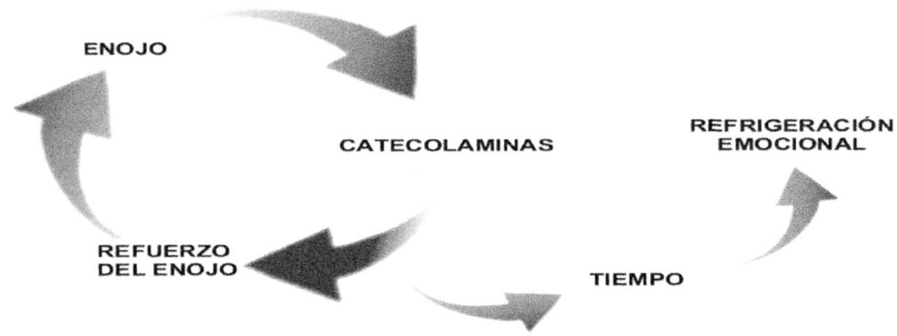

Más enojo → Mayor liberación de catecolaminas → Se refuerza y sostiene el enojo

Estas sustancias químicas tienen un sentido biológico. La naturaleza nos las brinda para que se encarguen de tonificar nuestro cuerpo para la lucha o la huida. Todo de lo que disponemos y

estamos hechos son recursos; lo que sucede es que no siempre hacemos un buen uso de ellos y no nos hacemos responsables de regular nuestro circuito emocional.

¿Cómo salirnos de este círculo vertiginoso? Debemos encontrar un atajo que nos permita un respiro. Cuando estamos desbordados y embriagados de estas sustancias, el recurso indispensable es el tiempo, que da lugar a la refrigeración límbica (enfriamiento de la amígdala). Así, el enfado pasará de rojo intenso a moderado y de moderado a cada vez más bajo.

El trabajo sobre sí con el enojo nos permite lo siguiente:

- Prevenir estallidos emocionales
- Evitar consecuencias desagradables debido a nuestras reacciones desmedidas
- Aumentar el umbral de tolerancia al enojo
- Aprender a contar con nuestra capacidad de serenarnos
- Que enojarse sea una excepción y no un modo de vida que hemos naturalizado por exceso de uso
- Tener períodos refractarios menos prolongados, es decir, demorarnos menos en "volver en sí"; si bien no elegimos qué emoción sentir, podemos decidir el tiempo que nos quedaremos ahí

Cuando logramos administrar el enojo, podemos manifestarlo sin ira y utilizarlo como un recurso funcional para poner límites y cuidar de nosotros.

Cuando derrapamos, ¿cómo retroceder y reparar el daño?

Hay circunstancias en la vida donde desearíamos con cuerpo y alma volver el tiempo atrás; situaciones en las que nos sentimos derrapar. Con este uso del término pretendo hacer alusión a aquellos comportamientos en donde no pecamos por omisión

sino por acción inapropiada. Derrapar es deslizarse, resbalar; a veces una mala maniobra nos lleva a la banquina y terminamos dando vuelcos, lastimados o lastimando a otros por un segundo de inconsciencia en donde nos dominó la emoción al punto de anular nuestra capacidad de razón.

Podemos ansiar volver el tiempo atrás para pensar antes de hablar, para no cometer ese maldito error, para no enviar el bendito WhatsApp que tecleamos en un momento de arrebato, para frenar antes de estrellarnos contra ese tapial de material que no sabíamos que dolía tanto…

Puedo afirmar casi con total certeza que no hay ser humano que no haya pasado por algunas de estas circunstancias. ¿Por qué? Porque esto no se limita al daño intencional o al comportamiento disfuncional propio de una persona que necesita un abordaje profesional; se extiende a la persona común, que piensa, razona y funciona en forma adecuada pero tiene derrapes ante situaciones puntuales. Lo que yace detrás no es la maldad o la enfermedad, sino la torpeza, la parte más ingenua, el arrebato y hasta el exceso de entusiasmo, que hacen que lo evidente se torne no existente. Es decir, las consecuencias, lo que está en juego, la sensibilidad propia y ajena no son tenidas en cuenta. Una persona de personalidad muy medida y racional puede resbalar de manera extraordinaria y desconocerse a sí misma. Lo mismo puede suceder a otro perfil de personalidad; aquellas personas de temperamento más impulsivo que van con los patines puestos por la vida y se arrepienten de lo que hacen y cómo lo hacen después de patinar una y otra vez en el mismo lugar.

En el primer caso, las personas de temperamento más reflexivo, la magnitud de la reacción errada suele ser mayor porque una persona que cotidianamente *vive en su cabeza*, no sabe cómo lidiar con una emoción cuando la pierde. Como diría mi abuela: "Le sale el tiro por la culata".

En el segundo caso, las personas más emotivas suelen moverse como pez en el agua en las mareas emocionales y, como en

toda exageración, terminan asfixiadas de lo mismo que respiran. Así, repiten lo que esporádicamente es intrascendente pero gota a gota colman cualquier recipiente. Son ejemplos típicos de este comportamiento las personas que hacen chistes fuera de lugar, dicen de más y ceden a sus impulsos como quien se entrega a una gran pasión. A esto le sigue una especie de amnesia que hace que, al cabo de poco tiempo, vuelvan a cometer el error del cual ya se disculparon cientos de veces pero de manera automática, sin tomar verdadera conciencia. Cuando se le resta transcendencia a una reacción disfuncional, no hay aprendizaje debido a que no hay una clara asunción de responsabilidad con toma de conciencia real. A veces la vida rectifica estos comportamientos enseñando una gran lección a estas personas no han podido aprenderla por sí solas: todo actuar inconsciente trae consecuencias si no se trabaja en mejorar. La pérdida de un amor, una amistad o una gran oportunidad pueden ser efectos colaterales de no trabajar en uno mismo para modificar hábitos emocionales que provocan heridas en los demás o en nosotros mismos.

En los siguientes apartado hablaré, en primer lugar, de reparar cuando sea posible las consecuencias de un mal obrar y, en segundo lugar, de cómo prevenir estos derrapes que tanto nos cuestan.

Remediar lo remediable está a nuestro alcance

Podemos remediar aquello que asumamos con conciencia. Responsabilizarnos del daño ocasionado es el primer paso que tenemos que dar si tenemos genuino arrepentimiento. Trascender el orgullo nos permite acercarnos al otro y decirle **"lo siento"**, con el corazón en la mano y la cabeza bien en alto. Remarco esa frase para diferenciarla de la palabra que nos sale casi automáticamente cuando pedimos "disculpas". En este último caso, estamos rogando que nos eximan de la culpa. Esa expresión nace en el egoísmo, en el intento por aliviar nuestro pesar, más que en un

sentimiento verdadero de ponernos en los zapatos del otro lugar y sentir como siente. Cuando sentimos a la par de alguien estamos sintiendo empatía, desde la noble actitud de reconocernos semejantes y compartir la misma humanidad.

Decir **"lo siento"** debe ir de la mano de la convicción y el compromiso de no volver a cometer el mismo error y de tener la disposición y la valentía para tomar acción si hay algo que se pueda remediar (aclarar una confusión, limpiar el nombre de quien quedó involucrado, abrazar, reponer, compensar). Si no hay remedio posible porque la persona ya no está presente, porque lo dañado no tiene retorno o porque nos llevó tiempo madurar el error, podemos hacer una especie de donación de una buena acción que nos ayude a compensar y balancear el desvío ético que no nos deja descansar en paz, por ejemplo, colaborar en una institución, ayudar a alguien o tener un buen gesto. Se trata de sembrar una buena semilla donde antes había una maleza y, por consiguiente, una mala cosecha.

Vale agregar que una forma torpe e inmadura de disculparnos es minimizar el daño y restarle importancia. Esta conducta suele ser propia de la energía masculina (aunque no lo es exclusivamente). Está motivada por la inmadurez emocional y no por la mala intención. La famosa expresión "no fue para tanto" embarra más de lo que aclara el panorama. En este caso, debemos abstenernos y encontrar formas más adultas de iniciar una conversación.

¿Cómo prevenir el "derrape"?

Prevenir supone asumir que hay una tendencia dentro nuestro de la que tenemos que aprender a cuidarnos. Esto se extiende a cualquier ser humano porque, como vimos al comienzo, el cerebro visceral o "reptiliano" es propiedad de cada uno de nosotros y, bien sintonizado con las demás partes de nuestro cerebro, componen una afinada melodía. En muchas ocasiones, el cerebro

más primitivo nos salva la vida. Es el que se encarga de frenar de repente si estamos por atropellar a alguien, sin detenernos a pensar si la otra persona cruzó en luz verde, si sería lo indicado o es lo que corresponde. Cuando se trata de salvar una vida en cuestión de segundos, el pensamiento entorpece, demora y puede bloquear la acción en lugar de ayudar a resolver. No pensar aquí es funcional.

En cambio, cuando se trata de derrapar, la acción sin filtro es completamente disfuncional y deja en evidencia aspectos nuestros que tenemos que trabajar. Tanto si hacemos caso omiso de nuestro mundo emocional como si siempre nos dominan las emociones en primer lugar, ambos extremos son exageraciones y requieren atención. La forma de trabajarlo es comenzar a autoobservarnos; observar ante qué situaciones o personas, en qué contextos, ante cuánto estrés o cansancio soy más proclive a tener reacciones instintivas. El hábito de observarnos a nosotros mismos en la vida cotidiana nos permite contar con capacidad de discernimiento que, como un faro, ilumina y distingue lo que no se ve con claridad, nos facilita diferenciar lo que está bien de lo que está mal, una reacción de una elección, el cansancio del enojo. Discernir nos ayuda a desmalezar el matorral que crece en nuestra cabeza del que a veces no tomamos conciencia hasta que una acción torpe se presenta como señal de nuestra inconsciencia.

Pausar, mirar hacia adentro y leer el contexto antes de actuar no es algo utópico; es fruto del desarrollo de la IE. Como un músculo, esta se entrena y fortalece mediante el uso y la repetición. Si no podemos solos, pedir ayuda profesional es el primer paso emocionalmente inteligente para preservarnos a nosotros mismos de nuestras equivocaciones y cuidar a los demás de las consecuencias de nuestros actos más precarios.

Tomar conciencia y elegir la acción correcta es lo opuesto a reaccionar. Si hay reacción, no hay elección. Elegir sobre la propia vida es una libertad de la que gozan las personas conscientes

que trabajan sobre sí y abandonan la tendencia a funcionar de modo automático. Si tenemos en cuenta que la suma de nuestros comportamientos define nuestro destino, nos tomaremos más en serio el compromiso de mejorar aquello en lo que sabemos que funcionamos mal. Culpar a la vida, a las circunstancias, a la mala suerte y a los demás por no haber formado pareja o no atesorar amistades, por ejemplo, es mirar para otro lado y minimizar el impacto que tiene la sumatoria de nuestras pequeñas acciones inapropiadas en la forma de vida que edificamos día tras día.

Agregaría, para finalizar, que nunca es bueno condenarse ni criticarse severamente por los errores y equivocaciones que cometemos, por lo general, desde la ignorancia. En ocasiones, hacemos lo que podemos desde el nivel de conciencia que tenemos en ese momento. Asumir nuestra responsabilidad en un marco de trato compasivo y amoroso nos compromete en el trabajo de volvernos cada vez más conscientes y lúcidos, para evitar dañar y convertirnos en seres beneficiosos para con nosotros mismos y los demás.

Capítulo 8

EMOCIONES Y ESPIRITUALIDAD. AMPLIAR LA MIRADA ACERCA DE LAS EMOCIONES

En este capítulo me propongo tratar las emociones desde una perspectiva más amplia que contemple la espiritualidad en su forma laica, tal como la aborda la psicología transpersonal. El trabajo con las propias emociones puede ser un camino de evolución espiritual si las enmarcamos en un contexto de trascendencia y autosuperación.

En primer lugar, trataré de esclarecer algunos conceptos que plantea la psicología transpersonal que ayudarán a pensar las emociones desde una nueva perspectiva. Retomaré principios de la física cuántica que posibilitan la toma de conciencia y nos devuelven el protagonismo en nuestra vida, sacándonos del papel de víctimas.

¿Qué es la esencia? ¿Qué es el ego?

La psicología transpersonal trabaja con los conceptos básicos de "esencia" y "ego". Comencemos con dos supuestos básicos de esta corriente, que se resumen a continuación:

Cuando vivimos desde el ego, experimentamos miedo: a perder, a no ser aceptados, a no ser amados, a no ser reconocidos. → Sentimiento de Separación.

Cuando vivimos desde la esencia, experimentamos amor: aceptación, comunión, compasión. → Sentimiento de unión con el todo.

Para comprender esas afirmaciones, debemos primero hacer algunas **apreciaciones** respecto de **los** conceptos **de "esencia" y "ego".** Al hacerlo, quisiera además desestimar reduccionismos habituales tales como que el **ego** es algo malo que debemos aniquilar**, d**espropósito nocivo del marketing espiritual.
Hagamos un poco de historia **y** vayamos a nuestros orígenes... Cuando nacemos, existe en nosotros un núcleo básico no condicionado, no sujeto a las leyes del tiempo ni de la materia. Algunas tradiciones de sabiduría le llaman a ese núcleo "ser", otras, "alma". La psicología transpersonal, por su parte, nos habla de la "esencia", entendida como la porción del **t**odo que habita en cada uno de nosotros**,** lo que verdaderamente somos.

Tomemos la siguiente metáfora para entender el concepto:

"Somos como hebras de un gran tapiz".

La hebra experimenta la vida sintiéndose parte de un robusto y bello tapiz que le da sentido. Es la parte contenida en el todo y es el todo manifestándose en la parte. Cada uno de nosotros viene a expresar de una manera única esa porción del todo que habita en su interior, su hebra, su verdadera *esencia*. Cuando sintonizamos con ese propósito, encontramos pleno sentido a nuestra existencia y entramos en coherencia interna, fuente de bienestar emocional. La esencia de cada persona es la sede de todos los talentos, los dones y las virtudes. Nos confiere el carácter de seres

únicos e irrepetibles y está desprovista de defensas, mandatos y condicionamientos. Las cualidades de esta instancia son la espontaneidad, el amor, la inocencia y la curiosidad.

Si observamos a un bebé, las características enunciadas le son propias. Los niños al nacer son pura esencia. Comienzan a explorar el mundo con curiosidad, todo lo encuentran grandioso, hasta lo más simple. Son inocentes. No juzgan. Se expresan libremente; comen si tienen hambre, duermen si tienen sueño, lloran si están tristes, se enojan y lo manifiestan. Están en armonía con las señales de su cuerpo, están en conexión con su verdadera *esencia*. Experimentan un sentimiento de unión con el todo porque aún no han transitado la experiencia de separación y diferenciación.

Sin embargo, cuando nos sumergimos en las leyes de la materia, esa esencia originaria se va adormeciendo de a poco. ¿Cómo es que esto pasa? En el intento de adaptarnos al mundo exterior, de responder a lo que esperan de nosotros, comenzamos a alejarnos de nuestro "sí mismo" (esencia) y a edificar nuestro ego como estrategia de supervivencia. A partir de allí, el ego será la máscara con que nos presentamos ante el mundo.

De la conexión esencial a la formación egoica

¿Cómo, cuándo y para qué se forma el ego?

Para transitar la experiencia humana y adaptarse al entorno, la esencia (alma) debe proveerse de una personalidad (ego). La personalidad es el ropaje de la desnudez que llamamos "esencia".

Desde que está en el vientre, el bebé experimenta este sentimiento primigenio de totalidad al sentirse uno con su madre. En el útero las condiciones no pueden ser mejores. A nivel biológico, todos los nutrientes que necesitamos se nos proveen a través del cordón umbilical, sin esfuerzo. El confort está garantizado; no sentimos frío ni calor, la temperatura es óptima. Todo lo que

necesitamos se nos brinda de manera permanente y sin tener que hacer nada por conseguirlo. A nivel psicológico, nos sentimos protegidos, seguros, contenidos y pertenecientes.

Al nacer, luego del trauma del nacimiento que significa un cambio drástico en las condiciones dadas en el vientre, el bebé aún transita una etapa de indiferenciación entre él y su madre que lo hace sentir completo y a salvo. Es **uno** con su pecho.

Alrededor de los seis meses de edad, poco a poco, va tomando conciencia de que es un cuerpo separado de su madre. En este momento, pasa de sentirse a salvo a reconocer su absoluta vulnerabilidad. Se da cuenta de que hay un otro de quien necesita para poder sobrevivir. A partir de esta revelación, queda grabada en su psiquis una sensación de dependencia, de que necesitamos de algo o alguien para sentirnos completos y a salvo.

Ego → Estrategia de supervivencia ante el reconocimiento de nuestra vulnerabilidad

Ser asistido, alimentado y cuidado dependerá, de ahora en más, de conquistar el amor de sus figuras de autoridad. El desafío primordial a partir de la conciencia de separación se reducirá a cómo ganar el amor y la atención de los cuidadores para garantizar la supervivencia. Es una cuestión de vida o muerte. Así se experimenta y así se siente.

En esta etapa de la existencia es que comienza la construcción del ego . Este surge como escudo protector que le permitirá al niño amoldarse a su entorno íntimo. El bebé comienza a darse cuenta de que es llamado por un nombre propio que lo identifica, luego aprende el pronombre posesivo mío /mía. Sus allegados le irán mostrando cuáles son las reglas, los valores y las costumbres. A través de la crianza le dirán lo que *está bien* y lo que *está mal*, lo que *se puede hacer* y lo que *no se puede hacer*, lo que es *premiado* y lo que es *castigado*, lo *reconocido y valorado* y *lo ignorado y desvalorizado*.

En tal situación de indefensión, el niño tendrá un solo propósito: hacer lo que se espera de él para garantizar la atención de sus cuidadores. Si estos se muestran indiferentes (o así lo siente el niño), hará lo que sea para llamar la atención, desde berrinches y pataletas hasta síntomas y enfermedades.

Para conseguir lo que necesita, el niño irá prestando atención a las señales externas ("¿Qué esperan de mí?") y respondiendo a ellas. Cada niño probará lo que le funciona. Algunos conseguirán la atención haciendo monadas y payasadas, otros llorando, otros enfermando, otros siendo niños buenos y obedientes, otros incluso contraviniendo las reglas y buscando ser vistos a partir de la sanción. Desde muy pequeños, comienzan así a forjarse sus primeras etiquetas:

"Eres un niño tierno". "Eres un niño malo". "Eres mi preferido". "Eres un caprichoso". "Eres tremendo".

En este proceso de sociabilización y búsqueda desesperada de cuidado y amor, todo deseo propio, impulso interno e intención genuina que no coincida con lo que se espera de él serán reprimidos. El costo de pertenecer es alejarse del ser. La personalidad va sofocando de a poco a esa esencia primigenia.

Tres destinos humanos son posibles a partir de este proceso de adaptación:

Algunas personas aún conservan parte de esa conexión con la esencia. Pueden sentir una especie de añoranza de origen, pero no saben identificar muy bien de qué se trata esa extraña sensación. De tanto en tanto, un sentimiento de nostalgia las invade, que se suele confundir con la melancolía de la infancia perdida. Son personas que nunca se han terminado de adaptar, que se sienten distintas a los demás, se hacen preguntas que no todo el mundo se hace, reflexionan sobre la vida y el sentido de la existencia. Estas personas pueden en algún momento de su vida romper la cáscara de su personalidad y renacer a una nueva identidad. Lo-

gran restablecer la comunicación con esa instancia adormecida que aguarda una mente lúcida que la despierte del ensueño, tras la coraza del ego.

Otras personas sobreadaptadas a su entorno y regidas por el "deber ser" (versión adulta del mandato infantil: "que se espera de mí") entierran la esencia en lo más profundo de sí. No se preguntan demasiado y cumplen lo esperado. Viven la vida como enajenados. Van tildando lo hecho (estudiar, trabajar, casarse, tener hijos) marchando casi dormidos tras los pasos de la manada. Para quienes han vivido enfocados hacia el afuera gran parte de su vida, la crisis de la mitad de la vida y la vejez son etapas sensibles que pueden aparecer como nuevas oportunidades para restablecer el contacto con esa voz interna. Puede que, en esta etapa, la esencia reclame vivir lo no vivido. Desde lo profundo, pugna por salir, resquebrajando las corazas del ego condicionado. Son personas que, llegada una determinada edad, se dicen a sí mismas "A partir de ahora, solo haré lo que me hace feliz". Muchos son los que comienzan a hacerse preguntas que antes no se hacían, deciden estudiar la carrera que quedó pendiente, ejercer la vocación postergada, viajar, trasladarse o separarse. Sucede como si de repente se dieran cuenta de que la vida se consume y no quieren invertir tiempo en cuestiones urgentes y cotidianas, sino importantes y trascendentes. Hay un llamado interno que ya no se quiere ni se puede desoír.

Un tercer grupo lo constituyen las personas que no logran nunca más restablecer esa comunicación esencial. Se han pasado la vida respondiendo a mandatos y proyectando sus frustraciones en los demás. La muerte los sorprende yendo a las corridas tras cosas urgentes. Lo importante quedó postergado. Buscaron el placer y evitaron el displacer, pero no experimentaron la satisfacción de la verdadera conexión y coherencia interior.

Volver a hacer contacto con esa parte esencial nos devuelve al sentimiento primigenio de unidad. Por el contrario, alejarnos de quienes somos en verdad es obligar a la vida a que nos los

recuerde permanentemente a través de crisis, síntomas físicos o emocionales, malestar general o accidentes. También puede ocurrir que nada de eso nos baste para despertar y suceda lo más lamentable: irnos de aquí sin haber hecho contacto con lo más preciado de sí.

La vida nos susurra al oído, luego nos habla sigilosamente. Desoír su mensaje es desafiarla a que nos grite en la cara con la crudeza suficiente para despertar lo dormido. Por eso, interroga tus síntomas, investiga tus sueños, examina las repeticiones, sondea tu esencia y dialoga con ella. Recupera el poder de tu voz y anímate a cantar tu canción.

¿Qué impacto emocional genera la primera vivencia infantil de separación y dependencia absoluta en nuestra vida adulta?

Volvamos a la sensación de indefensión que experimenta el bebé en sus primeros años. Recordemos los sucesivos intentos de atraer el amor de sus cuidadores. Esa búsqueda de aceptación será su modo de relacionarse con el entorno más próximo y su seguro de vida. Sin embargo, cuando este patrón de comportamiento de la infancia se traslada más allá de esta etapa, estamos en problemas. ¿Por qué? Porque seguimos dependiendo, reclamando e implorando lo que ya podemos proveernos por nosotros mismos. Rogamos aceptación, reconocimiento, presencia, consideración y atención como si fuese responsabilidad de los demás satisfacer nuestras expectativas de felicidad. Crecemos en años pero no maduramos emocionalmente. La madurez es producto de un profundo trabajo interior de toma de conciencia. Casi sin darnos cuenta, hemos automatizado aquel modo inconsciente, dependiente e infantil de relacionarnos, sin reactualizarlo. Así, nos convertimos en adultos pero seguimos siendo niños en el plano emocional.

Siendo adultos y autónomos, es tiempo de cuidar de nosotros, de comenzar a ver a esos *Otros* (con mayúscula) como *otros* pa-

res, apenas humanos haciendo lo suyo, como mejor les sale. Es intransferible la tarea de satisfacer nuestras necesidades y de darnos aquello que seguimos esperando inconscientemente de nuestro círculo afectivo. La fragilidad propia de la niñez amerita que necesitemos de un *Otro* que nos asista física y afectivamente. Ya en la adultez, debemos aprender a contar con nosotros mismos y a ser nuestro propio sostén.

¿Qué sucede cuando crecemos en años y la maduración no acontece? Continuamos con el patrón infantil en modo necesidad y en tono demanda; nos convertimos en una especie de *pacman* hambrientos de afecto y de reconocimiento. Nos dejamos huérfanos de nosotros mismos y buscamos fuera lo que solo se encuentra dentro.

La creencia infantil que sostiene este patrón de comportamiento adulto es: "Si no consigo agradar y que me amen, no podré sobrevivir". Desde esta posición primitiva, seguimos respondiendo a lo que creemos que esperan los demás de nosotros. Cambiamos de escenario, pero nos seguimos relacionando del mismo modo.

Resumamos, entonces, estos tres momentos:

- En nuestra infancia, buscamos atención de nuestros padres (entorno íntimo). *Dependencia real.*

- De jóvenes/adultos, se transfiere esa búsqueda inicial de aceptación hacia los amigos, compañeros, pareja, familia política o la sociedad en general (entorno extenso). *Dependencia emocional.*

- De adultos mayores, esperaremos que nuestros hijos y nietos nos visiten, nos necesiten, nos demuestren y estén presentes siempre. *Dependencia emocional.*

Cuanto más inmaduros emocionalmente somos, más reclamamos y demandamos.

De la esencia al ego. ¿Cuál es el camino saludable?

El camino saludable es el que quedó truncado. Vamos de la esencia hacia el ego para luego retornar con conciencia a la esencia originaria, de la que nos fue preciso partir en un período infantil. Es un "volver a casa" donde quien regresa no es la misma persona que se fue. Es preciso remarcar las palabras "con conciencia". De niños, si bien somos esencia, no tenemos conciencia de nosotros mismos. Nos sentimos uno con todo porque no nos hemos diferenciado aún de los demás. No es un acto de lucidez, sino de ignorancia. No hay registro de separación, hay indiferenciación.

Transitar la separación necesaria y constitutiva para reconocer nuestra existencia es un paso indispensable para volver a hacer contacto con esa porción, sin perder la noción de hebra, tal como la vimos en la metáfora del tapiz. Se trata de emprender por elección y decisión el camino de regreso a nuestro centro, dejar de buscar fuera y reconectarnos con nuestra verdadera esencia. Nada tiene que ver esto con egoísmo. Egoísmo es pretender que otros llenen nuestros vacíos. La separación implica darnos cuenta de que no necesitamos de otros, sino que elegimos compartir con otros. Lo primero es dependencia, lo segundo es amor.

Si necesitamos, dependemos. Si elegimos, preferimos.

El verdadero amor hacia los demás está lejos de la necesidad. A partir de una necesidad lo que buscamos es saciar nuestras carencias. Una concepción de afecto en donde el otro nos completa se asemeja más a un amor de prótesis que a un sentimiento verdadero. Esto es aplicable tanto para las relaciones de pareja como de amistad, de hijos a padres o de padres a hijos. Solemos confundir el amor auténtico con contenidos que vienen en frascos parecidos: dependencia, carencia, inmadurez, obsesión, capricho, rigidez.

El amor ejercido desde la madurez emocional no exige, no es posesivo, no manipula, no demanda ni culpabiliza. No me refiero al amor incondicional, puesto que todo vínculo no abusivo entre pares supone condiciones, pero estas no están orientadas a cambiar al otro, sino que uno mismo es quien decide vincularse o no bajo esas circunstancias. Solemos invertir mucha energía en querer que las cosas sean distintas, que los demás cambien o nos den lo que no nos dan. Nos cuesta asumir lo que *es* sin forcejear con la realidad. Quien tiene suficiente consigo mismo aprecia al otro por lo que es y acepta lo que el otro tiene para ofrecer. Insistir en que los demás respondan a nuestras expectativas, que nos demuestren, que nos den, tiene sus raíces en el ego, en particular en aquellas emociones de miedo que son el fundamento de su formación.

No está en juego nuestra vida si no somos aceptados por los demás y sí, estamos condenados a la infelicidad si buscamos que nos amen con más tenacidad de lo que nos amamos a nosotros mismos. Ninguna aceptación y valoración externa compensa la falta de amor y plenitud interna. Entonces, solo trabajando sobre nosotros, reconociendo nuestros miedos, madurando nuestras inseguridades, aprendiendo a gestionar nuestras emociones, podemos devolverle al ego su verdadera función: ser canal de expresión de nuestra esencia, en lugar de buscar la supervivencia.

El camino hacia la madurez emocional no es aniquilar al ego, sino ponerlo en su justo lugar: ser vehículo, no conductor. Quien dirija nuestra vida ha de ser la esencia que, a través del ego, se expresa y experimenta. La incoherencia se revela cuando el ego ignora nuestra verdadera esencia.

Grafiquemos estas dos instancias para ampliar la comprensión:

En el 1.° gráfico no hay comunicación entre ego y esencia. Cada una es una entidad separada. La esencia queda aislada y sofocada en el interior.

En el 2.° gráfico hay reciprocidad entre ego y esencia. Las flechas expresan la porosidad del ego, que permite la expresión de los anhelos de la esencia. Esta última es quien dirige las expresiones de la personalidad desde el interior.

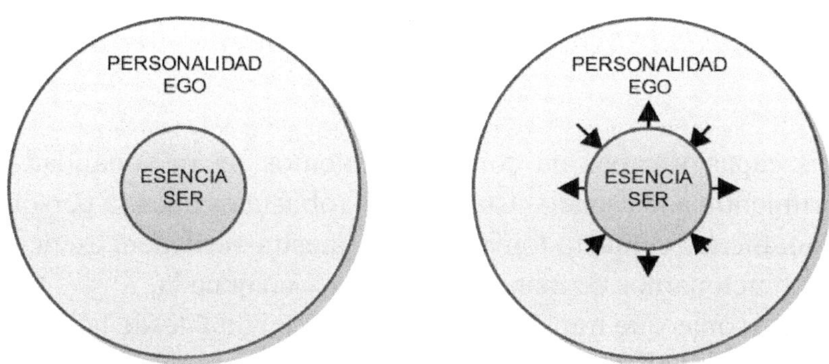

El ser humano común, que vive en piloto automático, queda atrapado en el 1° gráfico. Defendido a través de la coraza de su personalidad, olvida hacer contacto con su naturaleza esencial. Un dato interesante que aporta claridad es que tanto en la psicología transpersonal como en las tradiciones de sabiduría oriental, a la personalidad se le llama indistintamente "ego" = "yo" (escudo - coraza).

También la etimología de la palabra personalidad nos ayuda a comprender su verdadero significado. "Personalidad" viene del latín *personare*, que era la máscara usada en la antigua Grecia por un personaje teatral para hacer oír su voz. En el teatro griego, claro está, no había micrófonos, y la voz no era lo suficientemente potente para llegar a todos los espectadores. Entonces se usaban máscaras que no tenían más que una abertura en el sitio donde se ubicaba la boca y permitían que el sonido se enfocara en una única dirección, resultando la voz más clara y potente. Con estas máscaras se representaban distintos personajes. Por derivación,

la personalidad sería nuestra máscara, aquella que usamos para hacer oír nuestra voz.

El problema yace en que solemos comprarnos el personaje y ocultados tras esa coraza, nos olvidamos del actor que está detrás de la superficie de esa máscara.

Personalidad / Ego → Persona → Personare → Voz a través de la máscara

Tras capas y capas de condicionamientos, la personalidad va oprimiendo a la esencia. Cuanto más robusta es nuestra personalidad, menos contacto tomamos con nuestra verdadera esencia y más funcionamos de manera mecánica y enajenada.

Hay personas que transitan gran parte de la vida desde la inconsciencia de sí; el "hacer" y el "tener que" quedan muy por encima del despliegue del ser. Sin embargo, puede que, en algún momento de la vida, algo de esta estructura rígida se rompa y aparezcan dos interrogantes: "¿Para qué?" "¿Y ahora qué?". Estas preguntas que muchas veces desencadenan una crisis existencial, que yo llamaría "bendita crisis", es una nueva oportunidad para hacer contacto con nuestra esencia más originaria y poder por fin expresar nuestras verdadera naturaleza. Es tiempo entonces de comenzar a retirar esas capas robustas de personalidad y quitarnos nuestras máscaras. Esto supone un profundo trabajo personal para diferenciar los mandatos impuestos desde afuera de los verdaderos dictados de la esencia. Identificarnos con nuestro ego durante tantos años hace que nos olvidemos de quiénes somos en verdad, de cómo nos veíamos sin la máscara. Hay tres preguntas que debemos hacernos que funcionan como brújula para evitar perdernos:

"¿Quién soy?"
"¿Dónde estoy?"
"¿Dónde voy?"

Nacemos en esencia→ Conciencia de vulnerabilidad → Necesidad de supervivencia → Formación del ego → Búsqueda de atención → Maduración → Retorno a la esencia → Vivir con plena consciencia

Investigar en lo cotidiano
Actividad N° 7

Te invito a serenarte, a respirar profundo. Busca un lugar cómodo, una posición adecuada, quizás una música calma. Trata de aquietar los ruidos de tu mente y sintonizar con ese núcleo esencial que está más allá de tu personalidad. Ahora, toma lápiz y papel e intenta esbozar algunas reflexiones. Esta es una práctica de introspección (de mirar dentro) que tiene el propósito de ejercitar el autoconocimiento.

¿Quién soy?

____

____

____

____

¿Dónde estoy?

____

____

____

____

¿Dónde voy?

____

____

____

____

Hacernos estas mismas preguntas en diferentes momentos de la vida nos ayuda a salir de la hipnosis colectiva y a ampliar la consciencia para dirigir nuestra vida hacia donde queremos ir.

Ego y emociones

La personalidad (ego) está ligada desde sus orígenes a la emoción de miedo, al temor de no lograr sobrevivir. Todas las demás emociones que experimentamos derivan de aquella vivencia primaria de vulnerabilidad. El ego se defiende a través de las emociones porque tiene miedo a que lo dejen de querer, a que no lo acepten, a perder, a no estar a la altura de, a que se termine la alegría, a que emerja el displacer. Cuanto más nos identifiquemos con nuestro ego, más apegados a las emociones estaremos. Si repasamos las emociones, veremos que todas son una forma de miedo:

Los *celos* son miedo a que elijan a otro antes que a mí.

El *enojo* es miedo a que se haga algo diferente a lo que quiero.

La *preocupación* es miedo a sufrir.

Ahora bien, imaginemos una línea recta con dos extremos: en uno de ellos está el miedo, en el otro extremo, el amor.

MIEDO ———————————— AMOR

MIEDO → Ego / Personalidad

AMOR → Ser / Esencia

Contrariamente a lo que se tiende a suponer, el opuesto al sentimiento de amor no es el odio, sino el miedo. Al conectamos con la esencia, comenzamos a experimentar amor y el miedo se va disolviendo. Desde el amor hay aceptación, serenidad, abundancia. Los otros dejan de ser amenazas, dejan de darme o quitarme. Lo que nos genera sufrimiento es la mente que juzga, que espera una cosa y no otra, que reniega y forcejea. Aceptar permite liberar la energía que malgastamos en querer cambiar cosas que no podemos.

Desde el ego, nos empeñamos en cambiar el afuera con insistencia.
Desde la esencia, nos transformamos a nosotros mismos a partir de trabajar nuestras creencias.

Las emociones son reacciones del cuerpo a un pensamiento o creencia. A partir de la actividad de la mente, el ego está siempre generando pensamientos y, como consecuencia, genera emociones. Si cambiamos los pensamientos, cambiaremos nuestras emociones y con ello nuestra calidad de vida. Solemos quedar atrapados en nuestras creencias queriendo imponerlas como verdades. Para poder trascender las emociones y evolucionar, resulta útil investigar las creencias que les dan origen.

Cuando la mente se abstiene de juzgar, dejamos de reaccionar y empezamos a aceptar. “Aceptar” no significa necesariamente estar de acuerdo, sino dejar de forcejear con lo que no podemos cambiar. Se trata de elegir vivir desde las reacciones del ego o desde los valores de la esencia.

Dime cómo te sientes y te diré qué piensas
y cuáles son tus creencias.

Tomemos el ejemplo de Ariel:

Emoción: Miedo al fracaso.

Creencia que sostiene esa emoción: “El error es algo que debes evitar”.

Que Ariel tome conciencia de su emoción (miedo al fracaso) nos posibilitó abordar esa creencia limitante que le daba origen. Muchas veces no somos conscientes de nuestras creencias restrictivas, pero sí identificamos las emociones; estas aparecen para ser reconocidas y elaboradas. Este es el *trabajo con la emoción como camino de evolución.* Evolucionar y expandir identidad es ir trascendiendo nuestras creencias condicionadas. Todo cuanto nos sucede es ocasión de evolución; las experiencias gratificantes, las situaciones dolorosas, las personas que conocemos, las que amamos y sobre todo las que rechazamos tienen mucho que enseñarnos. Los demás son perfectos espejos donde podemos mirarnos.

Principios de la física cuántica aplicados al trabajo con la emoción

Si bien este libro no pretende profundizar en esta ciencia fascinante, sí procura acercar la psicología transpersonal a un paradigma cuántico. La complejidad del psiquismo humano no responde a las leyes de la física newtoniana, que solo reconoce lo tangible, lo racional, lo objetivo y no contradictorio. Somos seres complejos, contradictorios, emocionales, cambiantes, interactivos, energéticos y pluripotenciales. La psicología tradicional, basada en el paradigma newtoniano, asume un determinismo que deja por fuera esta complejidad. La psicología transpersonal, en cambio, afirma la posibilidad de que todo ser humano que trabaje sobre sí pueda ampliar sus posibilidades y

desplegar una identidad que existe aún en forma potencial. Desde esta mirada, somos protagonistas y observadores participantes de nuestras experiencias; construimos la realidad desde la intención que ponemos al elegir qué mirar y qué dejar pasar, en dónde focalizar nuestra atención.

La emoción es una vibración y, como tal, responde a los principios de la física cuántica. Por cuestiones de extensión, no es posible profundizar aquí en cada uno de los principios. Tomaré solo aquellos que más me interesa destacar para aplicarlos al trabajo de la emoción como camino de evolución personal. En cada principio enfatizo cuál es el aspecto a trabajar, es decir, cuál es la pregunta que debemos hacernos a partir de la toma de conciencia que se revela.

- Principio de polaridad→ Los opuestos se atraen y buscan complementarse para restablecer el equilibrio. Ejemplo: la pareja es el principal escenario donde este principio se manifiesta. Si un miembro de la pareja es demasiado dependiente, quizás del otro lado haya alguien excesivamente independiente. Si un miembro de la pareja tiende a gastar dinero de más, del otro lado puede haber alguien por de más de avaro y tacaño.
Toma de conciencia: ¿En qué me complementa el otro?

- Principio de resonancia→ Atraemos a nuestra vida aquello con lo que resonamos. Sintonizamos con lo que resulta afín a nuestras creencias, pensamientos, emociones y experiencias. Ejemplo: si no nos queremos ni aceptamos a nosotros mismos, seguramente nos relacionaremos con personas que nos desprecian o pretenden cambiarnos.
Toma de conciencia: ¿Dónde resuena en mí esto que tanto me molesta?

- Principio de proyección → Tendemos a poner fuera aspectos, actitudes o comportamientos que no alcanzamos a reconocer como propios. Ejemplo: si me molesta exageradamente la actitud autoritaria de mi jefe, de seguro actúo con demasiada severidad hacia mí mismo o los demás en algún aspecto de mi vida.
Toma de conciencia: ¿Qué no estoy pudiendo reconocer en mí de lo que el otro me muestra como un espejo?

- Efecto observador → El acto de observar con un nivel de conciencia superior permite modificar la realidad al apreciar lo mismo desde otro lugar. Ejemplo: ante cierta actitud de mi compañera de trabajo, puedo vivirla como un ataque personal y buscar defenderme y culpabilizar, o bien contemplar la posibilidad de que ella no tenga un buen día y su actitud sea consecuencia de una distracción.
Toma de conciencia: Elijo no juzgar ni criticar; admito que haya más de una posibilidad.

La emoción como camino de evolución personal en el intercambio con los demás conlleva dejar de culpabilizar y defendernos. Se trata de reconocer a los otros como espejos de nuestra propia realidad personal. Requiere habilitar al "observador interno". Esta instancia reconoce la sensación y desnuda la emoción; advierte que detrás de la emoción manifiesta se oculta una emoción de mayor trascendencia. Es por eso que no debemos dar por sentado lo primero que sentimos. Detrás de un enojo puede haber miedo, detrás de un miedo puede haber tristeza, detrás de una tristeza puede haber culpa. Cada persona es un universo de infinitas posibilidades. Una vez reconocida la emoción, el paso siguiente es investigarla en profundidad con una mente inquisitiva.

Recuerdo una sesión en que mi paciente Gloria comenta una fuerte discusión con su hija menor. Lo que la enfureció delata su mecanismo de proyección, dado que su reacción fue exagerada.

Vio a su hija apenada llorando porque su mejor amiga la había dejado fuera de una invitación. Gloria recuerda que, en aquel momento, se fastidia intensamente por la sensibilidad de su hija. La exhorta con severidad a ser menos emocional y hasta llega a afirmarle, en un arrebato agresivo, que de ese modo sufrirá mucho en su vida.

Trabajando con Gloria acerca de este episodio, logramos revelar cuestiones que contribuyeron profundamente a su autoconocimiento. En primer lugar, advertimos el mecanismo de *proyección* dirigido hacia su hija menor. Su reacción excesiva se explica porque una parte suya muy sensible quedó relegada al inconsciente y su hija, a través de su emocionalidad, le estaba haciendo ver un rasgo que ella reprimió como fruto de experiencias duras en su vida. Entendió que tener sensibilidad la exponía al dolor y asoció, de manera arbitraria, que ser sensible era sinónimo de debilidad. La ley de *polaridad* le mostró su exceso de rudeza y racionalidad trayendo a su vida una hija extremadamente emocional y sensible. La pregunta sobre la *resonancia* pudimos expresarla del siguiente modo: "¿Dónde resuena esta vivencia en tu vida cronológica o en tu árbol familiar?". Las vivencias duras que le tocaron transitar le enseñaron a Gloria a curtirse para no sufrir, a recortarse para no doblegarse. Su evolución devino cuando pudo mirarse a sí misma detrás del enojo hacia su hija. La toma de conciencia acontece cuando el *observador* se habilita:

> "Mi hija no es mi hija, es una proyección de cuando yo era joven. El enojo no es hacia ella, es hacia mi propia rudeza que no me permite integrar la sensibilidad que hoy necesito para empatizar y suavizar mi carácter. Quizás sea tiempo ya de sacar de la sombra la afectividad, la ternura y la comprensión y entender que la sensibilidad es una cualidad que ya no representa una amenaza".

Solo entonces evolucionamos… Cuando en lugar de juzgar y criticar, trabajamos para mejorarnos. Para el inconsciente, el otro no existe. Vemos en la pantalla del mundo una proyección de los propios programas mentales. Lo que sentimos ante otros o frente a determinadas circunstancias es una emoción que debemos indagar. Esa emoción deriva de un pensamiento y ese pensamiento nace de una creencia. Cuando cuestionamos nuestras creencias, evolucionamos, pues ganamos libertad de acción al ampliar nuestras posibilidades.

Ten presente que atraemos todo aquello que está en resonancia con lo que sentimos. Es por ello que la famosa ley de atracción no funciona tal como pretendemos aplicarla. Las leyes cuánticas no responden a nuestros deseos, sino a aquello que somos momento a momento. Pues bien, si quieres atraer personas y situaciones diferentes en tu vida, no pierdas el tiempo deseando y haciendo afirmaciones positivas; dedícate a trabajar en tu emocionalidad, saca a la luz tus creencias más profundas. Nada es mágico, todo es fruto de un trabajo comprometido con uno mismo. No hay atajos, hay caminos.

Richard Whilhelm dijo que:

Las dificultades y los obstáculos arrojan al hombre de vuelta hacia sí mismo. Pero mientras el hombre común busca la culpa afuera, es decir en otros hombres, y acusa al destino, el noble busca la falla en sí mismo, y en virtud de este ensimismamiento el impedimento externo se transforma para él en motivo de formación y enriquecimiento interior.

Cuando vivimos desde el ego estamos viviendo desde una mente limitada. Nuestro ego hace afirmaciones tales como:

"Esto es así". "Esto no puede ser así". "Esto nunca sucederá". "Esa persona debería cambiar". "Está equivocada". "Tengo razón". "Soy así y siempre fui así". "No puedo cambiar".

Quien desiste de querer tener razón y dedica su tiempo y energía a su evolución ha logrado sintonizar con su esencia en lugar de seguir poniéndose capas y capas de defensa.

El ego → busca tener RAZÓN (reafirmando sus creencias)

La esencia → busca su EVOLUCIÓN (superando sus creencias)

El cuerpo y las emociones

Las emociones movilizan en nuestro cuerpo infinidad de sustancias y cambios metabólicos, y lo preparan para entrar en acción. Si vivimos una situación de riesgo, sentiremos miedo; la conciencia de esta emoción nos permitirá protegernos de la amenaza y lograr preservar nuestra vida. Por lo tanto, las emociones son fundamentales para preservar la homeostasis de todo ser vivo.

Con este fin adaptativo, la emoción moviliza en nuestro organismo una gran cantidad de energía para que este responda acorde a lo que indica esa sensación. Este es un mecanismo perfecto de adaptación biológica que nos ha permitido sobrevivir como especie.

En los niños existe un circuito directo de la emoción a la acción. Cuando un niño se enoja, no lo disimula. Cuando está triste, llora. Hay una coherencia entre lo que siente y lo que expresa, es auténtico. En los adultos civilizados, en cambio, encontramos la extravagancia de disociar la emoción de la acción. De allí deriva la incoherencia emocional que nos lleva a reírnos cuando queremos llorar, a quedarnos en el mismo lugar cuando queremos escapar, a callarnos cuando queremos gritar. La mente parlanchina interfiere en la expresión de la emoción y nos dice cosas como: "No corresponde, queda mal, se van a molestar".

No se trata de volvernos adultos impulsivos, sino de no negar ante nosotros mismos la acción que convoca la expresión de una emoción. La IE supone llegar a ser capaces de elegir

la acción adecuada, el modo indicado y la intensidad justa, o incluso dosificar o postergar una emoción, sin anular su corriente de energía, la cual debe ser aceptada y gestionada para mantener sano nuestro ecosistema emocional. A las emociones instintivas no disfrazadas, que los humanos compartimos con los animales, se las conoce como biológicas y forman parte de nuestro repertorio innato para hacer frente a las circunstancias de nuestra vida.

Sin embargo, en el ser humano existen además las emociones sociales. Estas últimas no son necesarias para el funcionamiento del sistema biológico, sino que responden a fines adaptativos de tipo social y cultural. Varían de un lugar a otro de acuerdo con factores como la crianza, la educación, las tradiciones y la idiosincrasia del lugar. La culpa, la humillación, la vergüenza, son emociones que las personas sentirán dependiendo de los valores aprendidos en su contexto. Lo que gatilla una emoción de culpa en una zona geográfica puede ser motivo de orgullo en otro punto del planeta. De esta forma, al contrario de las emociones biológicas, que son idénticas para todos los seres sintientes y se experimentan ante los mismos estímulos, las sociales son variables y condicionadas por el entorno en el que nace y crece un ser humano particular.

El ser humano se mueve en estas dos dimensiones emocionales:

una biológica, dada por la homeostasis funcional de su cuerpo y otra social, dada por el lenguaje y su lugar de crianza.

Esta doble dimensión vuelve más compleja la dinámica emocional en los seres humanos, a diferencia de los animales. Veamos de manera gráfica la diferencia entre ambas especies:

En los animales:

Estímulo real → Emoción → Preparación para la acción → Acción (lucha o huida) → Adaptación

¡Y la historia termina allí! En los seres humanos, la historia se complejiza un poco.

El desarrollo evolutivo de la corteza frontal ha dotado al ser humano de la capacidad de pensar, imaginar y anticipar. Sin embargo, su uso inapropiado entorpece funciones básicas e imprescindibles para nuestra vida. Valiéndonos de estas capacidades, reaccionamos emocionalmente a estímulos que no son reales o sobrerreaccionamos ante los acontecimientos de manera desmesurada.

Nuestro inconsciente no distingue entre lo real y lo virtual y, por lo tanto, reacciona de igual modo ante un hecho concreto y uno imaginario. El accidente de un ser querido o la idea de que este pueda haber tenido un accidente porque no llega a casa a tiempo movilizan las mismas emociones. Estas emociones producidas por la imaginación liberan sustancias al cuerpo (adrenalina, noradrenalina, dopamina, acetilcolina, cortisol) que lo preparan para la acción, tal como si se tratara de un hecho real. Si el estado ansioso se prolonga en el tiempo o se instala como hábito, esas sustancias terminan deteriorando el cuerpo. Es por esto que nuestros hábitos mentales y emocionales tienen altísimo impacto en la salud física.

La ansiedad y el miedo están en relación estrecha con la interpretación que hacemos de los eventos, más que con los eventos en sí mismos. Rendir un examen y encontrarme de frente con un leopardo son situaciones bien distintas, pero si también interpreto a la primera como una situación amenazante, las viviré con una intensa emoción de miedo y ansiedad. Ambos acontecimientos, por lo tanto, serán equiparables en mi inconsciente. Tal como nos paralizaríamos frente al leopardo que nos mira fijamente, nos quedaremos bloqueados frente al profesor que nos dice "Adelante, comienza tu tema". En milésimas de segundos nos sentiremos vulnerables al extremo, indefensos, expuestos y huiremos como si escapáramos de un animal salvaje hambriento. Esto sentía

Ariel cada vez que su profesor lo llamaba por el apellido para dar su examen. Para él, era como entrar a la cueva de los leones.

Cuando la situación que percibimos como amenaza pasa, la amígdala se apaga y las emociones se estabilizan. Volvemos a mirar el contexto y nos cuestionamos: "¿Cómo es que hice eso?" Seguramente, esta reflexión revela una reacción exagerada en función al estímulo que la originó.

Si tomo la situación con el leopardo, no me arrepentiré de haber huido; no cabe duda aquí de que esa fue la opción más apropiada y que salvó mi vida. En cambio, quizás sí me arrepienta de haberme levantado súbitamente de un examen, sin siquiera intentar dar algunas respuestas. En este segundo caso, el sistema límbico interpretó como amenazante una situación que normalmente no lo es por sobrestimar el estímulo o por sostener creencias limitantes sobre mi incapacidad de aprobar un examen.

Si en mi mente aparecen afirmaciones similares a las siguientes "¡Podría haber rendido!", "¡Me podría haber animado!" o "¡Podría haberme callado!", esto refleja que la sobrecarga emocional del momento no dio lugar a reflexionar acerca de la acción más apropiada. Cuando la intensidad emocional cede y podemos analizar en frío lo que no contemplamos en medio de la marea emocional alta, solemos arrepentirnos. En cambio, no nos diríamos ninguna de esas afirmaciones si, al llegar a casa a salvo luego de escapar del leopardo, volviéramos a mirar la situación. Solo afirmaríamos: "¡Menos mal que salí corriendo!". En este caso, no hay mejor respuesta adaptativa que la que adoptamos:

Amenaza real (leopardo) → Miedo→ Reacción funcional (huida)

Ahora bien, si nos acostumbramos a reaccionar ante eventos cotidianos como si nos atacara un animal salvaje, ¿qué crees que le sucederá a nuestro cuerpo? Rebasará de sustancias que resultan tóxicas cuando son reabsorbidas por los órganos dado que no fueron liberadas en la acción o fueron excesivas en relación al

estímulo que las desencadenó. A esto se le suma un consecuente desgaste y estrés. Si el hábito de afrontamiento se repite, terminará dañando nuestro cuerpo. Es como si encendiéramos el parabrisas del auto cada vez que vemos que el cielo esta gris, hay amenaza de lluvia o caen solo unas gotas; el sistema se resiente si el mecanismo es utilizado de manera innecesaria.

Lo expuesto deja en claro la importancia de entrenarnos en la manera de vivir los acontecimientos, de interpretarlos. Aprender a serenarnos, a redimensionar los riesgos y la gravedad real de las dificultades nos ayuda a moderar las emociones, que son producto de nuestros pensamientos o, mejor dicho, de las interpretaciones que hacemos de ellos.

Comprender esto es asumir una actitud preventiva y responsable para con la salud de nuestro cuerpo. Las personas que tienen un sistema de alerta demasiado sensible —que ven riesgos donde otros no los ven, que piensan la opción más trágica de entre todas las posibilidades— acumulan un estrés innecesario que debilita su cuerpo. Preocuparse y anticiparse no forma parte de la solución de problemas inexistentes. "Hacerse mala sangre" tiene consecuencias lamentables para nuestro cuerpo. Esa frase popular cobra sentido si comprendemos cómo funciona la dinámica:

Interpretación→ Pensamiento→ Emoción (catecolaminas) → Cuerpo

Emociones y enfermedades

Para poder comprender cómo las emociones intervienen en la formación de síntomas y enfermedades, es necesario trascender la dualidad cuerpo/mente, abandonar el paradigma newtoniano y situarnos en las leyes de un universo cuántico. Pensar que las creencias, los pensamientos y por derivación las emociones suceden solo en la mente y no influyen en nuestro cuerpo es como esperar que lo que comemos quede en la boca sin llegar al estómago. Todo circula permanentemente y se interrelaciona en nuestro

interior. La sangre recorre el cuerpo y lo oxigena; así también los pensamientos circulan facilitando o entorpeciendo nuestro desarrollo. El alimento material ingresa al cuerpo, se transforma en energía y reconstituye nuestros órganos o los daña, dependiendo de la calidad de lo que consumamos, ¿verdad? De igual modo, el alimento mental —nuestras ideas, pensamientos y emociones— también es energía que circula en nuestro cuerpo y afecta nuestra biología.

¿Qué pasa cuando sientes miedo?

Tu corazón responde al miedo con taquicardia sin que tú le des las indicaciones de hacerlo. ¿Cómo sabe este órgano que estás sintiendo miedo? ¿Por qué responde aumentando los latidos del corazón si es que la emoción nada tiene que ver con las modificaciones de nuestro cuerpo? Parece absurdo este planteamiento. Este es un claro ejemplo de cómo lo que sentimos afecta el funcionamiento de nuestro cuerpo.

¿Por qué algunas personas aún se resisten a incorporar la ya probada idea de que lo que sentimos afecta nuestra biología? ¿Será porque preferimos llevar nuestro cuerpo al médico para que lo curen y le quiten el dolor, antes que hacernos responsables de nuestra salud emocional? Preferimos poner el poder en manos del médico antes que tomar nuestras riendas; preferimos tomarnos una pastilla ignorando que somos nuestra principal medicina. Nos enajenamos de nuestro cuerpo como si fuese un objeto extraño que llevamos a reparar.

No estoy diciendo con esto que no tengamos que ir al médico o tomar un analgésico si el cuerpo lo necesita; eso es más bien ignorancia y caer en una nueva dualidad. Lo que afirmo es que, si no escuchamos a nuestro cuerpo y lo silenciamos y anestesiamos con medicinas, volverá a insistir con el mensaje que trae hasta que nos dispongamos a develar el significado de la enfermedad. La luz amarilla será el síntoma, la luz roja, la enfermedad. En algún

momento, mejor antes que después, es nuestra responsabilidad poner pausa y dialogar con la casa de carne que habitamos. Ir al médico no nos exime de la responsabilidad de interrogar ese malestar y hallar la causa emocional que está detrás y le da sostén.

La enfermedad no debe ser vista como algo nefasto y externo que hay que atacar, sino como una solución biológica a un conflicto emocional oculto que yace detrás. Tomar conciencia del conflicto es dejar de exigirle al cuerpo que nos recuerde una batalla interior que aguarda elaboración.

"La enfermedad viene a curarnos, no a que la curemos".

Carl G. Jung.

"La enfermedad es el esfuerzo que hace la naturaleza por curar al hombre".

Carl G. Jung.

Cuando un síntoma y/o enfermedad se presenta en nuestra vida, ha habido instancias previas de malestar psíquico y emocional que no advertimos. Ese malestar siguió operando en el silencio, pasó al cuerpo y se materializó en un órgano o función concreta. Un síntoma o enfermedad es, pues, la materialización de un conflicto emocional que busca expresión y resolución. Es decir, son planos diferentes de un único y mismo conflicto. El órgano afectado o la disfuncionalidad es el camino hacia el conflicto emocional para darle solución y liberarnos del dolor.

La enfermedad es la punta del ovillo, no el ovillo. Para curarnos debemos bucear en lo más profundo de nuestra interioridad. Partir de la enfermedad pero ir mucho más allá de ella, a su origen, a su razón de ser, a su sentido más recóndito. La enfermedad nos habla de nosotros mismos, de nuestra manera de interpretar el mundo y de nuestras relaciones, de lo que nos pasa o bien de lo que no nos pasa y genera dolor.

Desde un dolor de cabeza hasta el cáncer, pasando por la gastritis, el pánico, la hepatitis, los dolores musculares, los trastornos mentales, las alergias, las quebraduras, los problemas de piel, en cada una de estas manifestaciones hay una emoción oculta que espera ser resuelta. ¿Por qué mi cuerpo, a diferencia de otro cuerpo, elige una gripe y no una psoriasis? ¿Por qué un cáncer de riñón y no de pulmón? No existe el azar ni la casualidad. Decodificar la emoción oculta detrás de la dolencia ayuda a tomar conciencia para poder trabajar el conflicto y colaborar con nuestra curación, que estará acompañada de otras intervenciones pertinentes según el caso. Se trata de integrar la ciencia, la emocionalidad y la espiritualidad.

Interrogar nuestras emociones es facilitarles un canal de expresión para que no griten a través de nuestro cuerpo. La enfermedad nos señala que estamos viviendo una incoherencia emocional entre lo que pensamos, sentimos, decimos o hacemos. Podemos colaborar mucho con la salud de nuestro cuerpo si trabajamos nuestra salud emocional.

En el siguiente recuadro, graficamos el recorrido disfuncional de la emoción:

Creencia → Pensamiento → Emoción → Represión inconsciente → Cuerpo → Tensión / malestar → Síntoma → *Enfermedad*

Las creencias elaboran pensamientos → Los pensamientos nos llevan a experimentar determinadas emociones → Las emociones no elaboradas pasan al cuerpo → El cuerpo nos devuelve un síntoma → El síntoma no decodificado nos envía una enfermedad → la enfermedad es un intento de dar solución a un conflicto emocional irresuelto.

Por su parte, el recorrido funcional de la emoción se grafica de la siguiente manera:

Creencia → Pensamiento → Emoción → Toma de consciencia → Aceptación → Gestión de la emoción → Salud física y emocional

Así como hemos visto las emociones estructurales y las transitorias, las emociones primarias y las secundarias, las biológicas y las sociales, cuando se trata de salud física distinguimos entre emociones "manifiestas" y "ocultas".

La emoción manifiesta es la que recubre una emoción oculta mucho más profunda e intensa. La emoción manifiesta es la que "queda bien decir", por ser políticamente correcta y aceptada socialmente. Nos permitimos hablar de ella pero ocultamos la verdadera emoción que yace detrás y de la que no siempre tomamos consciencia. Expresar la emoción manifiesta (social) no produce ninguna mejoría puesto que no es esta emoción la que juega un papel central en el mantenimiento del síntoma y de la enfermedad.

La emoción oculta, en cambio, es aquella que en verdad sentimos pero nos sentimos mal por sentir. Por tal motivo, es reprimida y desde allí ejerce una poderosa fuerza. Al estar fuera del alcance de la consciencia, el inconsciente biológico provee la solución a través del cuerpo en el órgano o en la función vinculada a ese conflicto emocional en particular.

¿Recuerdan a Gloria? ¿Recuerdan su ambivalencia afectiva hacia su hija? Gloria suele expresar una profunda pena y preocupación porque su hija aún no puede resolverse sola y sigue dependiendo económica y afectivamente de ella. Aquí estamos en el plano de la emoción manifiesta: "pena y preocupación por mi hija". Sin embargo, este lamento se había convertido en un disco rayado que traía con frecuencia a sesión. Hablar del tema no aliviaba su malestar y su cuerpo empezaba a evidenciar síntomas asociados a la ira y la agresividad. Le propuse ir más allá de su lamento inicial para hallar la emoción oculta que no se permitía expresar. Este abordaje más profundo reveló una intensa agresividad dirigida hacia su hija. Gloria sentía que su dependencia le quitaba tiempo y energía para dedicarse a hacer su vida. Ansiaba

recuperar la libertad que había sentido restringida al dedicarse a la crianza de sus hijos. La emoción oculta que necesitaba ser liberada era la ira hacia su hija. Políticamente incorrecta, ¿verdad? Pero lo suficientemente poderosa para generar síntoma y enfermedad. Los prejuicios de Gloria acerca de "lo que debe sentir una madre y lo que no" recortaban su emocionalidad, mandando a su inconsciente una intensa ira que no se permitía aceptar.

Como vimos, una emoción (información) rechazada puede transformarse en un síntoma o enfermedad si no la gestionamos adecuadamente desde la toma de conciencia. Mirar de frente y con honestidad todo lo que sentimos es el único camino para estar en coherencia emocional.

Me parece muy importante recalcar esto: *mirarlo no es actuarlo*. No quiere decir que a partir de ese reconocimiento Gloria tenga que ser agresiva con su hija. El trabajo con nuestro mundo emocional mejora nuestras relaciones, no las deteriora. Debe quedar claro que ser sinceros con nosotros mismos no va de la mano con ser agresivos hacia los demás. La toma de conciencia permite gestionar con mayor responsabilidad lo que sentimos, al tiempo que posibilita trascender nuestras creencias condicionantes. En el caso de Gloria, la toma de conciencia supuso dejar de culpar a su hija por las libertades que se niega a sí misma, es decir, dejar de ponerse excusas que son solo suyas. Sentirse imprescindible para los demás escondía una soberbia que alimentó su ego durante largo tiempo. Trabajar con la emoción posibilitó abordar sus creencias limitantes: "Soy imprescindible", "Una madre no puede sentir determinadas emociones", "Mi libertad depende de lo que hagan los demás".

Reconocer en un espacio adecuado las emociones que nos avergüenza sentir permite liberar la energía invertida en mantener a raya lo que nos negamos a aceptar. Será preciso dar un paso más y revisar nuestras creencias para cuestionarlas y reactualizarlas si estas nos imposibilitan avanzar.

Aunque la cruda verdad duela en el alma, más cruel es la mentira sostenida en la eternidad. Por eso, sé fiel a tu interioridad, no ignores lo que tu cuerpo puede llegar a gritar.

Soltar y no forcejear: el *wu-wei*

La psicología transpersonal toma prestados conceptos de las tradiciones de sabiduría oriental para enriquecer la mirada occidental de la vida. Existe un término central de la filosofía taoísta que viene bien incorporar en el trabajo con nuestro mundo emocional. En el taoísmo se utiliza la expresión *wu-wei*, cuya traducción sería en occidente algo así como "no forzar", "no actuar", haciendo énfasis en que no es lo mismo "no actuar" que "no hacer nada".

Lo que plantea el *wu-wei* es no forcejear con los acontecimientos de la vida; no realizar esfuerzos innecesarios donde no se requieren. La naturaleza, por ejemplo, se manifiesta según el principio del *wu-wei*. Las plantas no hacen esfuerzos para crecer, solo crecen. Se tiende a una forma natural de hacer las cosas, sin forzar con artificios que resten armonía a lo que está aconteciendo. El *wu-wei* es la filosofía del fluir sin influir, de vivir sin interrumpir y de favorecer sin impedir. Desde esta mirada oriental, se reconoce un universo que funciona en perfecta armonía de acuerdo con sus propios principios. Cuando el ser humano irrumpe, imponiendo su voluntad, altera el equilibrio existente. Se trata de aprender a fluir con los procesos naturales existentes, sin oponer resistencia.

Te invito a que mires tu vida, tu manera de conducirte, y pienses: ¿Está presente este principio? ¿Cómo se expresa? o ¿Cómo no se expresa?

Las personas controladoras, manipuladoras e insistentes son las que no pueden tolerar semejante idea. Encuentran todo tipo de justificaciones y explicaciones para argumentar por qué hacen lo que hacen y lo que pasaría si dejaran de hacerlo. Desde

ese trasfondo personal se esfuerzan por cambiar a los demás, por generar lo que naturalmente no se genera, por mantener lo que se cae cada vez que se deja de sostener, por insistir en que las cosas sean como quieren que sean. Estas personas, en lugar de vivir la vida, se enojan con ella y se revelan ante los hechos. De más está decir que terminan agotadas, frustradas, decepcionadas y embroncadas. ¿Por qué? Porque la vida no es como uno quiere que sea, la vida solo *es*. Las personas no están aquí para agradarnos, sino para vivir sus vidas de acuerdo a sus elecciones y aprendizajes.

La naturaleza se manifiesta por *wu-wei* y los seres humanos formamos parte de ella; por eso, encarnamos este principio en nuestra propia existencia, casi sin percibirlo. Atentar contra él es oponernos a nuestra propia naturaleza. Tomemos como ejemplo el paso del tiempo para ilustrar qué implica vivir según el principio del *wu-wei*.

Hay personas que se oponen al transcurso natural del tiempo y la vejez. Anclados en esa resistencia, se esfuerzan por alterar el orden natural de los acontecimientos con artificios; pretenden evitar lo inevitable. En cambio, hay otras personas que aprenden a colaborar con lo inevitable y envejecen con naturalidad; dejan transcurrir sin resistir. Este ejemplo esclarece que el arte de vivir conforme al *wu-wei* en algún modo significa flojedad, desidia, desgano y resignación. No se trata de abandonar la acción, sino de dejar de reaccionar a lo que es y no puede dejar de ser. La vejez respetada, natural y cuidada es mucho más armoniosa y bella que la juventud forzada, artificial y controlada.

Por desgracia, la cultura occidental en la que vivimos nos aleja de la naturaleza de este principio. Nos ofrecen detener el tiempo, alcanzar en breve lo imposible, maneras mágicas de retener al ser amado, anestesias para aguantar lo inaguantable, técnicas para lograr que el otro haga lo que yo quiero que haga. Sin embargo, subirme a este tren no me llevará a destino si hacia donde quiero ir es hacia la armonía y la paz interior y, sobre todo, a la gestión consciente y equilibrada del universo emocional.

¿Hacer o no hacer?

No se trata de abandonar la acción ni de aferrarme a ella. Se trata, más bien, de renunciar a la especulación. Hay quienes se toman la vida como un juego de billar: evalúan, especulan, ven la jugada y con el taco le dan a la blanca para que le pegue a la amarilla y esta a la azul, la azul a la roja y ¡carambola! En un juego resulta divertido, pero en la vida cotidiana es agotador para nuestra mente. Y no solo eso; no debemos olvidar que del otro lado hay personas que quizás no tengan ganas de jugar el mismo juego o cuyas reglas sean otras, entiéndase, diferentes valores, principios, propósitos, intereses o ganas. Y si ante quien hacemos esa jugada es la vida, esta no se demorará demasiado en mostrarnos la pequeñez humana y recordarnos que las reglas no las ponemos nosotros.

Imagina un mar embravecido y un navegante en su velero ¿Cuál sería aquí la acción más inteligente que conlleva menos desgaste? Pues bien, orientar las velas en la mejor dirección para adaptarse al viento. Un buen navegante haría eso, ¿verdad? Pasamos episodios similares en nuestra vida y muchas veces queremos domesticar el mar en lugar de asir las velas. Resulta cómica la comparación con situaciones como estas; eso ocurre porque ante situaciones externas aplicamos el sentido común. Sin embargo, cuando estamos sumergidos en el mundo emocional, el más común de los sentidos —el sentido común— nos resulta el más extraño. Y ahí estamos, queriendo luchar con lo imposible y ahogándonos en la primera oleada. Sacar la cabeza fuera es aceptar lo que es y dejar de forcejear con lo que no es, léase: una pareja que intentó mil veces ponerse en pie; un hijo que no va a cambiar porque yo lo parí; una relación que no va a nacer sin interés de ambas partes; una juventud que no se extiende porque

me estire la cara; un tiempo que no vuelve porque mire fotos viejas; un ser que no regresa, aunque no lo deje ir; una emoción que no cesa porque no la quiera sentir.

La lista puede seguir en forma indefinida, tanto como quieras enderezar lo torcido. Si en lugar de esa actitud rígida adaptáramos el cuerpo a la mejor postura que podemos tomar ante los acontecimientos de la vida, estaríamos en coherencia con el *wu-wei*. Del mismo modo, cuando negamos, rechazamos, resistimos y reprimimos nuestras emociones, estamos atentando contra este principio universal. Aceptar, dejar ir, dejar venir, aprender a fluir nos permite navegar la vida y nuestro mundo emocional sin ahogarnos en las profundidades o terminar agotados por bracear contracorriente.

"El pesimista se queja del viento, el optimista espera que cambie, el realista ajusta las velas".

George Ward

Te invito a que conserves con vos este término tan sabio y respetuoso sobre el devenir, y que trates de incorporarlo a tu cotidianeidad; que cuando te encuentres forcejeando con la vida, respires hondo, sientas como el aire se expande en tu pecho y sueltes, dejes que sea. La mejor acción es la acción no forzada. Oponerse al principio del *wu-wei* agita las aguas emocionales con gran virulencia. Estacionar las emociones, serenarnos y equilibrarnos requiere de la sabiduría de la no resistencia.

Desplegar nuestra consciencia

Si apreciamos la vida como una escuela, seremos conscientes de que el progreso personal y espiritual supone desplegar nuestra consciencia tanto como nos sea posible. Esta autosuperación puede no tener que ver con las expectativas del ego, pues no está centrada en la evolución del *tener* sino del *ser*.

La evolución de la que hablo no está regida por las leyes de la materia; no tiene que ver con obtener estatus, reconocimiento, bienes materiales o aval académico. El despliegue de la propia esencia está asociado a lo siguiente:

- La superación de nuestros miedos
- La búsqueda de sentido
- El poder ver más allá de nuestros condicionamientos mecánicos
- El cuestionar nuestras creencias
- El reconocer y manifestar en el mundo nuestros dones y talentos
- El trascender las limitaciones del ego y expandir nuestra identidad
- El ir pasando del "yo soy" al "yo estoy siendo", lo cual supone una desidentificación de nuestro ego

En este contexto es preciso hacer una aclaración para evitar caer en una mirada dual y reduccionista:

Desarrollarnos espiritualmente no supone la renuncia a lo material y a los placeres de la vida.

El *hacer* y el *tener* no son obstáculos en el desarrollo del *ser*. Por el contrario, muchas veces son recursos para nuestro despliegue esencial o consecuencias de él. El problema se hace evidente cuando el *hacer* y el *tener* no están en coherencia con la evolución del *ser*, que le otorga sentido y ética a nuestra toma de decisiones y posteriores acciones.

Pongamos por caso a una persona que, habiendo superado sus miedos y condicionamientos, logra montar una exitosa empresa. El *tener* fue, en este caso, consecuencia de su autosuperación y de desplegar sus dones y talentos. El *tene*r y el *ser* se integran para dar lugar a la evolución de la consciencia y la ampliación de la identidad. ¿Por qué hablamos ampliación de identidad? Porque este nuevo empresario cuenta ahora con una osadía, una autoconfianza y una perseverancia de la que no era consciente antes de asumir el desafío de volver realidad su emprendimiento. La recompensa económica es consecuencia de haber trascendido sus propias limitaciones y superado sus miedos.

Este ejemplo ayuda a desmitificar la idea de que una vida dedicada a la evolución espiritual supone la renuncia a lo material y a lo concreto, para abocarnos a lo sutil y lo celestial, ajeno a la vida terrenal. Debemos llevar una vida espiritual a la par de nuestra vida cotidiana, mientras lidiamos con las cuestiones de cada día. La espiritualidad no requiere de un monasterio, pero sí exige lucidez y presencia todos los días. Se trata de ejercer valores, no de convertirnos en monjes.

La gratitud, la consciencia, la presencia, la esperanza, la rectitud, la compasión, la honestidad, la aceptación, la templanza y el amor no necesitan de instituciones y de religiones. Son valores inherentes a la condición humana que pueden ejercerse desde el lugar en el que cada persona asuma y desarrolle su vida. Apuntamos a una espiritualidad laica ejercida en la vida cotidiana. Solo una condición hemos de tener presente: que el ego no sofoque nuestra verdadera esencia en su búsqueda de dominancia y comparación.

Al contrario de lo que suele interpretarse, una vida austera y llena de renuncias no acelera la evolución espiritual. Por el contrario, esta actitud puede estar asociada al automartirio y al sacrificio sin sentido, que atenta contra un principio fundamental: amarse y cuidarse a uno mismo. Personalmente, sí creo ne-

cesaria y promuevo la sencillez como estilo de vida. Una vida sencilla es aquella que no necesita de tanto condimento para ser apreciada ni grandes planes para tener valor. Nos permite transitar más livianos y no confundir lo accesorio y totalmente prescindible con lo verdaderamente importante. Es preciso entrenar la mirada para considerar lo que está allí y muchas veces damos por sentado. A veces, nos distraemos demasiado en señalar lo que nos falta y lo que podría ser mejor. Muchas de las emociones de dolor, tristeza y miedo derivan de esta apreciación árida acerca de la vida.

La evolución espiritual está en estrecha relación con nuestra madurez emocional y, por consiguiente, nuestra satisfacción existencial. Cuando maduramos nuestras emociones —esto es, cuando ellas ya no nos enceguecen y dejamos de lidiar con miedos irracionales, o enojos en vano , recién allí podemos apreciar más allá de lo concreto, de la materia y de lo mundano. Cuando la marea emocional está calma, surgen preguntas más profundas y trascendentes. La consciencia se esclarece en la serenidad emocional. Es entonces cuando aparecen necesidades más complejas: nuestra evolución como personas y la búsqueda de sentido y realización.

No está a nuestro alcance sentirnos felices y contentos todo el tiempo, pero podemos crear las condiciones para que eso acontezca con más frecuencia. Mira las dicotomías que plantean estos interrogantes:

¿Te detienes con frecuencia a contemplar las manifestaciones de la naturaleza, tan bella de apreciar, o vas inmerso en tu propio mundo?

Cuando respiras, ¿sientes el aire que entra por tu pecho y se expande o estás siempre resolviendo asuntos en tu cabeza?

¿Tu paso al caminar es firme y sientes el arraigo a la tierra? ¿O tu apuro por llegar te impide hacer contacto con los movimientos de tu cuerpo?

¿Saboreas tu alimento o solo tragas la comida?

¿Disfrutas de una ducha caliente o solo higienizas tu cuerpo?

¿Escuchas a quien tienes en frente o estás pensando en lo que vas a decir a continuación?

¿Te acuestas a descansar y serenarte o solo duermes tus horas diarias?

¿Percibes la preciosidad y la quietud del silencio o buscas contenidos y ruidos que te distraigan permanentemente?

Hacer lo primero en lugar de lo segundo le aporta a tu vida la posibilidad de hacer accesibles momentos de felicidad. Son recetas simples que enriquecen lo cotidiano y nos conectan con la práctica de la gratitud, hábito necesario para no dar por sentado aquello que lamentaríamos si dejara de existir para nosotros. En una cultura que intenta convencernos de que siempre necesitamos más para sentirnos mejor, tener gratitud nos ayuda a tomar distancia de la actitud demandante y exigente con que solemos posicionarnos. En modo alguno significa ser conformistas; por el contrario, es una manera inteligente de transitar la vida y saborearla mientras vamos conquistando lo que deseamos. Es ir silbando por los caminos que elegimos recorrer, desapegados de los resultados que queremos obtener.

Sufrimos cuando no conseguimos concretar lo que deseamos y sufrimos también cuando lo que deseamos se desvanece en nuestras manos. Aceptar que la vida es cambio permanente nos cuida de aferrarnos a realidades destinadas a transformarse. La vida es efímera, vacilante; es temporal, perecedera y frágil. Quien emocionalmente lo siente así, aprendió a vivir.

Maitri: aprender a amarse y cuidarse

Me interesa detenerme para desligar el concepto de espiritualidad del martirio personal. Aguantar no es ser más espiritual que hacernos respetar. Amordazar emociones que consideramos

malas tampoco es evolución, sino batalla interior. Solemos centrar nuestra preocupación en la calidad de vínculos que tenemos con los demás (pareja, hijos, amigos, padres). Sin embargo, existe otro vínculo primordial que merece nuestra atención y dedicación: aquel con nosotros mismos. Del trato que nos demos dependerá la calidad de vida que gestionemos. De eso no caben dudas.

Elegimos nuestros hábitos y costumbres, nuestras elecciones y nuestros vínculos en función de la relación saludable (o no) que establecemos con nosotros mismos. El psicólogo Erich Fromm afirma: "La enfermedad consiste en elegir lo que no es bueno para sí". Esta concepción es reveladora, pues amplía el concepto de padecimiento y nos posiciona como responsables de elegir aquello que es saludable en detrimento de lo que no lo es. Lo saludable incluye desde las relaciones que atraemos y sostenemos, la comida con la que alimentamos nuestro cuerpo, la información con la que nutrimos nuestra mente, los pensamientos que rumiamos, los proyectos que terminamos y la actitud que asumimos en lo cotidiano.

Quererse es una práctica consciente que supone diferenciar lo que nos gusta de lo que nos hace bien. Puede gustarnos mucho mantener un vínculo de placer con alguien, pero si esa relación nos ocasiona sufrimiento, decir basta es el mayor acto de dignidad y lucidez que podemos asumir.

En la sociedad consumista en que vivimos, también podemos confundir darnos gustos con darnos un buen trato. Pensamos que querernos es comprar lo que no tenemos y dejar pendiente lo que nos fastidia. Sin embargo, esa actitud de desidia atenta contra nuestra realización y auténtica satisfacción.

Amarse es mucho más que estimarse, por eso la palabra "autoestima", que usamos en occidente para hablar acerca del aprecio que nos tenemos, resulta insuficiente. En la psicología budista tibetana, existe un término maravilloso para hacer referencia al trato amoroso hacia uno mismo: *maitri.* Su traducción literal es "amistad incondicional consigo mismo".

La palabra "incondicional" en esta definición delata la enorme distancia que nos separa de oriente, no solo en la geografía. En occidente tendemos a ser condicionales en el trato amistoso que nos damos. Nos queremos si rendimos bien, nos detestamos si nos equivocamos, nos vanagloriamos cuando nos felicitan, nos odiamos cuando nos critican, nos amamos si adelgazamos, nos condenamos si engordamos. Nos damos y quitamos el afecto como quien da una moneda a un mendigo para luego sacársela de la mano. Ejercemos un odio voraz hacia nosotros mismos del que muchas veces, sin embargo, no somos conscientes.

Practicar *maitri* es reconocernos dignos de amor más allá de cualquier condición. Lejos de ser una actitud egoísta, es el acto más altruista que podemos ejercer. Bien sabido es que quien no se valora a sí mismo está carente de verdadero amor para dar; no hay verdad más fehaciente que esta.

La práctica de *maitri* debe asumirse como una actitud constante. No es una mera definición; es ante todo una práctica de conciencia en la vida cotidiana que supone estar alertas a elegir lo bueno para sí, en una actitud de autocuidado y valoración. Esto nada tiene que ver con el narcisismo de vernos lindos o buscar aprobación. *Maitri* es la lucidez de estar atentos a hacernos bien. Un paso muy importante, entonces, es identificar las maneras encubiertas que tenemos de hacernos mal: patrones de comportamientos que nos llevan siempre al mismo lugar, autolimitaciones que nos mantienen detenidos sin poder avanzar, hábitos emocionales que nos perjudican (como tolerar demasiado, enojarnos muy fácil o abandonar lo que empezamos) y todo tipo maltratos físicos impulsados por el deseo de vernos bellos y detener el paso del tiempo.

Maitri es elegir lo bueno para sí. Una vocación, un trabajo, un vínculo, un hábito, una canción, una apuesta, un proyecto, un emprendimiento, una virtud. Trabajar un impedimento, continuar lo que no concluí, trascender un condicionamiento. Supone el acto

maduro de criticarse sin machacarse, de trabajar sobre sí sin exigirse, de no culparse, pero sí de asumir la plena responsabilidad de sí. *Maitri* es poner la conciencia ante cada elección, desde la más grande hasta la más pequeña. Hacer elecciones que nos sumen, nos beneficien y nos construyan es amarnos y bien tratarnos.

La invitación es a aprender a ejercer la conciencia de preguntarnos ante cada elección "¿Esto es bueno y saludable para mí?". A cada momento podemos tejer y retejer nuestra identidad con amorosidad, por nosotros mismos y por el bien de toda la sociedad. Una sociedad en paz descansa en la armonía del trato que cada uno de sus miembros se da a sí mismo. El mundo necesita personas que dejen de proyectar su malestar en los demás y asuma mayor responsabilidad en su trabajo personal.

Capítulo 9

LA PLENA CONCIENCIA

Alegoría del carro alado

Mc gustaría compartirles una metáfora sufí que representa nuestra manera de vincularnos con las emociones. Fue tomada de la obra *Fedro* de Platón, quien a su vez la incorpora de San Agustín. Las emociones y su impacto en el acontecer psíquico fue una preocupación desde tiempos remotos. ¿Qué nos aporta esta alegoría? Una manera práctica y gráfica de comprender nuestra dinámica emocional interna.

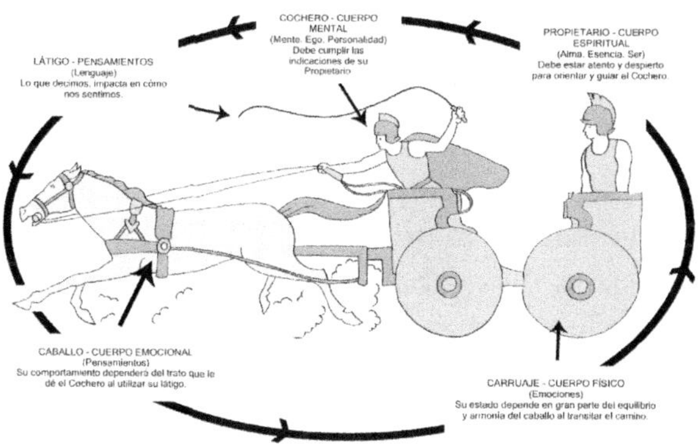

En esta metáfora se compara al ser humano con un carruaje tirado por caballos. Cada una de sus partes simboliza las diferentes instancias que dotan de complejidad a una vida humana. Veamos qué representa cada una de ellas y cuál es la enseñanza de esta metáfora milenaria.

Propietario: representa nuestro ser consciente, atento al momento presente. Volvernos diestros en el manejo de nuestras emociones supone conectar con esta parte de nosotros; que sea esta instancia quien dirija nuestra vida. En esta metáfora, el propietario está ausente, lo que alude a la falta de conciencia que tenemos sobre nuestra vida.

Cochero: representa nuestra mente racional, condicionada por mandatos externos, que responde desde los automatismos y la repetición. En la metáfora se representa al cochero como dormido, lo que sugiere que obramos mecánicamente. Con el cochero dormido y el propietario ausente, vamos por la vida en piloto automático.

Látigo: el cochero dispone de un látigo para encauzar a los caballos. El látigo representa los pensamientos y diálogos internos que sostenemos: "deberías no sentir esto", "tendrías que hacer esto otro", "siempre te pasa lo mismo". Los caballos (emociones) responden al trato que reciben a través del látigo (nuestros pensamientos).

Caballos: representan nuestras emociones. Lo que sentimos es consecuencia de lo que pensamos y nos decimos a nosotros mismos. Los caballos (emociones) necesitan ser bien dirigidos y domesticados para que no se desboquen ni vayan por caminos equivocados.

Carro: representa nuestro cuerpo. Si los caballos son salvajes y toman caminos con demasiados sobresaltos, el carro se malogra por la violencia con que los caballos galopan enloquecidos. Alude al impacto de las emociones sobre nuestro cuerpo.

Esta metáfora simboliza el estado de inconsciencia en el que solemos transitar la vida. Nos ausentamos del momento presente y nuestra mente racional opera automáticamente. Nuestros diálogos internos nos enloquecen e incitan emociones de las que muchas veces no somos conscientes. La torpeza de nuestro andar daña nuestro cuerpo y nuestros vínculos con los demás.

Habiendo analizado esta metáfora podemos interrogarnos lo siguiente: ¿cuál sería la situación deseada a alcanzar a partir del trabajo sobre uno mismo? Ante todo, el propietario (nuestra esencia) debe estar presente y ser quien orienta al cochero (nuestra mente racional). Además, el látigo no debe ser un medio de maltrato, sino un recurso para reconducir a los caballos con amabilidad.

El trabajo con las emociones se parece mucho a domesticar un animal: requiere de determinación, paciencia, límites claros y amorosidad.

La autodomesticación de sí y la importancia de contar hasta diez para no repetir

Si a partir de un estado de plena presencia aprendemos a identificar nuestros patrones de comportamiento repetitivos, podremos como propietarios alertar al cochero cada vez que se oriente hacia los mismos lugares de siempre. Hay un tiempo para nuestro cerebro que es crucial, que puede marcar la diferencia entre repetir las mismas respuestas o ensayar respuestas nuevas, más creativas y menos impulsivas. Esos segundos de actitud alerta marcan la diferencia. Cuando uno se da tiempo, se da cuenta,

y solo entonces actúa con inteligencia. Dilatar el impulso antes de tomar una decisión nos permite actuar y reflexionar. Es como activar una especie de interruptor que permite que el cerebro racional, que es mucho más lento en reaccionar que el cerebro emocional, pueda entrar a escena y dar su veredicto. El famoso dicho popular "aprender a contar hasta diez antes de actuar" tiene entonces fundamentos científicos. Esos segundos determinan si nuestra respuesta será primitiva o más evolucionada. Cuando el tiempo nos apremia, es mejor tomarse tiempo para que las emociones se aquieten y la mente se esclarezca. A veces confundimos lo importante con lo urgente y reaccionamos impulsivamente. Solo cuando logramos domesticar nuestras emociones nos convertimos en propietarios de nuestras elecciones y decisiones. Es tan importante sentir lo que pensamos como aprender a pensar lo que sentimos.

Muchas personas conocen la teoría y les cuesta ponerla en práctica. En una situación en dónde se sienten "sacados" por sus emociones, buscan el interruptor para poner pausa y no lo encuentran. ¿Por qué? Porque, en un momento de desesperación, es muy difícil encontrar lo que uno no tiene ni remota idea dónde está o cómo funciona. Así como debemos entrenarnos para correr una maratón, necesitamos entrenarnos para aprender a utilizar el cerebro de manera eficaz. La terapia, el *mindfulness* y la meditación son herramientas para estar preparados cuando lo necesitemos; nos ayudan a detectar situaciones que nos puedan traer problemas, evitar cometer los mismos errores de siempre y lo fundamental aquí: estar atentos para pulsar a tiempo el interruptor que puede marcar un antes y un después.

Retomemos por un momento el gráfico de los tres cerebros expuesto al inicio del libro. Filogenéticamente, el cerebro límbico (emocional) y el cerebro reptiliano (visceral) llevan en la historia de la evolución unos doscientos millones de años. En cambio, el cerebro neocórtex (racional), que nos permite regular nuestras emociones e impulsos, lleva apenas cien mil años. Esto

significa que el *Homo sapiens* es muy joven. Los otros dos cerebros, que compartimos con los demás animales no-humanos, le llevan millones de años de ventaja. Entonces, no nos sorprende que estos le ganen fácilmente la pulseada a nuestra parte racional. ¿Esto quiere decir que estamos a merced de nuestras partes más primitivas? No, definitivamente no. Lo que significa es que a todos nosotros como especie nos cuesta no ceder a nuestras reacciones más instintivas. La diferencia entre las personas que lo logran y las que no es que las primeras se trabajan a sí mismas, se educan en cómo gestionar sus emociones de la mejor manera. A esas partes tan poderosas no les ganamos con fuerza; las domesticamos con inteligencia. Y una de las actitudes inteligentes, como antes veíamos, es aprender a tocar el interruptor (contar hasta diez).

La información que acabamos de ver no sirve para justificarnos. No podemos decir por ejemplo: "Reaccioné así porque mi cerebro visceral y emocional llevan más años de evolución en mí". Por el contrario, nos vuelve responsables de madurar en nosotros lo que todavía está en estado prematuro. Si le falta cocción, tenemos que volvernos buenos cocineros. En este sentido (y en muchos otros), existe una distancia abismal entre la vida de una persona que trabaja sobre sí y la de otra que no. Esta última irá ciegamente por los caminos de la vida y se llevará todo tras su paso. Sufrirá muchas lesiones y seguramente atropellará a más de uno, repitiendo errores y amargándose una y otra vez.

De esta manera, cuando actuamos sin pensar, repetimos las mis respuestas a las que estamos acostumbrados, establecemos un patrón de comportamiento repetitivo (PCR) que sigue la siguiente secuencia:

Cada vez que Y, siento Z, entonces X.→ Nos volvemos personas absolutamente previsibles.
Ejemplo: Cada vez que mis amigas no me invitan (Y) me siento ofendida (Z), entonces me aíslo y me victimizo (X).

En cambio, cuando pensamos antes de actuar, empezamos a ensayar nuevas opciones de respuestas. Podemos entonces, activar Patrones de Comportamientos Creativos (PCC), que permiten contemplar varias alternativas a la vez, antes de pasar a la acción.

Cada vez que Y, siento Z, entonces puedo optar por X, también por P, ¿y por qué no W?→ Nos volvemos personas más flexibles y actualizables.
Ejemplo: Cada vez que mis amigas no me invitan (Y), no siempre me siento ofendida (Z), contemplo la posibilidad de que haya sido un encuentro improvisado, de que no haya habido mala intención (X), o puedo conversar abiertamente con ellas acerca de esa omisión (P). También puedo asumir el protagonismo de involucrarme sin tener que sentirme invitada en toda ocasión (W).

Identificar nuestros patrones de comportamiento repetitivos es el primer paso para poder flexibilizarlos y ampliarlos. ¿Te animas a reconocerlos?

Patrones de Comportamientos Repetitivos (PCR)
Cada vez que ____________________ siento____________________ Entonces____________________
Cada vez que ____________________ siento____________________ Entonces____________________
Cada vez que____________________ siento____________________ Entonces____________________

Este trabajo de introspección que acabas de hacer puedes ampliarlo más allá de aquellos patrones de comportamiento perturbadores que quieres cambiar para incluir también los hábitos de felicidad que incrementan tu salud emocional. Es importante prestar atención a no dejar de hacer aquellas cosas que nos aportan bienestar. Sentirnos a gusto con nuestra vida supone generar las condiciones apropiadas para que esa sensación tenga lugar.

Capítulo 10

INTEGRANDO NUESTRAS PARTES

Ajuste emocional

Un trabajo profundo y consciente sobre uno mismo requiere de la aceptación total de quiénes somos y cómo sentimos. Carl Gustav Jung, psicólogo y psiquiatra suizo, fue quien por primera vez acuñó el término *sombra* para referirse al aspecto involuntario de la personalidad caracterizado por rasgos y actitudes que el Yo Consciente no reconoce como propios. De este modo, aquello que nos cuesta asumir en nosotros tendemos a esconderlo o no admitirlo en la conciencia. Inconscientemente vamos recortando partes nuestras que nos avergüenzan para no verlas porque reconocerlas nos causarían dolor o nos plantearían un dilema. Desde el inconsciente, estas partes relegadas ejercen todas sus fuerzas para lograr liberarse de ese sometimiento y muchas veces *saltan como resortes* y no sorprenden sin que podamos tener demasiado control sobre ellas. Poner luz en esta oscuridad es mirar de frente nuestra sombra, dejar de negar lo que nos da pudor y gestionar desde la plena consciencia todas nuestras partes, las que nos gustan y las que no.

Aceptar nuestra "sombra" no es actuarla necesariamente, sino integrarla a la consciencia para volvernos personas enteras y ma-

duras en nuestra forma de relacionarnos con nosotros mismos y los demás. Además, solo podemos transmutar aquello que vemos y reconocemos. Lo que negamos no está en nuestras manos. Si estamos decididos a hacer cambios y trabajar sobre nosotros mismos, tenemos que animarnos a mirarnos con total honestidad.

"Prefiero ser un hombre completo a un hombre bueno".

Carl Gustav Jung.

"Lo que negamos, nos somete. Lo que aceptamos, nos transforma"

Carl Gustav Jung.

Nuestro mundo interno es polar. Sentimos tanto lo "bueno" como lo "malo" o, mejor dicho, lo que nos enorgullece y lo que nos avergüenza. Lo malo que no quiere ser admitido busca inexorablemente la manera de expresarse y, muchas veces, esta es a través de somatizaciones (síntomas físicos), autoboicots, destrucción de lo bueno para sí, reacciones impulsivas incontrolables y proyecciones hacia los demás. Como dice el refrán, "vemos la paja en el ojo ajeno y no la viga en el propio". Por ello, es más saludable integrar y mantener un diálogo abierto con todo lo que nos pasa, aceptarnos como seres enteros capaces de sentir todas las emociones. Cuando le damos entidad a la totalidad de lo que sentimos y dejamos de negar, podemos conocernos en profundidad y, desde allí, es posible trabajar en la expresión funcional de nuestra interioridad. De esta manera, podremos ser dueños de nuestras emociones y no esclavos de las mismas.

Ante las preguntas "¿Somos responsables de lo que sentimos?" "¿Sentir tal o cual cosa nos vuelve malas personas?", la respuesta es en parte sí y en parte no. No, en el sentido en que una emoción viene de repente y de forma involuntaria; no podemos decretar "voy a sentir esto", de la misma forma que no

podemos elegir nuestros sueños. De lo que sí somos responsables es de cuánto tiempo nos vamos a quedar varados ahí, en ese sentir. Si empezamos a inflar la emoción, trayendo recuerdos que la confirmen, hilvanando pensamientos que la fortalezcan, lo que hacemos es darle cuerda o subirle el volumen para que suene más fuerte. Y cuando este sonido es ensordecedor, dejamos de pensar de manera sensata y *actuamos* la emoción; de esto sí que somos responsables. No es lo mismo sentir enojo que golpear un ojo ¿verdad? Lo que nos convertirá en malas personas o por lo que seremos juzgados será por nuestros actos y no por sentir o pensar de determinada manera. Es más valorable una persona que pudiendo herir elige no hacerlo, que pudiendo sacar de sí el personaje de mala prefiere no ejercerlo, que otra que se dice pura y casta y de seguro ha mandado a la sombra lo que preferiría no sentir. Es a esto a lo que se refiere Jung con su frase "Prefiero ser una persona entera a una persona buena". Una persona entera está completa, puede sentir y asumir aquello que siente, no ha recortado partes de sí para calzar en el personaje de persona buena. Una persona entera es una persona consciente que ha trabajado sobre sí, que se conoce lo suficiente, que siente todo lo que siente y se mira de frente, y que se rige por sus valores y por su ética al momento de actuar.

Decretar de manera autoritaria lo "que puedo sentir" y lo "que no puedo sentir" es amputar partes nuestras que nos pertenecen y con las que podremos contar si logramos sanarlas.

Hagamos visible lo que acabo de decir con una metáfora ilustrativa:

Imagina que en tu cocina hay una sobra de comida que ya no quieres comer porque no te ha gustado tanto o porque te ha caído mal la noche anterior… algo tienes que hacer con esto, ¿no es cierto? Puedes juntar los restos, vaciar la bandeja, limpiarla. También puedes dejarla un día más en la heladera, por si cambias de opinión y quieres comerla luego. Pero imagina que pasan los días y esa sobra sigue ahí. No hiciste nada con ella, por lo tanto,

no desaparece ni se transforma en un manjar por sí sola. Como te incomoda limpiar la bandeja, por pereza o desagrado, sigues dejando allí la sobra. Es más, para no verla cada vez que abres la heladera, decides correrla hacia atrás, detrás de las botellas. ¿Qué te parece que pasará? Supongo que, en un par de días, cada vez que abras el refrigerador saldrá de allí un olor nauseabundo que te recordará que algo tienes que hacer con eso. Primero, ese olor se sentirá solo en la cocina, de la cocina se extenderá al comedor, de allí a toda tu casa, impregnando de un olor putrefacto tu hermoso hogar que, aunque te esmeres en aromatizar, será una mezcla rara de olores poco gratos. Si no resuelves de una vez por todas lo de tu sobra, invertirás gran cantidad de energía, tiempo y dinero en tapar lo que huele mal.

Esta situación ilustra lo que muchas veces hacemos con nuestro mundo emocional. Lo que sentimos y no nos gusta sentir (envidia, enojo, pereza), lo negamos, lo reprimimos y adornamos con argumentos y justificaciones que nos terminamos creyendo. Desde la razón nos conformamos, pero el inconsciente —que nunca miente— quiere hacer oír su voz. ¿Qué sucederá? Lo que en el ejemplo es olor feo en la heladera por las sobras será una tensión corporal en nuestro cuerpo por esa emoción no expresada; tal como el olor se expande por el resto de la casa si la causa no se atiende, la tensión muscular será un síntoma primero y luego una enfermedad (física o mental) si no nos hacemos cargo de gestionar nuestro alimento emocional.

Una aclaración importante. La enfermedad como consecuencia y derivación de asuntos internos irresueltos en modo alguno debe ser concebida como un castigo por lo que dejé pendiente. Más bien debe funcionar como un recordatorio de que hay que hacer algo con eso para que no siga afectando nuestra vida y nos traiga mayores consecuencias. El costo de mirar para un costado es, muchas veces, darse de frente contra un paredón. ¡Y duele! Tiene, sin dudas, consecuencias más graves que asumir la verdad sobre lo que humanamente sentimos.

Tomar consciencia de qué nos pasa y cómo nos pasa nos libera y nos devuelve la energía que invertimos en mentirnos y disfrazar aquello con lo que nos cuesta lidiar. El malestar emocional, los síntomas físicos, las enfermedades no son más que una invitación de nuestro inconsciente a ser sinceros con nosotros mismos.

Todos, absolutamente todos sentimos cosas que preferiríamos no sentir, pero eso no nos hace buenas o malas personas. Por el contrario, nos vuelve personas íntegras (integrada/entera). Y solo una persona que reconoce en sí misma todas sus emociones y se anima a mirarlas de frente puede decidir qué hacer con ellas. Por el contrario, una persona que se esfuerza por ser agradable, diplomática, simpática y bondadosa tiene que mandar a la sombra aquellos rasgos que no coinciden con la imagen que quiere dar a los demás.

No hay emociones buenas y malas, solo hay emociones ('energía en movimiento'), y todas son necesarias para mantener nuestro equilibrio interno. Lo que sí hay son consecuencias lamentables por no hacer un trabajo consciente con ellas. Negar es dejar libre curso a que las emociones irrumpan en nuestra vida como impulsos irrefrenables, sin que podamos gestionarlas e integrarlas en una conducta adecuada. Se trata de hacer contacto con eso que sentimos y, desde la plena consciencia, elegir un canal de expresión funcional o bien decidir no actuar eso que sentimos, no como consecuencia de amordazar o aguantar, sino que voluntariamente optamos por no decir o no hacer, ya que el resultado de eso no tendrá fines constructivos para nosotros.

Investigar en lo cotidiano
Actividad N° 8

Te animo a que mires de frente todo aquello que sientes, sin juzgar ni resistir. Este espacio pertenece al ámbito de tu intimidad, es tu diario de trabajo. Si luego quieres compartir tus sentires con personas apropiadas, será bienvenido, dado que abrirse ayuda a no sentirse único. "Com-partir" es tomar una parte de lo que nos pasa y darlo a alguien para que nos ayude a llevar eso que sentimos y puede ser una carga demasiado pesada. Es por eso que com-partir hace que uno se sienta más liviano; repartir la carga, aliviana.

Te propongo que escribas debajo todo aquello con lo que te cuesta hacer contacto o aquellos sentimientos que tratas de disfrazar porque te incomodan, ya sea porque consideras que esto no es apropiado, no coincide con la imagen que tienes de ti mismo o porque, simplemente, implicaría hacer cambios en tu vida que no quieres hacer.

Luego de poner en palabras lo que estabas silenciando dentro de ti, puedes mirarlo de frente y elegir conscientemente cómo relacionarte con ello. Quizás a partir de esta toma de conciencia decidas charlar con alguien, aclarar con algún ser querido un asunto, empezar o terminar algo, pintar un cuadro, escribir una carta, resolver algo pendiente, hacer ejercicio para liberar la energía acumulada. Muchas son las maneras de expresarse; lo importante es que nuestra parte más consciente y madura sea la que elija el modo adecuado de hacerlo.

Tomar conciencia libera al cuerpo del trabajo de tener que avisarte y recordarte que eso está y te sucede. Lo fundamental de admitir lo que se intentaba evitar es el beneficio de generar un movimiento interno que libera un caudal de energía que estaba destinado a quedar bajo la sombra, aspectos mutilados de nosotros mismos.

Capítulo 11

LA AUTOOBSERVACIÓN EN LA GESTIÓN DE LAS EMOCIONES

Incorporar herramientas útiles

La hipnosis personal en la que solemos caer transcurre en complicidad con la hipnosis colectiva en las que todos estamos inmersos. Una persona dispuesta a "despertar" es aquella que comienza a darse cuenta de lo que le pasa y cómo le pasa, que logra diferenciar su consciencia (observador) de los contenidos de conciencia (lo que se mueve en su mente). Con una lucidez incrementada, uno puede lograr salirse de sus automatismos y comenzar a elegir en lugar de repetir.

Cuanto más lúcidos nos volvemos, la brecha que existe entre el estímulo (E) y la respuesta (R) que damos se incrementa. En esta brecha acontece esa tan valorada pausa donde nos es posible elegir una respuesta del universo de las infinitas posibilidades y no quedar fijados a la acción refleja de nuestras reducidas respuestas.

E → R

(Acción - Reacción)

E→ ——————————— → R

(Acción - Pausa "toma de cc" - Decisión)

Para conseguir el preciado autodominio, es necesario entrenarse en la capacidad de autoobservarse, tanto en la soledad y el silencio como en medio de la acción cotidiana y con otros. Muchas son las maneras de cultivar la introspección y todas son valiosas si su propósito es ampliar conciencia y conocer las propias dinámicas internas. Es imprescindible saber que la puerta que nos libera solo se abre desde adentro.

"Quien mira hacia afuera sueña, quien mira hacia adentro despierta"

Carl Gustav Jung.

Las personas valientes que buscan superarse están dispuestas a emprender este desafío.

Se atreven a ir más allá de la hipnosis colectiva y buscan "madurar" y no solo "durar".

"Durar" es volverse viejo con el paso del tiempo.

"Madurar" es volverse sabio por las experiencias del paso del tiempo.

Las personas que solo duran se vuelven inflexibles y previsibles. Las personas que maduran se vuelven más flexibles y creativas.

No estamos aquí solo para disfrutar *de* la vida, estamos aquí para experimentar *en* la vida y aprender *con* la vida. De cada uno dependerá el capital conseguido, que afectará la evolución de su ser. No somos solo humanos; somos "seres humanos". Solemos olvidarnos de nuestra parte más sutil y quedarnos solo con la parte terrenal. La psicología transpersonal nos recuerda que somos seres espirituales transitando una experiencia humana. Y conseguir una vida humana es todo un privilegio puesto que contamos con nuestra consciencia para poder desplegarla y evolucionar. Cada persona que se transforma a sí misma hará su aporte al gran patrimonio de la humanidad.

Con palabras sabias y humildes, Mahatma Gandhi promulgaba: *"Si quieres cambiar el mundo, cámbiate a ti mismo"*. Reflexionarlo de esta manera le aporta un sentido trascendental al crecimiento personal: lo que hagamos con nuestra vida no se agota allí, afecta e impregna al gran inconsciente colectivo de la humanidad. Este es el camino de la evolución. Nuestros ancestros han hecho mucho por nosotros si miramos unos cuantos siglos atrás, ¿verdad? Bien, cada uno desde su lugar puede seguir sembrando para que las futuras generaciones cosechen los frutos del trabajo consciente de sus padres y abuelos. Es una larga cadena de eslabones que se consolida con el aporte de todos. El trabajo sobre sí nos vuelve más sabios para gestionar nuestra vida y, a su vez, construye sabiduría para aquellos que nos sucederán.

Esta sabiduría no se origina en lo que nos pasa, sino en cómo nos pasa lo que nos pasa; tiene que ver con *saberse* cada día un poco más, no con la información de la mente racional. Cosecharemos sabiduría a partir de la sensibilidad y la humildad que tengamos para preguntarnos: "¿Qué aprendí de esta experiencia?" "¿Qué me dejó esta vivencia?" "¿De qué me nutrí al transitarla?" "¿Cuánto crecí y me expandí?" "¿Cuánto me transformó?".

Escalones en la práctica de la autoobservación

Partiendo de todo lo dicho, les presentaré algunas maneras de hacer de la autoobservación un ejercicio cotidiano. Antes es preciso aclarar que la misma tiene distintos niveles de complejidad, de acuerdo al grado de conciencia que implica y la atención que exige. Desde lo que puede resultarnos más simple a lo más desafiante, ir ascendiendo escalones en la práctica de la autoobservación es volverse cada vez más diestros en el manejo de este recurso y más lúcidos en nuestra vida.

<u>1° nivel de autoobservación:</u> observar nuestras emociones, sentimientos, sensaciones, patrones de comportamiento y todo

movimiento interno, en soledad y en silencio. Esta observación, en general, será *a posteriori* de un acontecimiento significativo, una interacción, un suceso. Ejemplo:

"Ahora que me pongo a pensar en la discusión que tuve con mi mamá, caigo en la cuenta de que mis reclamos hacia ella pertenecen a otro momento de mi vida, cuando niña. Quizás sea una buena idea conversar con ella acerca de esto, en lugar de reaccionar a partir de las heridas del pasado que no acaban de cicatrizar. Observo en mí que, ante su presencia, mi cuerpo se tensiona y me vuelvo aquella niña con hambre de afecto y de sentirse escuchada. Desde ese lugar, le reclamo buscando compensar. Observo también que me cuesta mucho relacionarme con ella en otros términos y que entro en contradicción conmigo misma cuando me enojo porque, a su vez, la quiero mucho y la rechazo tanto como la necesito".

2° nivel de autoobservación: observar todo lo anterior sin esperar a que ocurra algo significativo, sino como actitud consciente ante la vida, en tiempo presente. Generalmente, será en momentos de soledad y quietud. Ejemplo:

"Me doy cuenta que, últimamente, estoy muy irritada y ansiosa pero sé que, detrás de este enojo, hay tristeza porque las cosas no han ido como esperaba. Me doy cuenta de que es habitual en mí frustrarme porque acostumbro a poner demasiadas expectativas en lo que vendrá. Mi exigencia hace que lo que llega nunca sea igual a lo esperado. Por suerte, estoy aprendiendo a detectar el momento en que empiezo a anticiparme. También reconozco que para no desilusionarme sería importante aceptar la realidad de que no todas las personas valoran lo mismo. Esta comprensión me puede ayudar a no tomarme las cosas de manera personal y a ser más consciente de que todos pensamos y vemos la vida de manera diferente. Me doy cuenta también de que, en la medida en que detengo un poco la marcha y me doy estos momentos de autoobservación para reflexionar acerca de lo que siento, mi cuerpo se afloja y mi visión se aclara".

3° nivel de autoobservación: observarnos mientras estamos en interacción con otros, en medio de la acción cotidiana y en el diálogo con los demás. Se trata de un ir y venir entre lo que está sucediendo y lo que se mueve dentro nuestro. Esta actitud alerta y presente nos va posibilitando a elegir palabras y comportamientos. Pasamos de la reflexión posterior pasiva a la anticipación activa. Nos convertimos en protagonistas y espectadores a la vez. Ejemplo:

"Mi marido comienza a elevar su voz, lo siento nervioso. Sé que, si no pongo paños fríos a la situación, la discusión se intensificará y será agotador buscar tener razón y yo hoy, con lo cansada que estoy, solo necesito conservar la paz. Mi cuerpo me pide lucha pero mi corazón necesita más abrazos que dureza. Me urge interrumpirlo para darle mis argumentos y dejarlo en evidencia pero, por otro lado, comprendo su fastidio y sé que ha tenido un día duro. Se me ocurre hacer un chiste para descomprimir la tensión, pero temo que piense que no le doy importancia a lo que siente. También me resulta injusto no defenderme porque no estoy de acuerdo con su trato. Miro el reloj, veo que es muy tarde y ambos estamos demasiado cansados. Le propongo conversar de esto más tranquilos el día siguiente. Nos quedamos callados, la pausa y el silencio hace que cada uno se concentre sobre sí y reflexione. Lo invito a un abrazo conciliador. Sentir su abrazo hace que lo comprenda más. Observo lo bien que nos hacen como pareja esos momentos de intimidad y cercanía, sin mediar palabras. Le propongo que mañana retomemos la conversación estando ambos más tranquilos".

El último nivel es el que requiere más entrenamiento porque supone no dejarse atrapar por la emoción. Es difícil ser invitado al *ring* y no subirse. La tendencia en la interacción es a reaccionar a los movimientos del otro. Autoobservarnos nos permite aumentar la brecha entre el estímulo que llega y la respuesta que damos.

Aprender a observarnos en la vida cotidiana

A continuación, les presento cuatro maneras de practicar la auto-observación en la vida cotidiana. Todas ellas nos ayudan no solo a conocernos más, sino también a estar cada vez más presentes en nuestras interacciones con los demás. Su práctica sostenida nos vuelve personas más lúcidas, despiertas y evolucionadas.

1- El testigo interno

En Oriente, la práctica de la meditación es un recurso de enorme valor para observar los contenidos internos. ¿Cómo se desarrolla esta práctica? ¿Cómo aplicarla en la tarea de gestionar nuestro mundo emocional? Lejos de ser un proceso pasivo, la meditación requiere de una atención activa. Se trata de instalar lo que en las tradiciones de sabiduría se conoce como el "testigo interno". Esta instancia va desarrollando la capacidad de percibir los contenidos de conciencia sin reaccionar ni juzgar aquello que va atestiguando. Solo toma conciencia de lo que acontece en el interior de su mente. Por "contenido de conciencia" se entiende todo movimiento interno de la mente: pensamientos, creencias, recuerdos, percepciones, emociones y sentimientos. Esta práctica permite tomar distancia respecto de todo lo que se mueve en el interior de nuestra mente, ya que el hecho de observar establece un espacio entre el observador y lo observado. En cambio, cuando estamos demasiado apegados a nuestros contenidos de conciencia (es decir, demasiado poseídos por lo que pensamos y sentimos), no alcanzamos a darnos cuenta de que no somos lo que pensamos o sentimos en un determinado momento, sino que ello solo está aconteciendo en la corriente continua de nuestra mente.

En una antigua metáfora, se representa a la conciencia como un río y al flujo de sus contenidos internos —nuestros pensamien-

tos, ideas, creencias y emociones transitorias—como los troncos, las hojas, las botellas vacías y los peces que flotan en esas aguas. Es habitual que seamos arrastrados por la corriente, envueltos en el vértigo de los remolinos emocionales. Otras veces, lo inunda todo una botellita vacía pasajera que pierde trascendencia si logramos verla en el contexto de todo el río. El testigo interno es un observador que se separa de la corriente de contenidos internos y puede apreciar su curso, sin dejarse arrastrar por sus aguas. Tomando distancia de la turbulencia, percibe y registra todo aquello que sucede en ese íntimo río emocional.

Entrenarse en la autoobservación es ir de a poco nadando hasta la orilla para poder hacer pie en tierra firme y observar desde allí el río y sus movimientos, sin ahogarnos en sus aguas. Desde esta mirada estratégica podemos decirnos cosas como "Esto es solo un pensamiento", "Esta sensación pronto pasará", "Las aguas se llevarán estas emociones si siguen su libre curso", "Soy mucho más que este pensamiento que me abruma".

No puedes nadar contra la corriente, pero sí puedes llegar a orilla y subir río arriba.

Otra metáfora que nos ofrece la naturaleza y resulta ilustrativa para comprender estos conceptos es el cielo y sus nubes pasajeras. Comparamos el cielo celeste y despejado con la consciencia (que está por encima) y las nubes con los contenidos de conciencia, es decir, todo lo que pasa por nuestra mente, lo impermanente, lo fugaz, lo transitorio. Lo que sentimos y pensamos son nubes pasajeras que siguen viaje si no nos esforzamos por retenerlas. Enojarnos con lo que sentimos y resistir lo que pensamos hace que retengamos esa nube y no podamos ver el cielo que está detrás y es mucho más amplio.

Recuerdo que cuando era niña veía frecuentemente historietas donde un personaje tenía encima una nube de tormenta que lo seguía a donde iba, representando su mal humor o su infortunada suerte. Con su enojo, llevaba la nube sobre su cabeza a cada paso. Exactamente lo mismo nos sucede cuando nos apegamos a nuestros estados de ánimo. No es que estos nos sigan como la nube al personaje, sino que somos nosotros quienes nos apegamos a esas emociones y las llevamos puestas como sombrero dondequiera que vayamos. Desde la perspectiva del personaje animado, entonces, solo hay días nublados y lluviosos, aunque alrededor haya un sol radiante. Su estado de ánimo no le permite ver más allá de su emoción. Esto se asemeja a lo que afirma el popular dicho, "A veces, el árbol no nos deja ver el bosque". Si queremos contemplar todo el paisaje, será preciso correr la mirada de un único árbol o sacarnos de encima el sombrero.

Para desarrollar el testigo interno cobra fundamental importancia el concepto de *distancia adecuada*. El desafío consiste en elevarse por encima de los contenidos de conciencia para poder observarlos con mayor objetividad.

El observador se revela atestiguando, de modo neutral y ecuánime, la presencia de cada uno de los contenidos de conciencia. Este observador se dispone con una actitud de plena atención. Sin la presencia del observador, la vida nos acontece sin que logremos intervenir activamente. Esta actitud de meditación alerta

recibe el nombre de *Vipassana* en la tradición budista *The*
En la tradición budista zen, forma parte de la práctica d
tación llamada *Zazen*. Y, en el budismo tibetano, constituye la práctica de meditación denominada *Dzogchen*.

2- La doble atención

La doctrina sufista propone la práctica de la "doble atención" como otra manera de instalar la autoobservación en nuestra vida cotidiana. Esta consiste en que el observador perciba nuestras reacciones a los estímulos del entorno. Cabe recordar que la atención es como un músculo flácido que requiere entrenamiento para fortalecerse. En un comienzo, la atención es fluctuante, va y viene. Darse cuenta que uno no se está dando cuenta también forma parte de la ejercitación. Veamos el siguiente gráfico y su explicación:

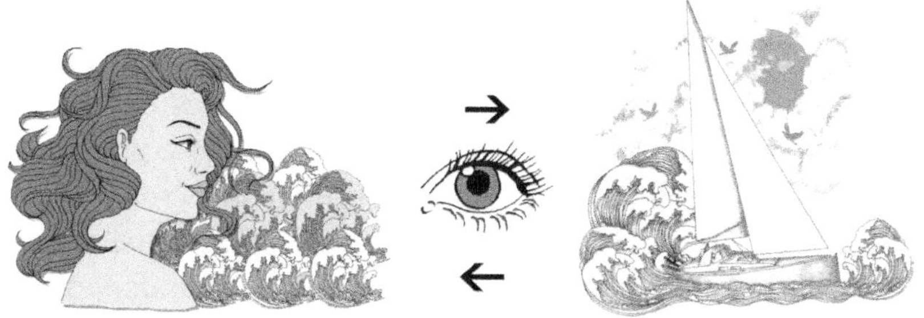

El observador (representado por el ojo central) está mediando la interacción. Un estímulo **X** (paisaje) llega como contenido de conciencia y genera una respuesta emocional o una reacción conductual **Z** en quien contempla el paisaje (por ejemplo: melancolía). El observador *ve* y registra lo que sucede y cómo sucede, sin juzgar ni intervenir, aunque sí incrementa la conciencia de sus propios procesos internos. Situar al observador en el circuito per-

ceptual es crucial para que nuestras respuestas en la vida no sean mecánicas e inconscientes: "Percibo y al mismo tiempo observo qué se mueve en mí a partir de esa percepción, voy y vuelvo...".

Lo externo se convierte en interno desde el momento en que se transforma en un contenido de conciencia al ingresar en mi campo perceptual. Así, muy de a poco, vamos ampliando consciencia de lo que se mueve en nuestro interior, primero ante estímulos que no contienen tanta carga emocional y luego en interacciones con personas, donde las emociones tornan más difícil ese desapego óptimo para poder elegir desde dónde responder con plena conciencia de los procesos internos.

3- El discernimiento

Las tradiciones de sabiduría oriental nos hablan de la práctica del "discernimiento" como una herramienta fundamental para comenzar a hacer distingos en nuestro entramado emocional. Para comprender la esencia de este recurso, podemos utilizar la comparación entre la complejidad emocional y un bosque denso, repleto de vegetación de todos los tipos de especies. El trabajo sobre sí requiere de la valentía para adentrarse en ese paisaje en donde la visión resulta muy confusa y el riesgo es perderse en el camino de conocerse. El discernimiento es una herramienta que nos permite aclarar el caos emocional, distinguiendo *qué es qué* en este escenario selvático. La tarea se asemeja a la de un explorador que va tratando de abrirse paso ante un gran horizonte. El discernimiento a través de la autoobservación funciona como un cuchillo que separa lo real de lo imaginario, lo proyectado de lo percibido, lo que sentimos de lo que pensamos, el presente del pasado. Al ir viendo qué es qué, vamos entendiendo más objetivamente la realidad interna y la externa.

La tarea, entonces, es empezar a discernir:

1- Lo actual de lo histórico. Vivimos el hoy con emociones del ayer. Lo que no fue elaborado de nuestro pasado, le imprime al momento actual cargas emocionales que no se ajustan a la realidad, deformando así nuestra percepción objetiva. Ejemplo:
"En el pasado, tuve una decepción amorosa y salí muy lastimada de aquella experiencia. En mi nueva relación me encuentro pasándole facturas a mi pareja actual de aquel desamor, expresando inseguridad, celos y reproches". Esta es una clara descripción de lo que le sucede a Zoe cada vez que el pasado se apodera de su presente.

2- Lo que deseamos de lo que desean lo demás para nosotros. Esta falta de distinción hace que vayamos detrás de zanahorias que no son nuestras y que, cuando las alcancemos, nos sintamos vacíos. Buscamos responder a expectativas ajenas en lugar de buscar realizarnos nosotros mismos. Ejemplos:

"Me recibo de médico y no siento la satisfacción que esperaba sentir después de tanto esfuerzo y dedicación. Una mirada sincera me ayuda a reconocer que, en realidad, lo que hago es más cumplir la expectativa familiar de 'mi hijo el doctor' que ejercer mi auténtica vocación".

"Tengo tres hijos varones y estoy buscando a la nena. Al tomar conciencia, me doy cuenta que estoy abocada a la vida hogareña cuando lo que verdaderamente deseo es tener la libertad y el tiempo para dedicarme a lo que amo hacer: pintar, exponer, viajar".

3- Lo propio de lo ajeno. Muchas veces, proyectamos en los demás las propias frustraciones, lo que resistimos y no queremos ver de nosotros mismos (la "sombra"). Asimismo,

idealizamos en los demás cualidades positivas que existen en nosotros en forma de potencial ("sombra dorada"). Ejemplos:

Sombra: "Me molesta que una amiga se comprometa conmigo y luego no cumpla su palabra dando justificaciones que suenan válidas". Si bien esta es una actitud que podría fastidiar a cualquiera, lo que delata el mecanismo de proyección es la exageración de nuestra reacción, pues esa actitud ¡nos saca de las casillas! En este ejemplo, la persona en cuestión debería preguntarse: "¿En qué situaciones me encuentro haciendo lo mismo con otros?" "¿En qué medida 'no cumplir la palabra' es algo que me hago a mí misma y encuentro rebuscadas razones para convencerme de mis postergaciones?".

Sombra Dorada: "Admiro enormemente el talento de alguien para hacer música y escribir canciones". En este caso, puede que esta persona tenga igual capacidad creativa, pero por timidez nunca se haya animado a mostrar su potencial. El miedo al ridículo y a la exposición silenció ese don.

4- Los aprendizajes adquiridos (culturales-familiares-educacionales) de nuestra verdadera naturaleza originaria (la propia esencia). Muchas veces encarnamos una identidad muy lejana a nuestra verdadera esencia. La consecuencia de ello es un sentimiento de insatisfacción, traición y enajenación con respecto a nosotros mismos. En nuestra búsqueda de adaptarnos al medio, desatendemos lo que queremos. Ejemplo:

"Tengo un espíritu aventurero y deseos poco convencionales aunque mi familia es demasiado tradicional. Por temor a la desaprobación, estudié abogacía, me recibí, me casé y hasta tuve hijos, pero en mi interior se gestó una tristeza fruto de lo no vivido y un resentimiento profundo porque mi vida fue determinada desde afuera".

5- Impresiones o sensaciones de emociones, emociones de pensamientos y creencias y sentimientos de emociones. Solemos confundir estos términos que en apariencia son parecidos pero que en realidad son bien distintos. Ejemplos:

"Tengo sensación de cansancio en mi cuerpo por haber trabajado mucho y confundo ese agotamiento con una emoción de tristeza y mal humor. Llego a convencerme de que estoy desanimado cuando en realidad lo que necesito es un buen descanso".

"Confundo la emoción de estar enojada y muy molesta con mi pareja con el sentimiento más profundo de no amarla más. Una emoción transitoria que no es bien gestionada puede llevarme a tomar decisiones drásticas".

"Mi hijo se demora en llegar a casa y comienzo a experimentar miedo porque pienso que seguro le pasó algo malo. Si reflexiono, advierto que esa emoción no es objetiva, que solo es consecuencia de los pensamientos catastróficos que suelo tejer en mi cabeza cuando algo está fuera de mi control".

6- Nuestra rígida idea de cómo "deberíamos" ser de cómo sentimos que somos en verdad. Nos enojamos con quienes somos por querer responder a un ideal de cómo pensamos que deberíamos ser. Esto genera fricción y odio hacia nosotros mismos. Nos vuelve personas autoexigentes, perfeccionistas y ansiosas por sentir que no estamos a la altura. Ejemplo:

"Experimento una gran frustración por no haber sido reconocido en mi profesión como periodista porque considero que, para ser una persona exitosa, así debe ser. Sin embargo, si reflexiono sobre mi vida, me siento feliz por la familia que formé y el tiempo que destiné a mis hijos. Mis valores más hondos tienen que ver con la familia y con compartir el mayor

tiempo junto a ella, y no tanto con el reconocimiento social. Sé que no hubiese estado dispuesto a viajar, seguir estudiando, perderme actos escolares o implicarme en eventos formales de mi profesión. Mi angustia aparece cada vez que miro con prejuicios mi vida de acuerdo a lo que pienso que es una vida exitosa. En realidad, me siento muy a gusto con mi vida, aunque no responda a los valores que alimenta la cultura actual".

7- Nuestras fantasías y supuestos respecto de las situaciones y las personas de lo que acontece objetivamente. Esto va acompañado de un sentimiento de no aceptación y frustración continua de nuestras expectativas. Ejemplo:

"Imagino que una madre debería ser amorosa e incondicional y, al relacionarme con mi madre, encuentro una persona más bien fría y distante. El enojo me recuerda que tengo que saber diferenciar mis expectativas de la realidad".

"Imagino que los demás me rechazan y me excluyen cuando en realidad reconozco que soy yo quien se aísla y marca distancia".

Liderarnos a nosotros mismos muchas veces supone el riesgo de no gustarles a los demás. Sin embargo, ese escollo nunca es equiparable al sabor personal de no gustarse a uno mismo y traicionar los deseos propios. Es una gran osadía animarse a ser impopular. Esto no es lo mismo que ir contra corriente, sin sentido. Me refiero a ser lo suficientemente valientes para no ir tras la manada si no nos sentimos ovejas de ese corral. Es bueno que te preguntes con cierta regularidad: "¿Cuán fiel estoy siendo conmigo mismo?". La práctica del discernimiento es un ejercicio de toma de conciencia que nos ayuda a diferenciar cuestiones que son esenciales para no errar el tiro.

Investigar en lo cotidiano
Actividad N° 9

Me gustaría que esta semana tengas presente estos ítems y te tomes el trabajo de hacer distingos. En ejercicios anteriores, lograste observar y registrar tus emociones. Ahora pretendo que trates de ver *qué es qué* en tu entramado interno. Este trabajo de exploración emocional es difícil y hasta puede ser doloroso, pero es necesario para incrementar consciencia pues aporta claridad al momento de tomar decisiones que pueden ser trascendentes en tu vida.

Teniendo en cuenta los ítems enunciados arriba, registra al menos dos observaciones por cada uno.

Ejercicio de discernimiento	
Nuestros condicionamientos (culturales-familiares-educacionales) de nuestra verdadera naturaleza.	
Lo interno de lo externo.	
El presente del pasado.	
Sensaciones de emociones, emociones de pensamientos, sentimientos de emociones.	
Nuestros ideales y prejuicios de cómo tendríamos que ser de cómo somos realmente.	
Nuestros imaginarios respecto de los demás y de los eventos de lo que realmente son.	
Lo que los demás esperan de nosotros de lo que nosotros verdaderamente queremos.	

4- Revisión de conciencia

Otra manera de autoobservarse es a través de la técnica de "revisión de consciencia". La revisión de conciencia es un ejercicio de focalización. Podría equipararse a poner en el portaobjetos de un microscopio algo sobre lo cual se quiere investigar. En el trabajo sobre sí, el foco de la indagación sería lo siguiente: "Yo en relación a algo o alguien". Se trata de focalizar en una situación puntual que contenga cierta carga emocional. Una vez identificada, hacemos una "re/visión", volver a mirar con mayor lucidez lo acontecido. Las siguientes preguntas funcionan como guía para mirar con conciencia aquello sobre lo cual nos disponemos a explorar:

- ¿Qué sensaciones se produjeron en mi cuerpo al estar en esa circunstancia?

Dolor de panza, sudoración, nudo en el estómago, tensión en el cuello, manos frías, palpitaciones, piel erizada, temblores, sonrojo.

- ¿Qué emociones sentí?

Tanto aquellas más evidentes como las más profundas y menos conscientes. Podemos sentir miedo pero, detrás de esa emoción, quizás sintamos también enojo.

- ¿Qué impresión quiero causar?

Ante la persona con la cual interactué, ¿qué imagen quise que se lleve de mí? Algunas opciones pueden ser las siguientes: "Soy una persona fuerte". "Conmigo no se juega". "Soy vulnerable". "Soy un experto". "Soy una persona interesante".

- Si lo que me dispongo a explorar no implica a otra persona, sino una situación o evento: ¿Qué sabor tengo de mí en esas circunstancias?

"Me siento perdido". "Me siento frustrado". "Tengo sensación de flojera". "Me siento como sapo de otro pozo". "Me siento como pez en el agua". "Me siento superior a los demás". "Siento que no estoy a la altura de las circunstancias."

Contar con estos registros nos permite disponer de la información necesaria para tomar decisiones más conscientes y consecuentes. El registro que aparece debajo pertenece a Ariel en sus primeros trabajos de autoexploración:

"Cada vez que estoy en un grupo y me surge una inquietud, omito preguntar o dar mi opinión por temor a la exposición y el miedo al ridículo. En el momento, quedarme callado me evita la tensión que supone afrontar el desafío de expresarme a pesar de mi ansiedad, pero luego me invade un sabor amargo, como un profundo sentimiento de desvalorización y enojo por relegarme en lugar de buscar superarme".

Reconocer esta dinámica emocional le permitió a Ariel en aquel tiempo tomar conciencia de que el alivio que sentía al evitar las situaciones de ansiedad (dar exámenes, hablar en público, etc.) no resultaba ya suficiente. Fue decisivo para él darse cuenta que los beneficios de la evitación no eran mayores que su frustración posterior. Como una verdadera iluminación, reconoció la "no ganancia" de seguir siendo así. Sus deseos de desarrollo profesional eran superiores a su pereza para comprometerse a trabajar de verdad en esa limitación. En sus tiempos de adolescencia, las consecuencias no eran lo suficientemente graves, pero su adultez exigía trascender esa barrera personal. Fue el clic que tuvo que hacer para tomarse en serio su trabajo personal. Dejó de ver esa condición (miedo paralizante) como algo intrínseco y

adherido a él. Dejó de hablar desde la resistencia del "Yo soy" para pasar a la pregunta de "¿Cómo quiero ser?". Se entrenó en técnicas de afrontamiento a pesar de su intensa ansiedad inicial. La pasó muy mal al principio; recuerdo que me detestó por las tareas asignadas. Sin embargo, hoy goza del sabor de la superación personal y muchos de sus resultados profesionales son consecuencia de aquella "re/visión" que le permitió ver lo mismo de siempre desde un lugar diferente.

Cabe aclarar que Ariel fue de aquellos pacientes que no dejaban pasar ninguna de las tareas asignadas. Estaba muy comprometido con la terapia. Es esto, en gran parte, lo que marca la diferencia entre una terapia exitosa y otra que no resulta. Algunos pacientes quieren ver cambios y no están dispuestos a mover un alfiler del lugar. La terapia supone trabajar en cosas a las que uno en principio se resiste, porque le dan miedo, ansiedad o fiaca. Si realmente uno aspira a sentirse y verse diferente, debe estar dispuesto a cambiar comportamientos, actitudes y hábitos que pueden estar fuertemente arraigados.

Sin cambios, no hay mariposa.

Una toma de consciencia puede marcar una diferencia significativa en el rumbo que le damos a nuestra vida. Acostumbramos a darnos por sentado. Sin embargo, una persona tímida cuenta con una gran capacidad de osadía. Una persona desganada cuenta con un gran potencial de energía. Una misma cualidad en diferentes grados de consciencia puede resultar muy distinta. Detrás de lo que vemos como un defecto se esconde un enorme potencial que podremos descubrir si logramos equilibrar la energía y dejamos de movernos en la polaridad.

Este ejercicio de re/visión de conciencia, en una primera instancia, se realiza luego de que la interacción o el suceso acontecieron. Posteriormente, estando ya más diestros en el ejerci-

cio de autoobservación, es muy provechoso realizarlo mientas la interacción tiene lugar. El desafío es mucho mayor; consiste en tomar una distancia suficiente del evento en cuestión que nos permita, a partir del propio registro, responder en el momento desde los lugares más lúcidos y despiertos nosotros mismos. Nos vamos dando cuenta y vamos ajustando nuestro comportamiento a lo que queremos lograr, superar o mejorar.

Salirnos de la zona de confort implica abandonar los hábitos de siempre y comenzar a ejercitar nuevas zonas de nosotros mismos que se fortalecen cada vez que las entrenamos, al igual que cualquier músculo de nuestro cuerpo. No hay órgano más perezoso que el cerebro que, de manera continua, busca ahorrar energías repitiendo más de lo mismo y resistiendo todo cambio. Trascender esa inercia es domesticar nuestras partes más arcaicas para conquistar cualidades desconocidas, pero no por eso menos propias.

Hay un proverbio zen que resume a la perfección cómo acontece el proceso de trabajo sobre sí cuando una persona comienza a autoobservarse y se dispone a modificar algún rasgo de su personalidad. Es un progreso madurativo que va de la inconsciencia del propio accionar al desarrollo de la plena conciencia actitudinal:

"Al principio, uno es inconscientemente torpe.
Luego, conscientemente torpe.
Después, conscientemente hábil.
Por último, uno se vuelve inconscientemente hábil".

En un comienzo, no nos damos cuenta de una limitación o carencia (inconscientemente torpes). Cuando comenzamos a observarnos, empezamos a darnos cuenta pero aún no logramos hacer algo distinto a lo de siempre (conscientemente torpes). Es en ese momento donde es importante ser compasivos con nuestros procesos evolutivos. El "darse cuenta" va de la mano del "darse tiempo" para que la nueva actitud pueda edificarse y asentarse.

Muchas veces nos enojamos con nosotros mismos por darnos cuenta y seguir haciendo lo mismo. El buen trato es una condición en todo proceso de transformación personal. En esta instancia se debe doblar la apuesta y focalizar la conciencia para estar atentos a nuestras respuestas y elegir desde la voluntad el rasgo o cualidad que pretendemos incorporar… y repetir, repetir y repetir a conciencia lo que queremos adquirir (conscientemente hábiles). Como resultado de ese camino trazado y transitado una y otra vez, se establece una nueva conexión neuronal que se afianza con el tiempo y la perseverancia. Cuando lo que nos era ajeno se vuelve familiar, nos volvemos diestros en el manejo de esa cualidad. Podemos automatizar ese comportamiento virtuoso sin la necesidad de estar ejerciendo una continua voluntad (inconscientemente hábiles).

Tal vez recuerdes cuando empezaste a manejar un auto, cuando tocaste una guitarra por primera vez o te propusiste hablar un nuevo idioma. La hipervigilancia formó parte de todos estos procesos iniciales de aprendizaje. Cuando el aprendizaje se internaliza, se vuelve propio y ya no necesitamos pensar cada movimiento. En lo actitudinal sucede igual: atención, constancia y audacia dan como resultado la autosuperación.

Dejar abierta la puerta de la autoobservación

En este espacio, puedes agregar algún comentario o recordatorio para indagar en tu cotidianeidad. Algo sobre lo que te das cuenta, pero aún te falta información, no sabes bien de qué se trata, cómo te pasa, ante quiénes y en qué situaciones te sucede. Toma nota y quédate saboreando esa sensación hasta que logres completar tu indagación. Hay cosas que solo logramos dilucidar con el transcurso del tiempo y una mirada despierta.

Capítulo 12

DESIDENTIFICACIÓN Y AUTORREGULACIÓN EMOCIONAL

Beneficios de la autoobservación

La autoobservación aporta dos beneficios adicionales en el manejo de nuestras emociones: la autorregulación emocional y la desidentificación emocional. Veamos de qué se tratan cada uno de ellos.

Autorregulación emocional

Aun aquello que nos desagrada sentir tiene una razón de ser en nuestro equilibrio psíquico. Aceptar es no negar y dar lugar a todo lo que sentimos. La no-resistencia a ningún contenido interno genera una sana autorregulación de la psique. Las emociones van compensándose entre sí unas con otras y cada una va ocupando su justo lugar. Esta integración natural resulta en una conducta coherente, que contempla todo lo que sentimos. Cuando la integración no sucede, cada emoción se manifiesta de manera aislada y exagerada. Podría equipararse a una orquesta que suena armónica fruto de la integración a tiempo de cada uno

de sus elementos o, por el contrario, una sinfonía desafinada en donde cada sonido retumba de manera aislada.

Según la teoría junguiana, la psique es un sistema autorregulado que se esfuerza, en forma constante, por mantener el equilibrio entre tendencias opuestas. Por este motivo, cuando se produce una unilateralidad o polaridad en el estado consciente de un individuo (por ejemplo: una persona que solo busca agradar y como consecuencia reprime el enojo), su inconsciente expresará en sueños, síntomas o impulsos ese enojo reprimido, en un intento de corregir el desequilibrio que se está produciendo.

No tener consciencia de una emoción supone no tener dominio sobre ella. El estado inconsciente imposibilita elegir el modo de expresión. La emoción irrumpe desde su automatismo inconsciente como un resorte que se suelta, de manera inesperada. En cambio, aceptar y mirar de frente una emoción, es hacerla consciente. Así, ocupará su lugar dentro de un espacio psíquico mayor que contiene otras emociones además de enojo, por ejemplo. Las emociones no se excluyen entre sí; podemos sentir más de una emoción ante el mismo estímulo. Una persona que siente bronca también puede sentir compasión, afecto y gratitud. La bronca expresada de manera aislada hará que su conducta sea demasiado exagerada. En cambio, el enfado consciente en contacto con las demás emociones (compasión, afecto, gratitud) hará que la conducta sea más equilibrada. Ese enfado estará más cerca de la firmeza que de la violencia. Las demás emociones permiten compensar y suavizar la emoción pura. De esta manera, la conducta manifestada contemplará todo lo que sentimos y no será solo un recorte parcial de una realidad emocional ocasional.

En una banda hay múltiples instrumentos, cada uno tiene su sonido, su tiempo y su lugar. Para que suenen, el director de orquesta es quien va sumando cada instrumento y los integra en

una sinergia armoniosa. La pieza musical que resulta es exquisita porque contiene todos los instrumentos en su justa magnitud y medida. Ahora te toca a ti... ¿Eres tu propio director de orquestas? ¿O tus instrumentos suenan desafinados y a destiempo?

Desidentificación emocional

La autoobservación nos permite registrar todos nuestros contenidos de conciencia (emociones, sentimientos, pensamientos, creencias). Este testigo interno que observa está detrás o por encima de los contenidos que sondea. Esa distancia apropiada nos evita quedar atrapados por nuestros estados emocionales transitorios e impermanentes. Cuando somos poseídos por alguno de esos contenidos, nos identificamos con ellos. Creemos que somos nuestro enojo, somos nuestra angustia, somos nuestras ideas.

Identificarse significa 'fijar identidad'. Cuando fijamos identidad en un pensamiento, una idea o una emoción, nos creemos ser eso que sentimos y no podemos ver más allá de esa inmediatez. Si nos identificamos con un estado de angustia, no logramos ver más allá de nuestro dolor, y pensamos la vida, actuamos y nos posicionamos desde ese lugar. Cuando una persona habla de sí misma diciendo "soy depresiva", "soy ansiosa", "soy irritable", "soy negativa", se ha identificado con un contenido de conciencia. Reconocer nuestras emociones como estados y no como identidades es hablar en términos tales como "estoy triste", "estoy ansiosa", "estoy de mal humor", "estoy irritable".

Diferenciar el "ser" del "estar" es muy importante. ¿Por qué? Porque podemos dejar de estar de una determinada manera, pero no podemos dejar de ser. Es por eso que no estoy de acuerdo con los diagnósticos. A mi criterio, los diagnósticos tienden a etiquetar a las personas e, inconscientemente, pueden generar cierta resistencia a la sanación en quienes han permanecido por largo tiempo estancados y aferrados a estados emocionales disfuncio-

nales. Pueden presentarse fenómenos de identificación como por ejemplo: "¿Quién soy si no soy la depresiva?", "¿Quién soy si no soy la miedosa?", "¿Quién soy si no soy la ansiosa?", "¿Quién soy si no soy la impulsiva?".

Cuando estamos identificados con lo que sentimos, estamos como raptados por esa emoción. En ese estado de posesión, muchas veces nos precipitamos en decisiones o acciones que nos resultan impensadas cuando la emoción se desvanece y reflexionamos acerca de nuestro proceder. Por ejemplo, cuando Zoe está identificada con sus celos, actúa obnubilada por esa emoción, en estado de completa enajenación.

Es desaconsejable hacer grandes movimientos en momentos de ebullición emocional dado que, al estar cegados por una emoción (positiva o negativa, lo mismo da), el campo de conciencia se estrecha. Como consecuencia, excluimos de nuestra conciencia consideraciones que serían importantes al momento de actuar. Por esta razón, no es aconsejable que te cases, te divorcies, renuncies a un trabajo ni hagas una promesa cuando la marea emocional está alta. En esos momentos, operamos desde una "visión de túnel" que nos habilita a contemplar solo un aspecto reducido de la cuestión. Somos como caballos con anteojeras mirando en una única dirección.

No debemos tomar decisiones importantes basadas en emociones transitorias y cambiantes.

Cuando la toma de conciencia desde una distancia apropiada nos permite ver nuestras identificaciones, nos vamos liberando de esas capturas emocionales. A partir de allí, logramos expandir el foco de atención y la agitación emocional comienza a serenarse. Esta movilidad psicológica es fundamental para no aferrarnos neuróticamente a estados emocionales de carácter transitorio. Podemos aprender a instalar un nuevo hábito de vida, el movimiento opuesto a la identificación: *la desidentificación*. Esta ex-

periencia permitirá darle dinamismo a nuestra psiquis, ampliar nuestras posibilidades y no apegarnos a identidades o estados provisorios. Desidentificarse es tomar distancia suficiente para darnos cuenta de que somos mucho más de lo que sentimos en un momento o, por qué no, en una etapa de nuestra vida.

El proceso identificatorio también se pone en juego en nuestras relaciones con los demás. No es extraño que miremos a una persona y no la veamos en el contexto de todo lo que es, sino que solo apreciemos y destaquemos un rasgo con el cual la hemos etiquetado (identificado): "la mala onda", "la agresiva", "la sensible", "la miedosa". Desde esta mirada, la juzgamos, la criticamos y la valoramos. Esa tendencia a ver lo que ya hemos sentenciado tiene una explicación neurológica. El cerebro es perezoso y siempre busca ahorrar energías, por lo que le resulta más fácil dar por sentado lo que ya etiquetó que evaluar lo mismo en momentos distintos. Por lo tanto, no nos vemos a nosotros mismos ni a otros en el momento presente; lo que vemos es la idea, el prejuicio y la creencia que ya hemos formado al respecto. Comprender esto supone el esfuerzo de ampliar y expandir la mirada que tenemos acerca de nosotros mismos y los demás. Además, supone reconocer la multiplicidad de estados y la diversidad de lo que sentimos con conciencia de que nada de eso nos define, sino que son solo diferentes formas de manifestación de algo mucho más trascendente y permanente: nuestro ser, una única energía que asume diferentes formas, se transforma, se recicla, siente, se equivoca, se contradice y se expresa con el único propósito de evolucionar y aprender en esta experiencia humana.

Como conclusión, la desidentificación permite que, aun en medio de torbellinos y remolinos emocionales, pueda haber un "núcleo interno libre" más allá del dolor, del miedo, del enojo; un lugar en donde hacer pie, serenarse y reposicionarse. Es el observador quien conserva esa lucidez, por estar situado debajo de las

agitadas aguas del océano emocional. Las olas son nuestros estados transitorios, pero el observador se sitúa en la parte más honda y calma. Es lo profundo de lo superficial, es lo permanente detrás de lo impermanente, tal como plantea la psicología de oriente.

Veamos con un ejemplo gráfico el proceso de identificación y desidentificación:

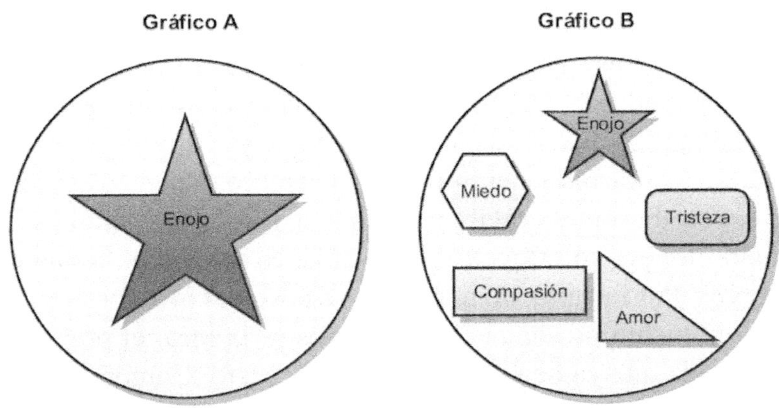

El círculo simboliza la conciencia y las formas geométricas, los contenidos de conciencia: enojo, tristeza, amor, compasión y miedo.

El Gráfico A representa el proceso de identificación con una emoción (en este caso, el enojo) que invade toda la superficie y eclipsa a todas las demás. Si se actúa según ese estado, la conducta será desmedida y sesgada por la emoción reinante. En ese estado podría decirse que "la emoción me tiene en lugar de yo tener la emoción".

El Gráfico B representa la diversidad de contenidos de conciencia transitorios que flotan en el sustrato permanente de la conciencia. La conciencia expandida permite integrar y conside-

rar todas las emociones que intervienen. El enojo está presente pero no asfixia a las demás emociones; ocupa su justo lugar y se equilibra con las demás, lo que permite una manifestación más adecuada y equilibrada.

Pasar de A a B solo es posible si conseguimos desplegar el observador, que toma conciencia y expande el foco de atención para darle al enojo el espacio que tiene dentro del entramado emocional. Como podemos concluir, no se trata de evitar el enojo, sino de evitar la exageración y obnubilación que nos genera y buscar su expresión equilibrada. Podemos forjar un criterio de realidad más objetivo respecto de una situación, evento o persona cuando la expansión de conciencia y con ello, la ampliación de nuestra mirada, contemplan todo lo que sentimos.

Este proceso es válido para expresar de forma abierta y adecuada las emociones y conseguir el equilibrio psicológico, pues nos permite ser conscientes de todo lo que sucede en nuestro interior sin aferrarnos a un solo estado. Así, podemos enojarnos por algo en un determinado momento pero no quedarnos neuróticamente sometidos a eso durante largo tiempo. Por ejemplo, si nos fastidiamos por un desacuerdo con alguien y nos identificamos con eso, pasaremos el resto del día pensando en ese hecho puntual, sin poder ver nada más. En cambio, si expandimos nuestra conciencia y vemos ese desacuerdo en un contexto más amplio, que incluya, por ejemplo, que esa misma noche tendremos un plan que nos entusiasma, que un amigo muy querido tuvo un gesto de gratitud con nosotros o que nos hace ilusión un proyecto que puede concretarse, posiblemente el día será más grato que si solo consideramos el desacuerdo inicial. ¿No es cierto? Dónde ponemos la atención marca la diferencia.

El psicólogo estadounidense Carl Rogers, padre de la psicología humanística, enfatiza la importancia de la autoobservación como camino ineludible para la aceptación y transformación personal. En un maravilloso párrafo deja claro que solamente podemos intervenir sobre lo que vemos y aceptamos, no sobre aquello

que negamos. Con la sabiduría de quien trabaja sobre sí en profundidad, Rogers reflexiona:

Soy más eficaz cuando puedo escucharme con tolerancia y ser yo mismo. Con el transcurso de los años he adquirido una mayor capacidad de auto observación que me permite saber con más exactitud que antes lo que siento en cada momento: puedo reconocer que estoy enojado o que experimento rechazo hacia esta persona, que siento calidez y afecto hacia este individuo, que estoy aburrido y no me interesa lo que está pasando, que determinada persona me produce ansiedad o temor. En otras palabras, creo que soy más capaz de permitirme ser lo que soy. Me resulta más fácil aceptarme como un individuo decididamente imperfecto, que no siempre actúa como yo quisiera.

Quizás este punto de vista pueda resultar bastante extraño para algunas personas. Sin embargo, lo considero valioso a causa de que, paradójicamente, cuando me acepto como soy, puedo modificarme. Creo que he aprendido esto de mis pacientes, así como de mi propia experiencia: no podemos cambiar, no podemos dejar de ser lo que somos, en tanto no nos aceptemos tal como somos. Una vez que nos aceptamos, el cambio parece llegar casi sin que se lo advierta.

[...] En mi relación con las personas he aprendido que, en definitiva, no me resulta beneficioso comportarme como si yo fuera distinto de lo que soy: mostrarme tranquilo y satisfecho cuando en realidad estoy enojado y descontento; aparentar que conozco las respuestas, cuando en verdad las ignoro; ser cariñoso mientras me siento hostil; manifestarme aplomado cuando en realidad siento temor e inseguridad. He descubierto que esto es cierto aun en los niveles más simples. No me ayuda aparentar bienestar cuando me siento enfermo. [...] Nada de esto me ayuda a lograr relaciones positivas con individuos. El hecho de aceptarse tal como uno es consiste en que soólo entonces las relaciones se tornan reales.

Investigar en lo cotidiano
Actividad N° 10

La propuesta de esta actividad es desafiante: zambullirse en el océano emocional cuando las aguas están revueltas. Cuando sientas, en el transcurrir de tu vida cotidiana, una emoción lo suficientemente intensa como para que arrebate tu conciencia, haz el ejercicio de disponerte a trabajar sobre ella. El próximo asalto emocional que sientas será una ocasión de practicar la autorregulación y la desidentificación emocional. ¿Te animas? Ten presente esta consigna para encontrar la ocasión de practicarla.

Cuando notes que te invade la emoción, haz una pausa. Llévate con amabilidad a un lugar tranquilo en donde puedas trabajar con serenidad lo que sientes. Retirar tus sentidos del estímulo que gatilla la emoción te ayudará a reflexionar con más objetividad. Trata de ir habilitando ese observador interno que atestigua y toma nota de lo que te pasa. Observa esa captura emocional; toma consciencia del espacio que esa emoción (de ira, de angustia, de ansiedad) está ocupando en tu interioridad. Seguramente, esa emoción cruda está eclipsando otros contenidos de conciencia que están detrás. Si es así, puedes reconocer que te has identificado con esa emoción, pensamiento o idea. Es decir, ese único contenido está haciendo un enorme ruido que aturde y no te deja oír nada más. Con paciencia y buen trato, intenta indagar:

¿Dónde la sientes? ¿Cómo la sientes?
¿Cuánto lugar ocupa en tu mente?

De a poco la percepción se va a ir expandiendo y contemplando otros sentires, además de esa emoción básica. En la medida en que la observamos, la vamos ubicando en el contexto de todo lo que nos pasa, nuestra psiquis se va autorregulando y nos vamos desidentificando de ese único contenido. Esta distancia óptima permite reflexionar: "¿Cómo quiero gestionarla?". La emoción

está a nuestro servicio, tenemos dominio y decisión sobre ella. La respiración es el anclaje principal en este ejercicio:

Respiro hondo, profundo… y exhalo…
Respiro hondo, profundo… y exhalo…
Respiro hondo, profundo… y exhalo…
Con cada respiración, la emoción va ocupando su justo lugar en el entramado emocional de todo lo que siento.

Con cada respiración, la emoción va moderando su intensidad y se equilibra con todas las demás.

Una y otra vez hasta lograr aquietar y serenar la mente. Así, nos dejamos guiar por esa parte lúcida que orienta nuestras decisiones y nos cuida de nuestras partes más primitivas. Con esta mirada contemplativa, iremos discerniendo:

¿Qué otras emociones experimento? ¿De qué otras sensaciones me doy cuenta? ¿Qué pensamientos e ideas asociadas llegan a mi mente?

Vamos atestiguando sin retener nada de lo que llega. Los contenidos pasan uno tras otro y no nos apegamos a ninguno ni los retenemos; avanzan hasta disiparse como nubes que se pierden en el horizonte. Sin dejar de respirar profundo y exhalar… una y otra vez, una y otra vez. Con esa lucidez, estiramos cuanto podemos nuestra consciencia y nos vamos sintiendo cada vez más dueños de nosotros mismos. Con la mente más clara, podemos volver a la cotidianeidad e intervenir con plena consciencia y responsabilidad.

Te sugiero registrar tus descubrimientos y hacer comentarios de todo aquello que te aporte información sobre tu trabajo interior. Puedes, además, proponerte próximos objetivos de observación, por ejemplo, comprometerte a trabajar en la autogestión de una emoción en particular que te resulte difícil en la actualidad.

Lo recomendable es ir subiendo en escala de complejidad, de lo que menos cuesta a lo que más cuesta.

Para cerrar este capítulo quisiera compartirles unas palabras de Ken Wilber, uno de los máximos expositores de la psicología integral, en alusión a todo lo que venimos trabajando hasta aquí:

Por lo tanto, cualquier emoción, sensación, pensamiento, recuerdo o experiencia que te perturbe es, simplemente, algo con lo que te has identificado de manera exclusiva, algo con lo que se ha identificado tu Testigo, y la resolución definitiva de la perturbación consiste simplemente en des-identificarte de ella. Limpiamente te desprendes de ella con solo darte cuenta de que nada de eso eres tú, ya que, puesto que es algo que puedes ver, no puede ser el verdadero Observador y, como no es tu verdadero ser, no hay razón para que te identifiques o te aferres a esos estados, o para que permitas que tu ser se deje limitar por ellos. Atestiguar tales estados es trascenderlos. Ya no te acechan a tu espalda porque los miras de frente. Si perseveras en este ejercicio, la comprensión que conlleva se agudizará y comenzarás a advertir cambios fundamentales en tu sensación de 'identidad'.

Capítulo 13

PENSAMIENTOS, EL ALIMENTO DE NUESTRAS EMOCIONES

Dada la importancia que tienen los pensamientos en nuestra salud emocional, es preciso dedicarles una atención especial. En este capítulo tomaremos conciencia del impacto que los pensamientos automáticos negativos provocan en las emociones que vivimos a diario y, por ende, en la calidad de vida que llevamos.

Los pensamientos automáticos negativos (PAN) derivan de nuestras creencias, que son los programas inconscientes que grabamos a lo largo de la vida. Nuestro entorno íntimo primero (educación, familia) y nuestras experiencias posteriores van labrando creencias que luego buscaremos confirmar, dada la naturaleza autoconfirmatoria de las mismas. Tendemos a repetir y validar estas creencias compulsivamente si no nos tomamos el trabajo de cuestionarlas y flexibilizarlas.

Creencia → Pensamiento → Emociones

"La vida es un sacrificio". → "Siempre todo me cuesta mucho". → Enojo y frustración

¿Qué son los PAN?

PAN es el término introducido por la psicología cognitiva para nombrar a los Pensamientos Automáticos Negativos. En inglés, la sigla correspondiente es *ANT* (*Automatic Negative Thought)*, que significa 'hormiga'. La abreviatura inglesa resulta muy apropiada ya que estos pensamientos son literalmente como hormigas. Una o dos son inofensivas y hasta poco molestas, pero si son miles, te fuerzan a irte del lugar en donde estés, ¡y con urgencia! El problema es que, a diferencia de lo que podríamos hacer con las hormigas, de nuestros pensamientos no podemos huir.

¿Cuál es la opción posible? Mantener la mente lo más despejada que podamos de estos PAN y, si aparecen, establecer una sana desconfianza respecto del grado de verdad con que se presentan, observarlos y cuestionarlos, para que estos pensamientos sean cada vez más realistas. No se trata de establecer la dicotomía entre pensamientos positivos y negativos, buscando los primeros y huyendo de los segundos. Un trabajo emocional serio debe centrarse en tratar de que nuestros pensamientos sean un reflejo fiel de la realidad, fruto de nuestra percepción limpia y presente, y no un resultado de la imaginación, de nuestras antiguas creencias confirmatorias y la anticipación catastrófica.

Los PAN invaden nuestra mente. Irrumpen con tal presencia en nuestra cabeza que se imponen como verdades absolutas, formuladas de la siguiente manera:

"Soy una estúpida". "Siempre me pasa lo mismo". "Nunca lo voy a lograr". "Nadie me quiere". "Todos me hacen lo mismo". "Me voy a quedar sola". "Mi vida es un desastre". "No pego una". "Debería ser mejor estudiante, trabajadora, mamá, papá, hija, mujer".

Cuanto peor nos tratemos a nosotros mismos y cuanto más enojados estemos con el mundo, más intensos, poderosos y temibles serán estos pensamientos. Si advertimos el dominio que

ejercen en nuestra mente, caeremos en la cuenta de que, en verdad, no tenemos estos pensamientos, sino que los pensamientos nos tienen a nosotros y nos gobiernan. La depresión, la ansiedad, la furia y toda emoción que nos genera malestar derivan en todos los casos de estos pensamientos invasivos. Por tanto, nuestro bienestar emocional dependerá de la calidad de pensamientos que tengamos.

"Dime cómo te sientes y te diré que piensas."

¿Cómo identificar los PAN?

Hay una serie de características inconfundibles que te permitirán identificarlos:

- Son automáticos: se presentan en nuestra mente sin nuestro consentimiento, tal como si fuesen reflejos corporales sobre los que no decidimos. No media la voluntad. Son reflejos cognitivos a los estímulos del medio externo o interno.
- Son irracionales: no son un fiel reflejo de los hechos objetivos. Tienen naturaleza distorsionada e ilógica.
- Son negativos: no tienen carácter constructivo, solo generan malestar.
- Son exagerados y dramáticos: de alta intensidad, se mueven en dualidades y polaridades (siempre-nunca/todo-nada/blanco-negro), alientan interpretaciones erróneas, imaginan los peores escenarios, afirman las conclusiones más terribles.

El postulado fundamental de la psicología cognitiva es:

No son los hechos en sí mismos los que nos generan sufrimiento, sino las interpretaciones que hacemos de los acontecimientos.

Este principio puede comprobarse fácilmente si notamos como personas diferentes pueden experimentar de manera muy distinta el mismo suceso. Ante un acontecimiento neutral, como por ejemplo "Me van a presentar a quien será mi nuevo jefe", personas distintas valorarán este evento desde sus propias creencias, temores y expectativas.

Matías, de carácter optimista y emprendedor, podrá pensar: "Seguramente será una muy buena oportunidad para demostrar mis talentos y quizás lograr un ascenso".

Iván, de carácter negativo e inseguro, podrá concluir: "Se dará cuenta de mis debilidades y limitaciones; ¿y si me despide?".

Bruno, de carácter desconfiado y controlador, afirmará: "Tengo que ser cauteloso, uno nunca sabe con quién se puede encontrar".

Podríamos seguir enumerando tantas interpretaciones como personas existen en el planeta. Cada una pensará el mismo suceso de manera distinta, según sus filtros mentales —las creencias acerca de sí mismo, de las personas y del mundo. El bienestar emocional depende de no dejarnos atrapar por los PAN que conllevan a estados emocionales siempre disfuncionales, dada las características rígidas enunciadas anteriormente.

¿Cómo convivir en paz con nuestros PAN?

Imaginar erradicar los PAN por completo es batalla perdida. Algunas personas más, algunas menos, pero todos sin excepción somos visitados por estos pensamientos. Aunque no podemos evitarlos, podemos aspirar a que la cantidad sea moderada y a que aparezcan en forma aislada y no exagerada en nuestra cabeza. Es decir, que estos visitantes pasen, pero no se instalen en nuestra mente.

El camino para lograrlo es tomar consciencia de ellos. Negarlos y rechazarlos solo nos quitaría fuerzas y nos generaría violencia interna. Tomar conciencia nos ayuda a darnos cuenta y a poder desidentificarnos de ellos. Cuando los vemos, sabemos que no somos eso, pues solo podemos ver lo que es externo a nosotros mismos. Una vez reconocidos, el paso siguiente será cuestionar el carácter de verdad absoluta que se arrogan. ¿De qué manera? Interrogándonos a nosotros mismos con las siguientes preguntas:

- ¿Qué evidencias tengo para sostener este pensamiento?
- ¿Qué otras explicaciones alternativas puedo darme al respecto?
- ¿Cuáles son las ventajas y cuáles las desventajas de pensar de este modo?
- ¿Qué consecuencias tiene a largo plazo sostener este modo de pensar?
- ¿Qué le diría a alguien querido si está pensando lo mismo que yo en este momento?

En caso de que mi pensamiento derive de una percepción real, es decir, sea fundamentado, sería adecuado que me pregunte lo siguiente:

- ¿Qué capacidades tengo para afrontar la situación?
- ¿Podría pedir ayuda?
- ¿Qué sería lo más grave que puede pasar?
- Aún si fuese lo suficientemente grave, ¿podría aceptarlo con el tiempo y salir adelante?

Me parece oportuno aquí enunciar una maravillosa enseñanza del conocido filósofo Reinhold Niebuhr llamada *La plegaria de la serenidad*. Esta resume a la perfección la esencia del trabajo con nuestro mundo interior, reconociendo nuestras posibilidades y aceptando lo que está fuera de nuestro alcance.

"Señor, concédeme serenidad para aceptar todo aquello que no puedo cambiar, fortaleza para cambiar lo que soy capaz de cambiar y sabiduría para entender la diferencia entre ambas".

Te propongo que te apropies de esta plegaria para instaurarla en tu vida cotidiana. Cada vez que alguno de tus pensamientos se imponga rechazando, negando o queriendo controlar la realidad, repite esa plegaria como si fuese tu mantra personal. La traducción de mantra, palabra proveniente del sánscrito, es:

man ('mente'), tra (sufijo instrumental) → "instrumento mental"

¡Qué término más apropiado! Un Mantra puede ser utilizado como recurso psicológico, como una manera de ayudarnos a pausar y enfocar la mente. Funcionan como anclajes psíquicos para volver a nuestro centro, para redimensionar los acontecimientos y conseguir algo de paz y serenidad cuando lo necesitamos.

Es buena idea disponer de mantras propios. Pueden ser frases, oraciones o palabras que por algún motivo te resuenen o te lleguen al corazón. Las puedes recitar en voz alta o internamente, de forma rítmica y repetitiva. Un mantra es un sonido y, como tal, una vibración; detrás de las palabras yace un gran poder energético. Los mantras ayudan a nuestra mente a salir de los ciclos improductivos de pensamiento. Cuando uno se concentra en la repetición de un sonido, todos los demás pensamientos se desvanecen de a poco y la mente logra pausarse y esclarecerse.

La música también puede ser un recurso psicológico muy valioso. Puede utilizarse como un anclaje de gran ayuda para generarnos pensamientos y emociones constructivas y serenas. ¡Cuidado! La música como recurso nada tiene que ver con la actitud masoquista de escuchar aquellas canciones melancólicas que solo potencian pensamientos negativos y estados emocionales

exagerados que nos sumergen en más de lo mismo. Conozco muchas personas que duelando un amor escuchan canciones que les estrujan el corazón. La música como recurso es excelente para provocar emociones funcionales, serenarnos, concentrarnos, enfocarnos y entusiasmarnos. Es nuestra responsabilidad y forma parte de nuestra IE elegir lo bueno para sí en cada momento; eso es cuidarnos, eso es bien tratarnos.

Entonces, la propuesta es que en el espacio que sigue elabores tus mantras personales y selecciones aquellas canciones que son capaces de evocar estados emocionales deseados. Conserva estas herramientas para recurrir a ellas cada vez que sientas tu mente perturbada fruto de los PAN que se incrementan.

Anclajes psíquicos	
Mantras personales	Canciones que me centran

Cambiar los PAN

En este apartado encontrarás maneras prácticas y concretas de trabajar con tus PAN. Es importante que comprendas que cultivar una mente sana requiere de trabajo de psicohigiene personal. Comprender esto es colocarte como agente activo de salud y ser responsable absoluto del bienestar propio. Un buen terapeuta orienta y da herramientas que serán útiles si quien las recibe hace lo propio; esto significa apropiárselas y entrenarse en lo cotidiano en el uso de ellas.

Veamos un ejercicio práctico de trabajo con los PAN. Necesitas disponer de una libreta de registro personal para tomar nota durante tu cotidianidad. La actividad consta de estas tres etapas bien concretas:
Primera etapa: toma consciencia de tus PAN.
Segunda etapa: identifica tus distorsiones cognitivas.
Tercera etapa: busca respuestas alternativas.

Primera etapa: toma conciencia de tus PAN

En una planilla de registro, toma nota de todos los acontecimientos (externos e internos) ante los cuales experimentas malestar. Por "acontecimiento externo" se entiende las circunstancias de tu vida diaria, problemas en el trabajo o el estudio, conflictos interpersonales, de pareja, familiares o con amigos. Por "acontecimiento interno" se entiende todo recuerdo negativo del pasado, imágenes preocupantes o escenarios futuros perturbadores.

Una vez anotadas las situaciones perturbadoras, registra a continuación los PAN asociados, es decir, aquellos que te surgen al hacer contacto con esas situaciones estresantes. A su lado, valora en una escala del 0 % (nada cierto) al 100 % (totalmente cierto) la credibilidad que te merecen esos PAN. Finalmente, describe la emoción que sientes en el cuerpo —ansiedad, angustia, miedo, bronca— otorgándole un valor del 0 % (nada intensa) al 100 % (muy intensa).

Este registro te ayudará a tomar conciencia de cómo las interpretaciones de los acontecimientos intervienen en tus estados emocionales. Cuanta más credibilidad le atribuyas a tus PAN, mayor será la intensidad de las emociones negativas asociadas.

Ejemplo de cómo llevar el registro de los PAN:

Situación desencadenante	**Pensamientos asociados negativos (PAN)**	**Credibilidad** (0 % -100 %)	**Emociones**	**Intensidad** (0 % -100 %)
Mi compañera de trabajo me trata con distancia.	Está enojada, seguro se molestó conmigo. No le caigo bien a nadie.	85 %	Angustia Inseguridad Bronca	70 % 90 % 100 %
Mi hijo se demora en llegar.	Seguro tuvo un accidente. Imagino su cuerpo desangrado en la ruta.	80 %	Desesperación Ansiedad Angustia	100 % 100 % 100 %
Mi pareja no me llama durante el día.	Perdió el interés en mí. Me voy a quedar sola. Siempre me pasa lo mismo.	70 %	Enojo Tristeza Incertidumbre Confusión	90 % 80 % 60 % 40 %

Segunda etapa: identifica tus distorsiones cognitivas

Los PAN sufren en su elaboración una distorsión cognitiva; es por eso que resultan irracionales e ilógicos. Las distorsiones responden a diferentes mecanismos psicológicos. Es de mucha utilidad conocer estos mecanismos para identificar nuestros hábitos de pensamiento, es decir, aquellas distorsiones en las que solemos caer con mayor frecuencia.

A continuación, veremos las doce maneras que tiene la mente de distorsionar la realidad objetiva para ajustarla a nuestra realidad subjetiva (emocional). Debajo de cada una de estas desfiguraciones encontrarás las alternativas saludables, que son propuestas superadoras de esos pensamientos limitantes e inflexibles.

Cuestionar estos pensamientos e identificar nuevas alternativas constituyen la tercera etapa en el trabajo con los PAN.

Las doce distorsiones de nuestra mente

<u>1. Rigidez y Perfeccionismo</u>: creencias inflexibles de cómo debería ser uno mismo, cómo deberían ser los demás y las cosas en general. Las exigencias hacia uno mismo se convierten en severas autocríticas y muchas veces llevan a inhibir el comportamiento por temor a la equivocación o por miedo a no alcanzar el ideal pretendido. Las exigencias hacia los demás alimentan la frustración, la intolerancia y la agresividad.

Expresiones más frecuentes:
"**No debo** cometer errores".
"**Tengo que** gustarle a todo el mundo".
"Los demás **deben** actuar bien conmigo".
"La vida **debería** ser fácil, sin problemas".
"**Debería** ser mejor".
"**No debería** sentir emociones negativas".

Alternativa saludable:
Comenzar a utilizar expresiones más flexibles, tales como "preferiría", "me gustaría", "quisiera", "no quisiera" y "quizás sea bueno".

<u>2. Fatalismo</u>: esta distorsión provoca niveles muy elevados de ansiedad, preocupación y miedo. Es la tendencia a percibir pérdidas, daños y desgracias sin tener razones válidas para ello. De algo muy pequeño se imagina lo más tremendo, de algo intrascendente se deriva en el peor pronóstico. Las personas de carácter hipocondríaco suelen apreciar la vida desde este filtro mental, al igual que las personas con trastornos de ansiedad.

Expresiones más frecuentes:
"**Y si...** este dolor de cabeza está anunciando un ACV".
"**Y si...** me quedo sin trabajo y no consigo otro".
"**Y si...** cuando viajamos tenemos un accidente".

Alternativa saludable:
Hacer una pausa mental que permita evaluar las posibilidades concretas de que suceda lo que pronóstico e imagino. Una buena manera de apaciguar la ansiedad es, por cada pensamiento catastrófico, hacer el esfuerzo por encontrar dos o tres posibilidades optimistas o realistas que compensen o neutralicen el pensamiento anterior.

3. Evasión: en el otro extremo del pensamiento catastrófico y exigente se encuentra la disposición a negar o restar trascendencia a los problemas, debilidades y errores. La consecuencia es que, al no reconocer el problema, no se logra la solucionar dicha situación. Del mismo modo, negar nuestras falencias bloquea el crecimiento y la superación personal que deriva de la sana mirada objetiva sobre uno mismo.

Expresiones más frecuentes:
"**Me da igual** terminar la carrera".
"**Ya pasó**, no es nada grave, no necesito detenerme a mirar esto".
"**No me ocurre nada**, estoy bien así".
"**Me da lo mismo** seguir o no con mi pareja".

Alternativa saludable:
Es conveniente que explores más en profundidad tus verdaderos sentimientos respecto de lo que te sucede y cómo llevas tu vida. Es cierto que una mirada realista puede acarrear sentimientos de tristeza en determinadas ocasiones; sin embargo, este estado puede ser ventajoso, ya que es esta emoción básica (la tristeza) la que permite sumergirnos en un estado de introspección y re-

cogimiento personal para analizar qué cambios necesito hacer para que mi vida mejore, para evolucionar y salir de estados de inercia e indiferencia. Desconfía de las expresiones automáticas tales como "siempre estoy bien" o "no pasa nada". No es posible estar siempre en el mismo estado emocional (ni siempre bien, ni siempre mal). Si es habitual que te expreses así, seguramente no te preguntas con demasiada sinceridad cómo te sientes.

4. Generalización: de un hecho particular se llega a conclusiones generales y definitivas. Se tiende a creer que, si algo ha ocurrido una vez, ocurrirá siempre.

Expresiones más frecuentes:
"Me ha ido mal en un examen, por lo tanto, **nunca** más aprobaré".
"Si me puse nervioso al hablar, **siempre** me sucederá lo mismo cada vez que quiera expresarme en público".
"Si me traicionó mi pareja, es que **todos** los hombres son iguales".

Alternativa saludable:
Esfuérzate por encontrar las excepciones ante las extremas generalizaciones que sueles hacer. Crecemos a cada paso, nos modificamos permanentemente. Podemos actuar y pensar diferente cada vez. Aprende a pensar en términos de posibilidades y no de reglas o normas. Cuando te sorprendas utilizando expresiones tales como "nunca", "nada", "siempre", "nadie", "todos", "ninguno" o "jamás", cuestiona y busca modos menos definitivos y concluyentes. Son más adecuadas las expresiones "es posible", "a menudo", "quizás" o "a veces". Hazte preguntas como "¿En verdad será que si me ocurre algo una vez, invariablemente me ocurrirá siempre?".

5. Etiquetar/encasillar: a partir de uno o dos rasgos de personalidad, se etiqueta a la persona (incluso a uno mismo).

Expresiones más frecuentes:
"**Es** una mala persona".
"**Es** un perdedor."
"**Soy** negativa".
"**Es** una aburrida".
"**Es** un vago".
"**Soy** desorganizado".

Es insensato sacar conclusiones o hacer juicios acerca de una persona por uno o dos rasgos que manifieste en un momento determinado. No tener en cuenta el resto de los rasgos de su comportamiento o circunstancias diferentes sería algo así como recortar a la persona y mirar solo una parte, aquella que quiero ver o confirmar según mis creencias. Si yo creo que una persona es de cierta manera, así la veré. Esto está impulsado por el vicioso afán humano de querer tener la razón. Utilizamos la atención selectiva para prestar atención a aquellos datos que confirman la idea previa que nos hemos formado respecto de los eventos, de las personas y de uno mismo. El etiquetamiento nos impide reactualizar nuestro concepto sobre nosotros así como los vínculos con los demás. Es probable que hayas escuchado algún comentario respecto de ti al que quisieras responder "¡Ya no soy esa persona!". Esto es muy característico en los pueblos y ciudades chicas, donde todos "se conocen" (se dan por sentado). Yo me atrevo a afirmar que ese "conocer" nos priva de "ver" a quien tenemos en frente más allá de nuestros prejuicios e impresiones. La pregunta correcta es "¿Cómo está siendo esta persona?" en lugar de "¿Cómo es?".

Ilustremos esto con un ejemplo. Te encuentras luego de varios años con un compañero de colegio y este te dice: "¡Tú sí que eres vago!". Tu realidad hoy es que acabas de graduarte luego de un arduo esfuerzo, tienes un buen trabajo, eres responsable. Sin embargo, los que te conocen desde hace muchos años te siguen viendo y juzgando de acuerdo con una etapa puntual de tu vida. Lo mismo suele pasar con las personas tildadas de infieles.

Cuando se comprometen, y aún siguen cargando con la mirada de desconfianza de los demás. Otro capítulo lo tienen aquellas personas que, habiendo tenido problemas de adicciones, dificultades físicas y/o emocionales, se les nombra aludiendo a aquellas circunstancias y no por su nombre. ¡Puesto el precio, todos compran! Así de limitantes son las etiquetas.

Resulta más trabajoso desprogramar los prejuicios que seguir con las anteojeras puestas. Lo mismo vale en relación a uno mismo: etiquetarse imposibilita el cambio, proponerse cosas nuevas y desafiar los propios límites. Salirnos de la zona de confort es estar dispuestos a liberarnos de viejas y oxidadas etiquetas.

Alternativa saludable:
Ser específico y concreto al enunciar las cualidades de alguien o al hablar de uno mismo. No generalizar para evitar reducir la riqueza de una persona o sus múltiples facetas. Podríamos hablar en términos como "A veces tiene malas actitudes"; "En ocasiones es aburrida en el trato"; "No le ha ido bien anteriormente en asuntos de pareja"; "Suelo comportarme de manera desorganizada con mis papeles, no así en los compromisos que asumo"; "Tiempo atrás, solía manejarse de ese modo, no sé ahora".

<u>6. Pensamiento dualista</u>: tendencia a ver la vida y a evaluar los acontecimientos en términos de dualidad (blanco/negro). No existen los puntos medios. Se percibe de un modo extremista y polarizado: es grandioso o es horrible, se es fuerte o se es débil, es bueno o malo. Es preciso aquí trazar una línea entre ambos extremos y apreciar las graduaciones; entre el blanco y el negro está el gris. Las personas con este hábito de pensamiento no conocen los matices.

Expresiones más habituales:
"Estás **totalmente** equivocada".

“Estás de mi lado **o** estás en mi contra”.
“Esto es bueno **o** malo”.
“**Es** una persona mala”.
“Ahora **o** nunca”.
“Todo **o** nada”.

Alternativa saludable:
Trata de tomar consciencia cuando estás emitiendo juicios polarizados. En realidad, ni las personas ni los acontecimientos son totalmente de una manera u otra. Tampoco es positivo para ti que te dispongas ante la vida con esta rigidez: “Estudio todo junto o no toco un libro”, “Me como todo o no como nada”. Utilizar expresiones como “en parte” te ayuda a orientar tu vida hacia un equilibrio dinámico. Dividir ese todo en partes te ayuda a tener una mirada más realista en las cuestiones prácticas: “de seis veces, cuatro rendí mal y dos bien”.

<u>7. Deducción emocional:</u> tendencia a valorar y sacar conclusiones de acuerdo al estado emocional en que me encuentre. Las cosas son de acuerdo a cómo me siento. Si me siento de buen ánimo, todo en mi vida está bien. Si me encuentro desanimado, mi vida es un desastre. Si me siento inseguro, todos me rechazan. Si me siento un ganador, todos me admiran. Lo insólito es que todos estos pensamientos pueden pertenecer a la misma persona en distintos días sin que cambie nada en su contexto; hasta es posible que piense de maneras muy dispares en el mismo día en función de cómo vaya variando su ánimo. Las personas con esta distorsión cognitiva evalúan y afirman la realidad en función de cómo se sienten.

Expresiones más habituales son:
“**Siento** que mi vida es un desastre”.
“Me **siento** una tonta y de seguro me ven así los demás”.
“Me **siento** sola, me quedaré sola toda mi vida”.

“Mi **autoestima** está por el piso, todo me queda mal”.

Alternativa saludable:
Trata de no sacar conclusiones ni tomar decisiones en momentos de caos emocional. Las emociones funcionan como lentes que filtran la realidad y le dan la tonalidad de tu estado de ánimo. Esta distorsión es muy común, y deberás estar muy alerta para que tus vaivenes anímicos no te engañen. Las emociones facilitan exageraciones y hacen que nos enfoquemos en aquellas cosas que refuerzan nuestro sentir. Un buen ejercicio es preguntarse acerca de algo o alguien en diferentes estados emocionales: “¿Cómo veo hoy esta situación a diferencia de ayer que me sentía de esta u otra manera?”.

8. Inclinación confirmatoria: se perciben y se recuerdan las cosas sesgadamente para que encajen con las ideas preconcebidas. Es decir, es la tendencia a direccionar la realidad hacia la confirmación de mis pensamientos o puntos de vista. Nuestra necesidad humana de tener razón hace que veamos lo que queremos ver. Si pienso que alguien es agresivo, tenderé a acordarme o a detectar aquellos hechos que me confirman esa valoración subjetiva.

Expresiones más habituales:
“Es torpe, **recuerdo que siempre** arruinaba lo que empezaba”.
“**Sabía que** no la pasaría bien, la música es aburrida y no hay nadie interesante aquí”.
“**En este lugar siempre** todos evitan hablar conmigo”.

Alternativa saludable:
Si tienes un pensamiento rígido, esfuérzate por buscar pruebas que contrarresten ese prejuicio. Si piensas que todos te rechazan, busca pruebas de las veces en que te han tenido en cuenta o te han considerado. Se trata de inclinar la balanza hasta llegar a un

equilibrio móvil en donde todas las alternativas son posibles y no solo aquellas que tengas en tu mente.

9. Alusión personal: es la tendencia a creer que todo lo que las personas hacen o dicen tiene que ver de alguna manera, para bien o para mal, con uno mismo. Es ponerse en el ombligo del universo. Hay personas que se otorgan todas las desgracias y comentarios negativos para sí. Si bien la baja autoestima está presente en estas personas, también hay un engrandecimiento exagerado de sí mismos sostenido en la creencia de que "el mundo está en contra mío". Ahora bien, el universo tiene cosas más importantes que hacer que empañarte el camino, ¿verdad? A los demás pueden pasarle cosas que no tienen que ver contigo, ¿no es cierto? Ser el centro de lo negativo es también una idealización de uno mismo.

Expresiones más habituales:
Mi jefe está con mala cara: "**Seguro hice** algo mal".
No encuentro trabajo: "**Nadie valora** mi capacidad".
El tiempo no acompaña: "**¡Todo me sale mal**, quería ir al parque!".
Mi hijo no quiere seguir estudiando: "**Algo habré hecho mal** como madre".

Alternativa saludable:
Aprende a desconfiar de las conclusiones que sacas si reconoces esta distorsión como propia. Comprueba que los comportamientos de los demás tengan algo que ver contigo antes de convencerte de ello. Busca evidencias claras y pruebas razonables. Aprende a mirar más allá de tus angustias y emociones. Acércate a los demás con una mirada más amplia y observa la vida más allá de tus narices.

10. Interpretación del pensamiento: es la tendencia a adivinar lo que piensan los demás y concluir por qué los otros se comportan de la forma en que lo hacen sin tener evidencias de ello. Sería algo así como proyectar en los demás lo que en realidad está en mi mente. Me otorgo la veracidad de lo que en realidad no sé.

Expresiones más habituales:
"Él solo quiere estar conmigo **por interés**".
"**Seguro piensa** que no tengo habilidades para este puesto".
"**Está buscando** hacerme enojar".
"**Actúa de esa manera para** que me canse de esta situación".
"**Seguro imagina que** yo terminaré el trabajo, por eso no se esfuerza lo suficiente".

Alternativa saludable:
Toma tus apreciaciones u opiniones solo como hipótesis a confirmar. No te encierres en tus pensamientos hilvanando ideas poco precisas. Comunícate con los demás, despeja las dudas. Aprende a hacerte preguntas más que a darte respuestas.

11. Exaltación negativa: es la tendencia a agrandar los aspectos negativos y a restar importancia a las cosas positivas de uno mismo, los demás o los eventos. Desde esta óptica se anticipan y se hacen pronósticos negativos que generan desánimo. Esas suposiciones negativas pueden no concretarse y quedar solo en la imaginación, pero ocasionan, sin lugar a dudas, un estrés y un desgaste emocional evitables. Inconscientemente, esta distorsión es una manera disfuncional de resguardarse de frustraciones, una manera de no hacerse ilusiones para que la caída no sea tan fuerte. Debemos saber que a una desilusión le sigue una nueva ilusión y que es preferible desilusionarse a nunca ilusionarse por nada. La ilusión y el optimismo otorgan brillo a la vida; el negativismo la torna gris y desabrida.

Expresiones más habituales:
"Seguro **no aprobaré** este examen".
"Este proyecto **no llegará** a buen puerto".
"Cuando me conozca, **perderá** interés".
"No me haré ilusiones porque **no me llamarán** para ese puesto".

Alternativa saludable:
Por cada cosa negativa que venga a tu mente, encuentra dos cosas positivas de ti mismo, de los demás y de tu vida. Tener buen ánimo requiere que cultivemos una mente que propicie los pensamientos positivos. Si alimentamos pensamientos negativos, nos sentiremos disconformes con nuestra vida. Esta distorsión de pensamiento, cuando se convierte en hábito, genera mucha amargura, nos desalienta y nos quita fuerza para proponernos nuevos objetivos y superarnos en la vida. Comprar todos nuestros argumentos negativos es hipotecar nuestra vida y quedarnos detenidos pudiendo avanzar.

12. Filtro selectivo: es la tendencia a seleccionar solo una parte de la información (aquella que queremos comprobar) y excluir todo lo demás. En general, esa información es de tinte negativo. Aparece en nuestra vida todo aquello a lo que le estamos prestando atención. Muy típico es el caso de mujeres que deciden quedar embarazadas y comienzan a ver bebés por todos lados, como si el índice de natalidad hubiese aumentado. Cuando este filtraje es de connotación pesimista —por ejemplo, si tengo una mirada negativa de mi desempeño profesional—, prestaré atención solo a las frustraciones y olvidaré los reconocimientos y méritos que fui logrando. Aunque estos últimos sean mayores, solo enfatizo lo que no me ha ido como deseaba.

El filtraje anticipa aquello que más tememos. Las personas depresivas filtran situaciones que suponen la posibilidad de pérdida o abandono. Las personas ansiosas filtran las situaciones que suponen una amenaza o peligro. Las personas coléricas filtran las situaciones que suponen injusticias o agresiones.

Expresiones más habituales:
"Todas quedan embarazadas **menos yo**". (si la búsqueda es con ansiedad)
"No tuve ningún logro laboral este último mes". (si se teme un despido)
"**Todo el mundo** tiene accidentes de tránsito". (si tengo miedo a conducir)

Alternativa saludable:
Toma consciencia de la tendencia a mirar la vida con "visión de túnel". Cuando tu alrededor confirme todo lo que está en tu cabeza, observa que quizás estés centrando tu atención únicamente en aquellas cosas que quieres reafirmar. Busca pruebas que demuestren lo contrario, amplía tu mirada.

Reactualizar la personalidad para lograr coherencia emocional

Una nueva forma de ser y de sentirse requiere renovar nuestra manera de pensar y obrar. El cerebro cambia con la acción, no con la sola intención. El cambio requiere la voluntad de empezar a obrar diferente aun cuando los pensamientos sigan siendo los mismos. Las acciones irán inaugurando un sendero paralelo que se verá reforzado cada vez que elijamos lo distinto y no más de lo mismo.

Las consecuencias de las nuevas acciones ayudarán a relativizar los antiguos pensamientos, a pensar nuevas posibilidades, a flexibilizar lo que rígidamente dábamos por sentado. Esta apertura mental deja un margen para instaurar nuevas maneras de interpretar la realidad. Cuando empezamos a interpretar los eventos de ma-

nera diferente, aparecen nuevas emociones que, a su vez, desencadenan nuevas acciones que conducirán a nuevas sensaciones del ser. Es decir, vivenciamos un nuevo sabor personal. Es maravilloso sentir ese sabor a superación que evidencia que progresamos, que superamos, que dejamos atrás lo que nos hacía daño. Genera un sentimiento de amor y respeto hacia la persona que estamos siendo y esto, sin duda, fortalece nuestra autoestima y confianza para ponernos nuevos desafíos puesto que, internamente, sabremos que contamos con nosotros mismos, y ese es nuestro mayor capital.

Cuando las cosas no vayan como esperábamos, debemos aprender a frustrarnos sin maltratarnos. Con el tiempo, nos daremos cuenta de que aquello que aborrecimos y lloramos tiene una enseñanza detrás y que todo estado de malestar es pasajero e impermanente, como también lo es la felicidad y el regocijo. La vida nos va acercando distintas propuestas y ofreciendo distintos caminos. La IE nos ayuda a estar lo suficientemente despiertos para elegir lo que consideramos mejor en un determinado momento, aunque luego cambiemos de opinión; porque así somos también los seres humanos, cambiantes y en permanente movimiento. Aferrarnos a una identidad, a etiquetas autoimpuestas o puestas por otros, amarrarnos a vínculos, quedar atrapados en creencias fijas del pasado o apegarnos a cosas materiales que están destinadas a deteriorarse obstruyen el camino a la verdadera dicha: la felicidad nunca está más allá, está justo en el instante que estás dejando pasar porque tu mente va hacia delante o hacia atrás.

¿Cómo reactualizar nuestra personalidad cuando el envase llamado "ego" nos queda demasiado estrecho?

En el transcurso de un día, tenemos alrededor de 70 mil pensamientos de los cuales el 90 % son los mismos que tuvimos el día anterior. Esta revelación resulta trascendental para pensar en nuestra personalidad. Los mismos pensamientos cotidianos nos llevan a tomar las mismas decisiones una y otra vez; las mismas

decisiones nos conducen a las mismas elecciones y estas, en forma cíclica, derivan en las mismas experiencias. Las conclusiones de esas experiencias, de las cuales derivan pensamientos acerca del mundo, de los eventos, de los otros y de uno mismo, se enlazan directamente a las emociones que ya nos son conocidas y que refuerzan los pensamientos originales.

Esta rueda que no acaba de girar es lo que llamamos "personalidad" o "ego". Vamos por la vida de ese modo, pedaleando en la misma dirección y reforzando la identidad de la que solemos quejarnos sin ser conscientes de que todo el tiempo la estamos alimentando. Aquellas personas que tienen la lucidez suficiente para pausar la marcha acelerada y darse cuenta de esta secuencia que se torna automática pueden tomar un camino distinto si el de siempre no los conduce al destino pretendido.

Es insensato pensar en cambiar nuestra personalidad sin mover nada de lugar. Sin embargo, eso es lo que hacemos cada vez que renegamos de los resultados idénticos sin haber hecho movimientos que habiliten nuevos escenarios. Alimentamos el "pensamiento mágico" imaginando que la sola intención será suficiente para lograr un cambio. A la intención, le debe seguir la acción comprometida y constante de un profundo trabajo interior. No hay ley de atracción que funcione si no estamos en coherencia y absoluta consciencia emocional. El universo no responde a nuestros deseos sino a lo que estamos siendo, momento a momento. Más que sentarnos a desear fuerte e imaginar realidades distintas, lo sensato es abordar nuestro mundo emocional y alinear nuestro sentir con nuestro porvenir, nuestras pretensiones con las acciones que le corresponden.

Nuestra personalidad es resultado de nuestras creencias y obedece a ellas. Aquello en lo que creemos se manifiesta en cada una de nuestras creaciones e interpretaciones de la realidad. Desde esta perspectiva, "creer es crear". Si creemos que todo lo que iniciamos se nos complica, pondremos la atención selectiva en cada uno de los obstáculos que se nos presentan. Esta apreciación

confirma la creencia que la originó y refuerza determinados rasgos de nuestra personalidad (pesimismo e inseguridad, siguiendo el ejemplo anterior). Así, la personalidad está íntimamente ligada a nuestra realidad personal y la realidad personal se construye de lo que pensamos, sentimos y actuamos.

Querer cambiar es estar dispuesto a:

- *sondear todo lo que pensamos y alimentar aquellos pensamientos compatibles con el cambio emocional que necesitamos vivenciar;*
- *examinar todos nuestros comportamientos y seleccionar aquellos hábitos que sean afines a la nueva realidad personal que pretendemos crear.*

La personalidad es como un disfraz. Si nos disfrazamos siempre del mismo personaje, así nos verán y así nos sentiremos. Cuando estamos identificados con una personalidad, creemos que somos ese disfraz y no lo podemos cambiar; nos olvidamos que esa es solo la forma en que elegimos vestirnos cada mañana, día tras día y, en ocasiones, toda la vida. Sacarnos el antifaz es poder ver al actor que habita detrás del personaje que se nos encarnó. Este actor tiene en su poder la capacidad de actualizar el guion. Puede observar su personaje y reeditarlo cuantas veces sea necesario. Darle a la personalidad esta plasticidad y flexibilidad no es confundir nuestra verdadera identidad, sino, por el contrario, es reconocer que somos mucho más que nuestros modos habituales de funcionar, pues reducir nuestra identidad a un manojo de hábitos es injusto para nosotros, los seres humanos, que tenemos un inmenso potencial para descubrir y ampliar. Somos mucho más que esos disfraces de ocasión que a veces olvidamos sacarnos. Cuando empezamos a rascar las capas superficiales, vemos que hay muchísimo más. Contamos con infinitas posibilidades al alcance de nuestras manos si tenemos la osadía de espiar más allá de quienes afirmamos ser. Solo los valientes se atreven.

Si estás leyendo este libro y llegaste hasta aquí es porque sabes que dentro de ti anida esa audacia para reciclarte las veces que consideres que lo necesitas. Nuestra esencia, nuestra identidad más íntima, permanece inalterada pero va buscando nuevos "envases" para seguir expandiéndose cuando el ego estrecho la limita. No debemos aniquilar el ego; muy por el contrario, debemos trascenderlo y ampliarlo para ir más holgados, para que la esencia se expanda y se sienta en coherencia con la personalidad que manifiesta. Cuando la esencia y la personalidad se acoplan, estamos alineados y nos sentimos en congruencia con nosotros mismos pues somos aquello que mostramos, sin artificios, con autenticidad y sin esfuerzos innecesarios que generan fricción dentro de nosotros. Puede que no logremos la aprobación de todos o que tengamos que asumir el duro desafío de sentirnos incomprendidos, pero al fin y al cabo ¿qué es más costoso? Creo que ser infieles a nosotros mismos y vivir una vida "prestada" según lo que los demás esperan de nosotros (o suponemos que esperan). La contrapartida es que, al mirarnos al espejo, ya no nos reconocemos. Sentirnos enajenados es terriblemente doloroso; supone el sentimiento de autotraición, de habernos dejado al margen por el temor de no agradar, de que nos dejen de querer, de que nos rechacen o nos dejen de aceptar. Aunque nos esmeremos en dejar a todos contentos, esta es una creencia absolutamente irracional, ya que es imposible que eso suceda. Y además, no venimos a esta vida para eso, ¿no es verdad?

Buscar contentar al entorno con el costo de desviarnos de nuestros deseos más sinceros es el acto más egoísta que podemos ejercer con la vida que nos fue cedida para que sea gestionada solo por nosotros. La suma de las vidas coherentes da por resultado sociedades más felices y menos resentidas. Así, cada ser humano ha de estar concentrado en ser una mejor versión de sí mismo, para su propio beneficio y el de los demás.

Vencer la inercia cede el paso a la acción renovada y, entonces, comenzamos a habilitar la pregunta "¿Por qué no?" donde

antes solo cabía la afirmación "definitivamente no". Cuando operamos desde ese cambio de mentalidad, tomamos decisiones que nos conducen a nuevas elecciones y darán lugar a experiencias renovadas que nos dejan al alcance de nuestras manos emociones desconocidas hasta entonces. Es allí cuando comprobamos que estamos avanzando en el camino del cambio e instauración de nuevos hábitos.

Nuestra personalidad se sostiene en la siguiente secuencia:

Creencias→ Pensamientos → Decisiones → Elecciones→ Comportamientos→ Experiencias→ Emociones→Personalidad (identidad provisoria que necesita ser ampliada)→ Esencia (identidad real) que busca de manera permanente ser expresada

Podemos intervenir, de manera activa y desde la plena consciencia, en esta secuencia automática si necesitamos renovar nuestra personalidad. Cada uno elige por dónde comenzar. Algunas personas se aferrarán a la voluntad de modificar algunos de sus comportamientos, aunque les cueste mucho, otras preferirán replantearse su modo de pensar y otras, cuestionar y reactualizar sus creencias. Cualquiera puede ser el punto de inicio, pero no podemos obviar ningún eslabón de esta robusta cadena. De nada sirve pensar distinto si seguimos haciendo lo mismo constantemente. Cuando reactualizamos este circuito y empezamos a hacer girar esta rueda en otra dirección, renovamos la manera de funcionar y estar en el mundo. Sí, es importante que sepamos que, hasta que los cambios se asienten y los circuitos neuronales se asocien de manera diferente, debemos sacar músculos en las pantorrillas para no dejar de pedalear en la nueva dirección. Luego, vendrá el viento a favor como consecuencia de haber afianzado lo que primero instalamos con un arduo trabajo.

Encontramos la coherencia emocional cuando esta nueva forma de actuar es funcional a la esencia que yace detrás de nuestra personalidad. Logramos alinear el ser con nuestro modo de hacer y estar. A más congruencia y correspondencia entre esencia y personalidad, mayor plenitud y holgura. El trabajo sobre sí va dirigido a este propósito fundamental: llevar la personalidad de retorno a su verdadero hogar, la esencia. ¿Por qué llevarla de regreso? Porque nos hemos alejado de nuestra identidad real en el intento desesperado de adaptarnos a la realidad.

Transformarnos es alinear esencia y personalidad para que esta última sea el vehículo a través del cual se exprese y despliegue nuestra auténtica identidad.

La vida colabora con esta finalidad primordial. No nos da lo que deseamos, sino lo que necesitamos para evolucionar. Cuando la vida aprieta, no pretende estrangular, sino despertarnos de nuestros automatismos cotidianos. Las emociones son una vía regia para aprender a escucharnos y sintonizar con nuestra verdadera esencia. La tristeza y la insatisfacción pueden ser señales de que estamos sofocando o traicionando esa identidad que viene a desplegarse a través de una personalidad que le sea funcional.

Diferenciar los caprichos del ego de las aspiraciones de la esencia supone reconocer que somos mucho más que nuestra limitada personalidad; que detrás de esta cáscara hay un núcleo primordial que tiene la fuerza con la que necesitamos contar para posicionarnos en la vida con madurez emocional. Si tomamos conciencia de ello, podemos aceptar nuestras experiencias, mirarnos a nosotros mismos en los espejos de nuestros vínculos y ver la vida como una gran escuela. Cuando logramos gestionar nuestras emociones de manera funcional, cuando ya no nos perturbamos por querer cambiar a los demás, podemos alcanzar una serenidad que nos permita sintonizar con la emoción como camino de evolución espiritual.

El siguiente es el mensaje que les quiero transmitir:

Las emociones son mucho más que lo que sentimos en un determinado momento. Si las gestionamos con inteligencia y conciencia, las emociones son nuestra brújula interior. De lo contrario, nos pueden hacer naufragar en actos de inconsciencia y arrebatos. El mar es el mismo, el destino depende de la destreza del capitán que comanda el barco que le tocó timonear.

Capítulo 14

PALABRAS FINALES

Como habrás comprobado en el desarrollo del libro, el trabajo sobre uno mismo es el eje central y supone un gran desafío cuando se hace desde un compromiso real. Una vez que empieza, nunca acaba. Puedo afirmar esto como profesional y también desde mi experiencia personal. Si nos mantenemos despiertos, fácilmente reconoceremos que la vida todo el tiempo nos plantea circunstancias y situaciones que son una invitación para seguir desplegando nuestra consciencia. A veces, nos enojamos, nos entristecemos; otras, nos sentimos agradecidos y felices por lo que estamos viviendo. Todo es impermanente, todo termina y vuelve a empezar. A nada debemos apegarnos, ni a nuestras emociones y pensamientos, ni a nuestra personalidad. No somos lo que sentimos ni lo que pensamos en un momento dado, tampoco somos nuestro ego que se defiende sentenciando "¡Yo soy así!".

Es dentro nuestro o por encima de todo lo demás donde anida lo más auténtico y verdadero, aquello que no se defiende porque no puede ser amenazado. Nuestra verdadera esencia es con lo que necesitamos hacer contacto cuando nos sentimos desbordados, confundidos, desbastados. Allí no hay miedo porque no existe la muerte. Allí anidan nuestros dones y talentos. Es la porción del todo que habita dentro de cada uno de nosotros y que nos fue

concedida para evolucionar en esta privilegiada experiencia humana. Cuando caemos en los automatismos inconscientes de la vida cotidiana y nos dejamos obnubilar por nuestras emociones y pensamientos, perdemos ese primigenio contacto y nos sentimos perdidos y separados del todo como unidad. La separación nos genera miedo y ansiedad, y nos defendemos de lo que sentimos como una amenaza a nuestro ego. También sentimos insatisfacción y tristeza porque nada de lo externo repara ni compensa lo que solo encontraremos dentro. Cuando logramos serenar la marea emocional, accedemos a un estado de consciencia lúcida que nos permite sintonizar con nuestra espiritualidad. De esta manera, trabajar con nuestras emociones es un camino para llegar a hacer contacto con lo más sutil del ser humano: su esencia primigenia y única.

Nuestra esencia yace silenciada detrás de todos los ruidos mentales. El trabajo sobre sí viene a quitar los velos que la mantienen oculta, como al caballo en la metáfora del escultor y la piedra. No hay nada que agregar; hay adherencias que están de más, como creencias que ya no nos sirven y emociones de épocas pasadas que han quedado enquistadas. No tenemos que dejar de ser lo que somos; tenemos que ser buenos escultores de nosotros mismos. La materia prima es perfecta. La destreza del escultor marca la diferencia entre la piedra y una bella escultura. Es por eso que podemos ser nuestra mejor versión cuando sacamos las piezas de la piedra que sobran y desvelamos lo que ya estaba ahí como potencial.

La atención plena, el discernimiento y las pausas diarias son recursos que nos permiten apaciguar las aguas de la mente para hacer contacto con la quietud y la calma de nuestra esencia. Si estamos perturbados, no podemos pensar claro. Si estamos apurados, perdemos su frecuencia. Si estamos anestesiados por vicios, ocio y hedonismo, nos dormimos ante esta realidad fundamental y liberadora. Estos estados de contemplación también

son una atmósfera propicia para escuchar los mensajes que nos traen las emociones. Si hacemos un trabajo consciente con ellas, las emociones funcionarán como brújulas que nos guíen hacia nuestro conocimiento interior. Si, por el contrario, solo suceden sin que nos demos cuenta, nos sorprenderán desde la sombra con reacciones exageradas que nos traerán problemas y nos confundirán en lugar de esclarecernos.

Poner luz en la oscuridad, incrementar consciencia donde gobierna la ignorancia, hacer de un síntoma o exageración una virtud es resultado de un exitoso trabajo de autoconocimiento y superación. Se trata de equilibrar los excesos y transformar lo que a simple vista parece una falla o un defecto. Aquello que hoy más nos atormenta puede llegar a ser lo que nos libere si aprendemos a ser alquimistas de nosotros mismos.

¿Qué pasaría si tu principal defecto fuera con el tiempo tu mayor virtud?

Les he contado mi historia. Después de años de mucho dolor y de sentirme tremendamente endeble, hoy me siento una mujer fuerte y valiente, que supo transformar el dolor en una vocación apasionada y que aprendió a convivir con una parte autodestructiva que en el pasado atentó contra sí misma. Esta parte sigue en mí, pero ya no está en mi sombra; la miro de frente desde la consciencia. *Vive en mí, pero ya no se apodera de mí.* Soy yo quien la gestiona y la gobierna porque aprendí a seguirla de cerca y acordamos, después de largos diálogos, que juegue a mi favor y no en mi contra. Mi parte autodestructiva me ayudó a resurgir. La exigencia me animó a no renunciar cuando ya no daba más. Más tarde, me susurró al oído que tenía que seguir estudiando aunque los ojos se me cerraran por estar dopada por indicación de médicos, que sabían mucho de psicofármacos y poco de entusiasmo y motivación genuinos. Esta parte de mi vida que a algunos les parecerá nefasta tuvo el potencial para la reconstrucción.

Puesto que la destrucción antecede a toda regeneración, de ninguna manera debemos cercenarla. Aniquilar partes nuestras sería algo parecido a amputarnos una mano si nos duele, olvidando lo útil nos resulta cuando está en óptimas condiciones. No tenemos nada que amputar en nosotros, solo equilibrar lo exagerado y fortalecer lo carente para que funcione en forma saludable. Y sí, necesitamos la energía de la destrucción para reconstruir lo que necesita resurgir en una mejor versión. Para que algo nuevo nazca, inevitablemente lo viejo tiene que morir y quedar atrás.

El águila llega a la mediana edad y debe tomar la decisión más difícil de su vida si es que quiere seguir viviendo hasta los 70 años. A los 40 años, sus uñas se han vuelto curvas y demasiado flexibles para cazar presas y alimentarse. Su pico largo se ha arqueado y sus alas envejecidas se han vuelto gruesas y pesadas. Volar le es muy difícil y, en esas condiciones, está condenada a morir si no se atreve a un drástico y doloroso proceso de transformación. La única opción posible es tomar distancia y refugiarse. En su cueva, comienza a golpear con su pico la pared hasta conseguir arrancárselo. Cuando le nace uno nuevo, se arranca con él las uñas y las plumas. Luego de meses de intenso dolor, sale victoriosa en un nuevo vuelo de renovación. Lo que perdió en su cueva la empodera. Su aislamiento no fue en vano; fue una preparación para vivir más fuerte sus próximos 30 años. Esa cualidad se llama resiliencia y es un potencial con el que todos contamos cuando sentimos que ya no nos quedan fuerzas.

Cuando miro hacia atrás, comprendo que los años perdidos no fueron en vano sino la preparación para apreciar la vida con ojos distintos el día de hoy. La gratitud que siento en el presente es resultado de haberme sentido en medio de la nada y la compasión es fruto de conocer de cerca el dolor más hondo. Me he vuelto una persona fácilmente feliz. No hay condiciones externas que generar o esperar, hay estados internos con los cuales sintonizar para hallar la calma en la tormenta y la serenidad en medio de la incertidumbre.

Volar como águila y mirar en perspectiva la propia vida nos permite ver la trama y dejar de ver solo la puntada. Esta apreciación más amplia nos ayuda a desidentificarnos de aquellos rasgos que nos mantienen cautivos y volando bajito. Desplegar alas como un águila es resultado de animarnos a mirarnos de frente y dejar de victimizarnos. Aun cuando hayamos sido víctimas de la inconsciencia ajena, hoy podemos ser protagonistas conscientes de nuestra propia vida. No podemos volver el tiempo atrás y deshacer lo hecho, tampoco elegir muchas de nuestras circunstancias actuales pero, sin duda, nuestro margen de libertad es elegir la actitud con que transitar aquello que nos acontece o nos aconteció.

Como al águila, que para seguir viviendo tiene que deshacerse de lo que ya no le sirve, a nosotros también evolucionar nos exige y a veces nos cuesta sudor y lágrimas. Sin embargo, esa tarea dignificante y ardua trae la satisfacción incomparable de mirarnos a nosotros mismos y vernos crecidos y renovados en nuestros pensamientos y comportamientos, desplegando nuestros dones y talentos y expandiendo nuestra identidad real cada vez más. Creo que nada tiene comparación con ese sentimiento. La dicha obtenida supera enormemente el esfuerzo que obramos a diario. Pues no hay recompensa mayor que sentir que vamos avanzando.

Sentirnos los mismos de siempre nos mantiene detenidos en los límites de nuestra personalidad. ¿Por qué recortarnos si podemos ampliarnos? ¿Por qué apocarnos pudiendo desplegarnos? ¿Por qué ser bonsái si podemos ser árboles frondosos? Somos alquimistas de nosotros mismos cada vez que convertimos el plomo en oro, la personalidad en esencia, las sombras en luces, las miserias en grandezas.

Estamos aquí para hacer algo significativo con nuestra vida. Lo que hagamos con ella nos trasciende, pues no somos islas; formamos parte de un proyecto mayor en el que todos aportamos nuestra porción. Cada uno desde su lugar, trabajando sobre su individualidad, colabora con un cambio colectivo de conciencia

social. Verlo de este modo es reconocer que tenemos mucho para dar, que nuestra presencia tiene un nivel de trascendencia que va mucho más allá y afecta a los que vendrán. Trabajar sobre sí es un acto de generosidad y también una responsabilidad que nos fue asignada.

Irnos de aquí más desplegados respecto de cómo llegamos demuestra que hemos vivido y no solo permanecido. Podemos lograrlo si somos conscientes de nuestra existencia y, sobre todo, de nuestra inminente muerte e impermanencia. Es a partir de esta toma de conciencia que decidimos en qué queremos invertir el tiempo finito que nos fue dado para que nuestro paso por la vida no se reduzca solo a un enfoque hedonista y utilitario.

Hay algo más allá que un buscador consciente aprende a develar con el tiempo. Venimos a desplegar nuestra consciencia tanto como nos sea posible. Y cuando esta aventura termine, algo de nosotros seguirá su viaje y no se llevará nada de aquello con lo que hoy estamos identificados y nos trae sufrimiento. Despertar en este instante, a esta realidad, nos ahorra mucho del malestar que sentimos cuando caemos dormidos en la hipnosis colectiva del ego, que nos lleva a la dualidad de sentirnos separados del resto y nos conduce al afán de defender lo propio, perseguir lo que no tenemos o atacar lo que sentimos ajeno.

Ojalá este libro, además de aportarte información, haya originado una nueva comprensión y sembrado interrogantes que te transformen en un buscador de sentido y autorrealización. Si así fue, mi propósito está cumplido.

Las preguntas que nos hagamos son más importantes que las respuestas que obtengamos. Interrogarnos es cuidarnos de la tendencia a quedarnos dormidos y anestesiados en el sinsentido. Supone tener la osadía de preguntarnos "¿Cómo está yendo nuestra vida?". Si esta pregunta está presente, lo está también la posibilidad de rectificar y reactualizar lo que necesita ser dejado atrás. Lo que no tiene retorno es dejarnos estar en la ignorancia y perdernos la posibilidad de vivir una vida con sentido. Esta

significancia no tiene que ver con hacer cosas extraordinarias o magníficas para sentir intensamente; se trata más bien de hacer lo simple y vivir lo cotidiano desde un lugar consiente y renovado. Agradecer la vida es reconocerla como un regalo. Hacerle honor es tomarla con ambas manos y hacer de ella un tesoro con valor agregado.

No debemos olvidar que somos, ante todo, "animales humanos". Dentro nuestro convergen lo salvaje, visceral e instintivo junto a lo racional, condicionado y adquirido. Ardua tarea la nuestra de escuchar todas las voces internas y ponerlas a dialogar siendo que hablan idiomas tan distintos. Tolerancia, paciencia, amabilidad y aceptación sin resignación son cualidades a desarrollar para no enojarnos y desanimarnos en el ambicioso proyecto de aprender a gestionarnos. Un buen terapeuta puede acompañarnos en este proceso, obrar como faro y guía cuando nos sentimos perdidos, pero sin duda es uno mismo quien da sus pasos y elije el camino.

Te animo a que emprendas este viaje de volverte tu mejor versión. Es entretenido comenzar a mirarse y prestarse atención. Es satisfactorio darse cuenta de que lo que antes sí, ahora no, y lo que antes no, ya se superó. Qué gran orgullo nos provoca ir superando limitaciones y ganando libertad de acción. Si aún no lo has vivenciado, siempre estás a tiempo si el propósito es superador. Bien… ¿y por dónde comenzar? Pema Chödrön, monja budista tibetana, nos regala una bella respuesta, al alcance de todos:

"Comienza desde donde estás…"

Printed in Great Britain
by Amazon

33597056R10179